在對速度過於迷戀的時代，我們慢慢讀書。

從iPhone、汽車到香蕉的貿易之旅

[一本破解關於貿易逆差、經貿協定與全球化迷思]

佛瑞德・霍赫伯格

著

曹嬿恆、簡萓靚

譯

how six everyday products explain global trade
—and destroy the america first myth

目錄 CONTENTS

PART III　貿易的未來

前言　解開貿易的謎團

當阿道夫・希特勒（Adolf Hitler）的恐怖統治迫使我的祖父母冒險逃離歐洲，到美國建立新生活時，母親才十歲。祖父母曾探訪巴勒斯坦和哈瓦那，最後定居於紐約。經過漫長的西行旅程，祖父母的簽證即將到期，可是阿姆斯特丹的美國領事館仍建議他們「搭乘下一個船班吧！我確定他們會讓你們下船。」所以他們照做了，在一九三七年經由愛麗絲島（Ellis Island），安全來到美國。

祖父在德國萊比錫經營一家自產自銷的小公司，在美國安頓後，決定做皮件生意，生產錢包、皮夾及其他配件，地點就在紐約市百老匯大道和三十一街交叉口。母親莉莉安四處蒐羅產品創意，幫祖父設計能吸引她這種年輕女性的品項。她在一九四九年嫁給父親後，想要每週多賺五十美元，過好一點的日子。她自認是「見不得光的工作者」，因為在朋友圈裡，外出工作並非合宜之舉，在那個年代裡，這表示丈夫賺的錢不夠養家。於是，她決定開始自行設計並銷售手提包和皮帶，跟家族裡一個可靠的皮件供應商合作，客製化有顧客姓名縮寫的產品。二十四歲那年，她在《十七歲》（*Seventeen*）[1]雜誌刊登第一則廣告時，腦海裡並沒有國際貿易這件事，只是想

1 譯注：美國的少女流行雜誌。

回到一九五一年九月，後來以莉莉安維儂聞名的企業，
當時名為維儂特製（Vernon Specialties）。

著如何改善生計，打造更好的人生。

沒多久，母親就明白從美國人的生活缺憾裡挖到寶了。戰爭期間對皮件有著嚴格的配額管制，市場對她想販售的商品需求殷切，又因為女性進入勞動市場的人數正在破紀錄，逛街購物的時間變少，舒服在家裡訂購來自世界各地的新穎產品，反倒很吸引人。母親在自家餐桌上開始經營零售與郵購目錄生意，成為第一家在美國證券交易所（American Stock Exchange）上市的女性創立公司；今天那張餐桌和許多早期我草繪的標誌，連同母親的肖像，都可以在華盛頓特區史密森尼學會（Smithsonian Institution）博物館的收藏中找到。

我從大學與商學院畢業後便進入莉莉安維儂公司（Lillian Vernon Corporation），與母親並肩工作近二十載。她的遠見和對產品的敏感度已經奠定非凡基礎，讓我有機會接著引領公司成為現代化的效率企業，每年服務數百萬名客戶。這個經驗不僅讓我得以幾乎從零開始快速發展業務，還能周遊世界，更理解美國人的欲望，並且心靈相通。隨著公司成長，我們總是費心張羅有別於在當地百貨公司可以找到的產品，為此飄洋過海，尋找尚未來到國內的獨特、新穎又實惠商品，在過程中也對美國消費者的欲望有了真正認識。

母親並不覺得經營的是全球化業務，不過回想起來，我們做的確實是這樣的生意。當美國總統理查·尼克森（Richard Nixon）在一九七二年展開有名的中國之旅時，公司已緊追在後，跟上腳步。我們從世界各地採購商品，我這些年來也曾多次造訪中國進出口商品交易會（簡稱廣交會），精挑細選美國消費者買不到的最新中國產品。回想一九八一年，初次造訪中國的情境仍歷歷在目，那是一次難忘的經驗，我從香港飛到如今被稱為廣州市的大都會，這座城市當時就比現在的洛杉磯還

一九八〇年代初期索取產品目錄的廣告露出，
顯示莉莉安維儂公司從世界各個角落挖掘新穎產品的本領。

大，可是抵達時卻漆黑一片，沒有太多電力可以讓你四處走走。我們的登機證薄得像一張面紙，愈往飛機後方走，就愈能發現左右兩排座椅變得更靠近；他們的測量做得還不夠準確，跑道燈光在飛機即將降落前突然亮起，降落後沒多久就熄滅了。

不過一旦深入在地，就會找到有創意的人和新穎的產品，從我如今還在使用的有蓋青瓷湯碗，到用破損明朝瓷器做成的墜飾，不一而足。我們認識一位來自香港的企業家譚麥可（Michael Tam），負責品保工廠運作，確保產品符合品質標準，並正確標示「中國製」標籤。我們和中國搭檔一起壯大彼此的事業，合作開發迎合顧客品味的設計，充分利用全球人脈做進出口生意。中國將在接下來幾年對全世界開放。如今回首過往，看到這個國家從我初次造訪後，不過短短數十年便產生如此戲劇性的變化，讓人感覺驚奇不已。我第一次到中國時，街上都是腳踏車，接著變成速克達，最後充斥汽車。這提醒我們，一旦與全球其他地方接軌，必定有得有失；也提醒我們，看似單純的進出口領域，對人民的生活和一個國家的生計是如此饒富意義。最重要的是，這讓我想起多年前在美國進出口銀行（Export-Import Bank of the United States）擔任董事長與總裁期間遇見的一個故事，我曾告訴那些考慮拓展海外業務的小企業主，現在也想與讀者分享。

超越國界，開拓無盡貿易商機

回到最早有海克力士（Hercules）神話的遠古時期，相傳在直布羅陀海峽兩岸分別矗立著一根巨石柱，上面刻著一句警語，送給懷抱西行探險夢想的水手：**Nec Plus Ultra**，這句拉丁文的意思是「越過此處，再無他物」，為旅程標記出已知世界的盡頭。

幾個世紀以來，大部分歐洲人相信越過這片水域真的別無一物，直到克里斯多福．哥倫布（Christopher Columbus）抵達美洲，看法才開始轉變。發現新世界的消息傳回西班牙不久，查理五世（Charles V）便昭告天下，宣告這句具有悠久歷史的格言——**Nec Plus Ultra** 將簡單縮短為 **Plus Ultra**：「超越極限」。這句話歷久不衰，成為西班牙的國家格言，今天在西班牙國旗上還能看到，就蝕刻在纏繞著海克力士之柱的橫幅上。

說來湊巧，歷史學家之間有一個重要理論，表示那些柱子（還有蜿蜒纏繞著柱子的**超越極限**橫幅）接著變成廣受世界認可又最有意義的符號，用來提醒我們，機會和繁榮從來不曾局限於眼前的國界內，或許你認得它？

金錢符號乘載著難以盡述的意涵，不過最具代表性的意義就是機會。對國家來說，這個符號（還有它在國際上的同類符號）意謂著穩定與安全，代表興旺、儲蓄及創新的機會，讓我們

海克力士之柱。

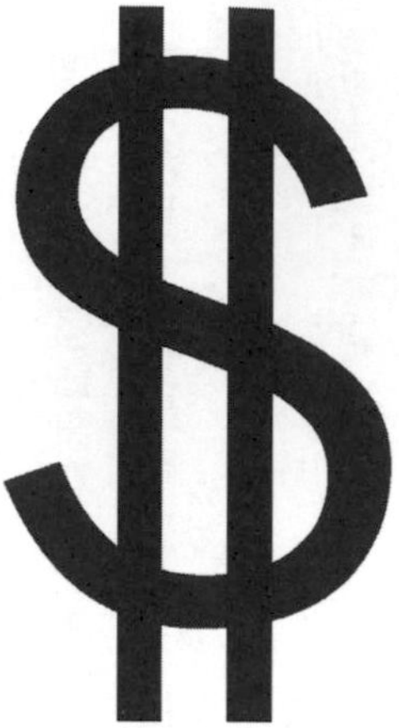

得以投資在教育、文化、科學和人民的福祉上。對今天的美國家庭來說，金錢符號意謂儲藏室裡的雜貨與汽車的新輪胎；在你需要醫療照護時，還能保持心平氣和；供應女兒的學費；一點微薄的退休儲蓄；你需要創業、冒險或追求夢想時的喘息空間。無論如何，我們的運勢往往就與**超越極限**的橫幅一樣，牢牢地包裹著那些柱子。

儘管自哥倫布的時代以來，生活裡的每件事情幾乎都變了，就連哥倫布的名聲也不例外，所幸西班牙格言的真理未曾改變。只要我們願意超越極限，向外探險，國運和組成國家每個人享有的機會，仍能昌盛、寬廣而豐盈。

在「超越」此處往下談以前，要先澄清這不是一本有關海克力士、哥倫布、西班牙紋章或諸如此類的書，要談論的是更令人興奮的主題：貿易。以最基本的定義來看，貿易就是人與人之間基於共同利益而交換財貨和服務；換一個說法，它是我們越過邊界往外遊歷時，為自己和其他人網羅的機會。可是不知怎麼的，長久以來，我們把貿易扭曲為不僅止於此，它是經濟陷入困境的方便藉口、我們無法適應世界變遷的代罪羔羊、仇外分子與民族主義者眼中的妖魔鬼怪，還有對許多美國人來說，無論左派、右派，它幾乎跟髒字畫上等號。莫忘了不過短短七百年前，馬可．波羅（Marco Polo）英勇地在絲路長途跋涉；各大陸的探險家勇敢面對閃閃發光的海洋，超越極限，開拓眼界。我們到底是怎麼讓貿易變得如此具有爭議性？

撰寫本書，是要告訴讀者一個鮮為人知的祕密：貿易沒有爭議。貿易有點錯綜複雜；可能不會輕易隨著政黨路線起舞，或讓自己成為輕薄短小的討論焦點，也恐怕不會是你和朋友吃晚餐時的熱門話題。它可能曲折費解到讓人絕望，與你日常關心的事物也天差地遠。但事實卻是，不管你是什麼樣的人、立場為何或在乎什麼，生命裡絕對有貿易存在。它不僅形成幾乎我們購買每樣東西的價格——從零售商店到 App Store，從藥房到汽車經銷商，也深刻地形塑我們身處的文化。它有助於決定最後這些金錢符號有多少進入你的口袋、街坊鄰居手上、國庫裡，又有多少促成助長某個地方的機會。貿易對個人或共同的命運都有無比的影響力，是國際間強而有力的戰爭與和平工具。從筆記型電腦、手機到酪梨吐司，生活裡有太多視為理所當然的事物都要拜貿易所賜。

我之所以會知道貿易對人們的生活饒富意義，是因為有八年的時間擔任美國高級官員，負責出口融資業務。任職美國進出口銀行董事長期間，負責協助提供裝備給形形色色的美國企業，好超越極限、對外探險，攫取海外的商機，從位於費城的第五代冰淇淋家族企業貝賽斯（Bassetts），到諸如波音（Boeing）和卡特彼勒（Caterpillar）這類擁有很長的供應鏈，提供美國各地民眾工作機會的大型企業，不勝枚舉。從緬因州到加州，我造訪當地的工廠與設計工坊，對成千上萬的勞工及掌握他們生計的企業主分享**超越極限**的精神。在威斯康辛州契帕瓦福斯（Chippewa Falls），我看到有一萬四千名居民的城市如何因為貿易而恢復活力；一家名叫達力（Darley），擁有百年歷史的消防車製造商，靠著賣出三十二輛美國製消防車到奈及利亞拉哥斯（Lagos）而重獲新生，也為地方帶來一百個新的工作機會。

在新罕布夏州納舒厄（Nashua），我參觀波以耳能源（Boyle Energy）這家小公司，該公司開發出清潔與測試發電廠的新技術，能大幅削減成本，並降低碳排放量，是萬事俱備的突破性構想，獨缺美國客戶。新貿易機會解放該公司的潛能，在近三十個國家承接四百個以上的專案，營收提高兩倍以上，也讓他們從只有十二人的團隊成長到超過五十人。位於德州梅斯基特（Mesquite）的小型家族企業菲茲派克（Fritz-Pak），曾生產美國體育場用的混凝土，由於國內商機枯竭而必須資遣員工，可是當全球貿易大門敞開時，該公司重拾舊業，幫助巴西的足球場製造物件，還找回過去在德州裁撤的員工。

這些工作機會代表的不只是一份薪水，對接觸到的家庭和鄰里更是意義重大。我碰過成千上萬在工廠與設計工坊工作的人，工作帶來強烈的尊嚴感、使命感及認同感，也能強化更廣大的社群。不過，你不必在製造廠或家庭農場工作，就能靠著貿易改善生活，只要吃下一顆蘋果、喝下一杯威士忌〔或奇揚地（Chianti）紅酒，或一瓶海尼根（Heineken）〕，還是坐下來看一集或六集的《冰與火之歌：權利遊戲》（*Game of Thrones*），就已經享受到貿易帶來的無盡好處。即便手上這本書，也很可能是從多達六個國家買來的產品或工序組裝而成的，如果你是用某種裝置來閱讀或聆聽本書，這個數字將會更高。

貿易不全然帶來好處，也有一定的壞處

貿易有壞處嗎？當然有，就和每個你說得出來的政策議題一樣，對貿易**採取行動**，就會產生後果，有贏家也有輸家，可是不作為同樣會製造出贏家與輸家。把相對便宜的丹寧布引進美國市場的一筆交易，可能會導致路易斯安那州一家紡織廠的數十個人失業，對牽涉其中的家庭和

城鎮是災難性打擊；然而，同時全國各地服飾店的牛仔褲降價，讓數以百萬計的家庭預算不那麼吃緊，生活也好過一點。當然，這種事有時候總是無法預先算得一清二楚。預測貿易對價格、就業及產業健全度的影響，有點像在做天氣預測：不管你的估算多有數據根據，又有多麼厲害，永遠無法確定這些要素是否會大翻盤。貿易政策的要旨，或至少它的初衷，就是盡我們最大的努力去推測和協商這些取捨，確保所做的交易能全面造福人民，又能認知其中總是會有贏家與輸家。

可是事後看來，貿易政策是在華盛頓特區擬定的，這裡剛好又是貿易政策的一個非常吵鬧的表親——貿易政治的大本營。貿易政治把有權有勢的利益團體、受益或受害的產業及選票考量都納入計算式裡，讓貿易政策的基本算術發生偏差。擁有強大遊說力量的產業部門（如石油和天然氣業、製藥業）、地方上有選票影響力的團體（如中西部的製造商與農人），或是已經過時的美國懷舊產業（如煤業），在貿易政策成形時，全都有牌要出。結果所做的貿易決策，往往受到新聞頭條可能是褒是貶的影響更大，勝於怎麼樣會對這個國家最有意義。

針對唐納·川普（Donald Trump）總統對國外鋼鐵和鋁課徵關稅這個近期真實案例，對門外漢而言，關稅基本上是站在自由貿易協定的對立面：不願打開國家間的門戶，鼓勵互蒙其利的交換，反倒希望保護裡面的人而關上大門。舉例來說，關稅是對**購買**外國丹寧布的美國消費者課稅，結果非但沒有進口較便宜的外國丹寧布來降低服飾價格，美國製造商反倒不必迎戰原本可以提供更好價格的競爭者。抱持的理論是，儘管購買商品的價格上漲，卻可透過課稅消除競爭，保住美國人的工作。然而實際上，關稅的功用通常只是自絕於世界之外，讓全球市場在我們缺席下持續前進發展，把我們甩到一邊。

儘管關稅能暫時（以人為方式）保住美國企業不至於滅頂，但是提供的保護也造成同樣一批產業無法調適、進化、茁壯，健全到足以在世界舞台上競爭，就像籠中飼養的動物，永遠學不會在自然棲地生存所需的技能。這些產業也很難恢復原狀，因為一旦習慣接受保護，往往會拚命維護。當然，關稅同時也會招致貨物被課稅的國家以報復性關稅回敬，造成美國企業綁手綁腳，難以銷售給居住在國外的九五%潛在客戶，進而拉低美國製產品的銷量，導致國內後端的工作機會成長停滯，這是眾所周知的十足壞點子。

這未能阻止川普總統在二〇一八年春天宣告對各國的鋼鐵和鋁課徵高關稅。在交鋒中，這個舉動顯然直指中國（美國的第十大鋼鐵進口來源），又能鎖定加拿大（美國的第一大進口國）這類國家。儘管行政部門以「國家安全」做為課徵關稅的法律依據，但是以一個把目標鎖定如歐盟（European Union）和墨西哥這類傳統盟友的行動來說，這是離奇的藉口，而川普總統在二〇一六年大選中，便已誓言課徵關稅，藉此「勸阻公司不要解僱員工」。當然，幫核心地帶鋼鐵工人出氣是很好的政治秀；確實總統的宣示甚至罕見地吸引中西部進步派分子，如俄亥俄州參議員謝羅德・布朗（Sherrod Brown）的支持。可是接下來幾個月，美國人已經看到貿易政治吞噬貿易政策的惡果。

我們無從得知川普總統的關稅暫時搶救多少美國鋼鐵業與鋁業的工作，不過**可以**推測一些其他的後果。刮鬍刀片、平底鍋、冰箱和汽車的價格將全面上漲，重度依賴這些金屬的美國主要產業，包括農業到航太業、能源業、建築業，都將受到成本上漲的衝擊而產生漣漪效應，導致這些重要領域不知道損失多少工作，同時削弱產品出口競爭力！有一個對許多美國人來說非常重要的產業——啤酒業的代表已經推斷，這些關稅會造成美國啤酒生產的價格每年提高三億五千萬美元。小型釀酒業者已經在擔心成本暴漲會害他們關門大吉，而美樂酷爾斯（MillerCoors）這樣的產業巨擘也在電視廣播上警告啤酒愛好者，喝一杯冰涼啤酒的體驗很快會變成昂貴的主張。

導致事態更複雜化的是，美國的鋁和鋼鐵產能相對有限，即使課徵關稅的本意是要強迫美國產業「購買國貨」，但在很多時候，美國無法滿足自己的需求。例如，川普總統做出宣示後，一個代表美國輸油管業主和經營者的貿易團體便提出警告，表示美國鋼鐵業能生產的鋼鐵，僅供建造與維護美國輸油管所需鋼鐵的三％。對許多企業來說，關稅並沒有創造獎勵本國產業的誘因，只是提高所需產品的外國進口版及國產版的價格。

舉出這個例子和事實上撰寫本書的目的，是要揭祕、破解、闡明、活絡生活裡最重要的全球化課題。一旦因為貿易太難懂而將之拒於門外，就是允許理論家和投機者違背我們的利益去操縱貿易。在立意良善的人手中，貿易是所向披靡的工具，能讓本國與海外的人民脫離貧窮、復興蕭條的社區、激發創新、為了將來而鞏固我們的經濟。可是只要人民繼續缺乏認識貿易，也會是強大的武器，用來迷惑、分化我們，使我們退卻，未能抓住海外商機。

所幸貿易的故事並不是那麼錯綜複雜，不需要高學位就能搞懂。本書將打破迷思、拆解立論並貫通全局，讓你看到貿易的真正面貌，以及它影響日常生活方式的諸多途徑。你會學到《北美自由貿易協定》如何成為兩黨的民粹主義出氣筒，也會學到美國人如何躲開十美元香蕉的殘酷幽靈，最後會找到關於川普總統曾發出的著名推文，表示「貿易戰是好事，很容易贏」，真相是否如此？（在此爆雷，答案是否定的。）

最後，將會藉由掀開六項日用品的面紗，解開貿易的謎團，每項產品都有令人驚奇的故事可以訴說：塔可沙拉、本田奧德賽（Honda Odyssey）、香蕉、iPhone、大學文憑，以及HBO紅極一時的影集《冰與火之歌：權利遊戲》。這六個品項背後藏著意義深遠的故事，不但有助於說明貿易如何形塑我們截至目前為止的生活，也能告訴我們如何運用貿易，為家庭、國家和全世界打造更好的未來。解方並非遙不可及，在大多數的情況下，一個國家只需揚棄少數幾個盛行的誤解，開始誠實面對貿易的取捨問題。如此一來，方能為農人、工廠勞工與企業家增加機會。我們可以讓國家各個角落的藍領家庭、白領家庭和無領[2]家庭享有更大的平靜；也可以解析大量深不可測的縮寫詞彙，穿越讓人迷失方向的術語，如最惠國待遇與杜哈回合談判，最後抵達明瞭一切的新世界。

更強壯、更持久的經濟等著我們，更聰明的政治品種也正在等著我們。當然，就和舊時代的探險家一樣，唯有願意共同超越極限，向前航行，我們才能到達彼岸。動身吧！

令人費解的貿易術語

貿易涉及的專門術語是最讓人感到沮喪的事之一，晦澀的字眼和簡稱構成的世界，看來幾乎是故意設計成讓大眾難以接近。我記得第一次接觸到貿易術語時，恨不得手上有備忘表或應用程式可以幫忙，因此整理以下的好用指南，納入一些你可能在貿易領域聽過的詞彙。儘管放心自由使用，有需要的話，可以拿來讓你的家人、同事或陪同出席晚宴的同伴驚豔。

AD／CVD

不要把它和澳洲搖滾樂團AC／DC搞混了。AD／CVD是「反傾銷稅與平衡稅」（antidumping and countervailing duties）的縮寫，這是一國為了抑制消費者購買，而對進口貨物課徵的額外費用。只要我們懷疑產品以不公平的低價銷售（反傾銷），或其母國政府以不公平的方式給予補貼（平衡）時，就可以開徵這種稅。

BRICS

不要把它和泥土建築材料搞混了，BRICS是由第一個字母組成的縮寫，用來指稱五個相互鬆散結盟的新興經濟體：巴西（Brazil）、俄羅斯（Russia）、印度（India）、中國（China）和南非（South Africa）。這五個國家合計占全球人口總數的四成以上，對世界經濟事務有重大影響力。

2　譯注：是指條件優異但失業者組成的新興階級。

CFIUS

不是薛西弗斯（Sisyphus）[3]，不過也接近了。外國在美投資委員會（Committee on Foreign Investment in the United States）由各個行政部會領導者組成，發揮看門狗的功能，在美國企業參與全球市場時，密切留意導致的潛在國家安全議題（例如，中國企業想收購一家地點剛好位在美國海軍基地隔壁的美國企業，他們可能會有意見）。

比較利益（Comparative Advantage）

任何貿易行為都可以適用這個原則！一個國家的「比較利益」是指牽涉某種經濟活動時，擁有的條件比另一個國家更優越。例如，沙烏地阿拉伯的地質條件讓該國在石油上具有比較利益，可是種稻就不行，所以會出口石油，並進口稻米，在經濟上是有道理的。

杜哈回合談判（Doha Round）

始於二〇〇一年的一連串國際談判，目標在於降低全世界的貿易障礙，談判歷經七年後破局。在參與國無法確定會議宗旨的情況下，往往就以會議舉辦地點來命名。

EX-IM

美國進出口銀行（Export-Import Bank of the United States），這是一家政府機構，以融資的方式幫助美國私人企業開拓外銷業績。我從二〇〇九年開始掌管這家銀行，達八年之久。

3 譯注：希臘神話中被諸神懲罰重複推巨石上山的人物。

自由貿易協定（Free Trade Agreement）

兩個或多個國家之間為了鼓勵貿易所達成的協議，這種事能有什麼爭議呢？「自由」一詞是指這些協定會降低或取消進口稅（就和你在機場看到的免稅商店叫「duty free」是一樣的意思）。

G7

七大工業國組織（Group of Seven），也就是七個主要的先進經濟體，每年會齊聚一堂，討論全球經濟及其他課題。為了回應阿拉伯石油禁運，七大工業國組織在一九七〇年代首次集會，當時的組成國有美國、英國、德國、日本、法國、加拿大和義大利。該組織曾經成為八大工業國組織（G8），但是俄羅斯在二〇一四年入侵烏克蘭後就被除名了。還有一個更大的團體名為G20，也會定期集會。

GATT

關稅暨貿易總協定（General Agreement on Tariffs and Trade, GATT），這個發音好聽的一九四七年協定，目的是降低貿易障礙和增進第二次世界大戰後的全球經濟合作，如今已不復存在，在一九九五年由世界貿易組織取代。

IMF

國際貨幣基金（International Monetary Fund, IMF）是另一個第二次世界大戰後成立的組織縮寫，以促進一百八十九個會員國的經濟穩定與成長。該組織的重點和世界銀行不一樣，並不是為了減少貧窮與進行基礎建設投資，而是著重於整體經濟和預算的健全。

智慧財產（Intellectual Property）

全球商務的最新廣大邊疆，「IP」或「IPR」（「R」是「權利」的意思）是無形資產，在交易時會被視為「服務」而非貨物，包括著作權、商標、專利、特許經營權與技術設計，所有創意思考的成果都包含在內。

最惠國待遇（Most Favored Nation）

有時又稱為「MFN」或「PNTR」（「永久正常貿易關係」（Permanent Normal Trade Relations））。這通常是簽訂自由貿易協定下的結果，是一個國家授予另一個國家某種地位，讓對方享有其他國家也享有的最佳貿易條件。以美國來說，這已經不再是獨家俱樂部，全世界除了古巴和北韓外的國家都享有「最惠國待遇」，所以聽起來特殊，但實際上並非如此。

NAFTA

《北美自由貿易協定》（*North American Free Trade Agreement, NAFTA*）使美國、墨西哥和加拿大成為密切的貿易夥伴，形成堅不可摧的經濟板塊。是由隆納．雷根（Ronald Reagan）總統發想，在喬治．布希（George H. W. Bush，多稱老布希）總統任內進行磋商，並由比爾．柯林頓（Bill Clinton）總統簽署，於一九九四年一月一日生效。該協定永久改變美國人談論、感受及從事貿易的方式。

OECD

經濟合作暨發展組織（Organisation for Economic Co-operation and Development）是另一個緊接在第二次世界大戰後成立的振興貿易經濟聯盟，以促進經濟進步。該組織擁有三十六個會員國，會定期集會協調政策並制定貿易標準。有一些毒舌學者戲稱為「無窮盡對話組織」（Organization for Endless Conversation and Dialogue）。

ROO

「原產地規則」（Rules of Origin）的簡稱，這些標準有時候會變得很複雜！是用來釐清產品來自哪一個國家。

ROW

不是，這和橫渡德拉瓦河（crossing the Delaware）一點關係都沒有，而是華盛頓內部人士講到「世界其他地方」（Rest of (the) World），也就是美國以外其他人的用語。

《斯姆特—霍利關稅法案》（*Smoot-Hawley Tariff Act*）

一個招致噩運的關稅法案，由美國國會在一九三〇年通過，藉以提高數千項進口自美國盟友的產品關稅。這些國家也針對美國的貨物採取報復性關稅，使美國貿易逐漸陷入停滯，它正好趕上時間，加劇股市崩盤的效應，並引發經濟大蕭條（Great Depression）。

TAA

貿易調整協助（Trade Adjustment. Assistance, TAA）是備受詬病的聯邦方案，最先由約翰．甘迺迪（John F. Kennedy）總統擘劃，目的在於補償因為自由貿易政策而受害的美國人，方式是直接補助，或是提供工作訓練或其他機會。

關稅

一種稅！消費稅、營業稅。不管你怎麼劃分，它就是一種稅，是當本國企業與國民購買進口產品時，由國家對其課徵的稅。關稅可以用來提高稅收或保護本國企業不受外來對手的競爭，不管是哪一種情況，關稅都會提高本國消費者付出的價格。

TRQ

「關稅配額」（Tariff-Rate Quota, TRQ）為一種貿易障礙，是對某類進口貨物設定一個數量額度，該貨物在進口額度內的關稅很低，可是只要超過額度，就會對該貨物超過進口額度的部分課徵極高關稅。美國會對乳製品設定關稅配額，讓精緻的法國起司進口，可是卻把外國牛奶排除在外。

TPA

「貿易促進授權法」（Trade Promotion Authority, TPA）的簡稱，也稱為「快速談判授權」（Fast-Track Authority），是國會授予總統對外談判貿易協定的權力。為了讓其他國家能基於誠信進行貿易磋商，知道協定只會經過國會同意與否的投票，而不會修改內容，這種授權是有必要的。國會通常不喜歡給予這種授權。

TPP

《跨太平洋夥伴協定》（*Trans-Pacific Partnership, TPP*）是美國與十一個占世界經濟四成的太平洋國家之間擬訂中的貿易協定。由於自由貿易協定的評價如此負面，美國領導人決定拋棄「自由」這個詞彙，發明一個新名稱。川普總統上任第一天，就退出該協定。

T-TIP

《跨大西洋貿易及投資夥伴協定》（*Transatlantic Trade and Investment Partnership*）是美國與歐盟間擬訂中的貿易協定（同樣沒有使用「自由」這個詞彙），如果核准的話，將能團結世界上兩個最大的經濟體。如同TPP，該協定也被川普總統喊停。

USMCA

《美國—墨西哥—加拿大協定》（*U.S.-Mexico-Canada Agreement*）是用來接替NAFTA的協定，截至二〇一九年止，每個國家都簽署這個協定，可是美國國會尚未核准通過。這個協定修改NAFTA的條件，把幾項條款現代化，同時也強化原始協定裡的一些勞工保障條文。

USTR

美國貿易代表署（U.S. Trade Representative）是負責制定美國貿易政策的政府機關。該單位的首長職稱為美國貿易代表，與單位同名，傳統上在談判貿易協定時擔任主談判官。美國貿易代表同時也有大使的頭銜。

籌款委員會（Ways and Means）

為美國眾議院內的一個委員會，負責處理包括關稅和放行自由貿易協定等貿易事務，在參議院的對照單位是財政委員會（Finance Committee）。

世界銀行（World Bank）

另一個第二次世界大戰後成立的機構，使命是藉由提供基礎建設計畫融資並支持國家經濟發展，減少全球貧窮。

WTO

世界貿易組織（World Trade Organization, WTO）在一九九五年取代GATT。該組織擁有一百六十四個會員國，任務是制定全球貿易的規則與規範，解決國家之間的貿易爭端。

零和遊戲（Zero-Sum Game）

某一方的勝利必然帶來另一方的等量損失，如果我拿到一手好牌，贏得的金額正好就是一個或多個玩家輸掉的金額。貿易有贏家也有輸家，卻不是一個零和遊戲！

Part I

貿易是這麼一回事

要搞懂什麼是貿易，應該先從承認貿易是一種工具開始，它可用來滿足國內對特定商品的需求，事實上這仍是貿易最重要的用途之一，雖然貿易對社會整體來說是好的，可是對個別群體而言未必盡然。今天貿易不但是經濟工具，更經常成為安全、政治與外交的籌碼，其中對貿易相關的演進與迷思，都是接下來要探討的內容。

第一章

從毛皮到汽車

——三百年來的美國貿易

雖然美國企業每年出口價值超過七十億美元的真空零件[4]，不過貿易並不是脫離現實，存在於真空之中。若要了解貿易，首先必須認識圍繞著貿易打轉的歷史與政治氛圍。如果貿易的運作方式和我們聯想到較簡單的其他交易型態一樣，像是發生在球隊之間的交易，事情可能會容易一些。假使火箭隊（Rockies）需要一個投手，而白襪隊（White Sox）多出一個人，也許會達成對雙方都有利的交易，以彼之長，補己之短。但是全球貿易會因為國內政治與地緣政治而變得複雜化；例如，《北美自由貿易協定》關乎移民、區域安全及遏止非法藥物流通的程度，不亞於關乎進出口品的交換。如果洋基隊（Yankees）拚命阻止紅人隊（Reds）的影響力擴散，或是假設法律規定，皇家隊（Royals）必須把游擊手送到盡可能多的市場上交易，棒球隊之間的交易就會變得較困難棘手。不過事實證明，除了海盜隊（Pirates）有過偶發性的歷史關聯外，棒球的簡單交易和全球經濟貿易之間並沒有太多共通之處。

在著手應付這個世紀最重要的貿易課題（中國）之前，需要先搞懂到底**什麼是**貿易。要做到這一點，我們應該從承認貿易是一種工具開始，和任何工具一樣，除非我們知道要拿它來完成什麼事，否則無法完全理解。當然，它可以用來滿足國內對特定商品的需求，如石油、牛乳和鋼鐵；事實上，這個最基本的貿易理由仍是它最重要的用途之一。以「經濟學之父」著稱的亞當・史密斯（Adam Smith）曾在一七七六年闡述這個觀念的基礎原理：「如果某個國家能以比我們生產還要便宜的價格供應某個商品，最好是用自家產業有優勢的產品來做交換。」在史密斯那個年代，這是相當新穎的思維！拜英國經濟學家大衛・李嘉圖（David Ricardo）之賜，將史密斯的觀念加以充實，形成後人所知的「比較利益原則」（The Principle of Comparative Advantage）。比較利益的觀念是當代經濟學家「對貿易是好的，有著近乎宗教性信仰」的基礎所在，身為其中一員的麻省理工學院教授大衛・奧托（David Autor）如此對我陳述。我們已經知道貿易對社會整體來說**是**好的，可是對個別群體而言未必盡然。

---

4 http://www.worldstopexports.com/united-states-top-10-exports/.

然而，今天貿易不但是經濟工具，更經常成為安全、政治與外交的籌碼，可以被用來對世界上某個有戰略重要性的地方施加領導力、處理區域之間的關係、維繫危脆政權的和平，並且散播（或阻止散播）意識形態。儘管政治人物喜歡對國內人民堅稱自由貿易協定全都與創造好工作及拯救產業有關，但現實是這些效果往往只是相關政府的次要考量，有時候真正在意的是哪些國家簽訂協定，又有哪些國家被排除在外。

形塑美國貿易政策的兩大因素

為了理解今天在美國為什麼與如何進行貿易，需要認識過去三個世紀以來，形塑美國貿易政策的更大力量。聽起來讓人卻步，不過別害怕！其實非常簡單，只要二十幾頁就說完了。事實上，只需理解兩項因素，光憑這兩件事差不多就可以說清楚美國的貿易政策。

第一個因素簡單到你讀完這句話若是還沒想到，就會覺得懊惱（時間到），就是地理位置，說得具體一點，是北美大陸的獨特位置與環境條件。在整個當代歷史中，歐洲的世界強權必須和環伺的近鄰——往往自己本身就是強權，發展外交並進行貿易，而且缺乏完善的自然資源來維繫社會繁榮。如果你打算開發麥田的地方有高山聳立，孤立不會是你的選擇，只要有一個被拒於門外的國家（不懷好意地）隨時出現在你家門口，處理國際關係就需要更加善巧。因此，歐洲是在相互依存與近距離交鋒的世界裡學習貿易，而美國則是在自力更生和廣袤海洋的世界裡學習。

有時候美國自豪的這種自力更生是假象，例如美國南方是因為以暴力手段輸入，非自願性人口並強迫其勞動，才可能成就大部分的早期經濟成長。不過，仍然堅持這套自力更生的說法，把孤立主義的傾向灌注到思想裡。從殖民時代到西部拓荒時期，以及接下來的世世代代，在自己的土地上自食其力，已經成為美國民族精神的核心。儘管珍珠港事件也許讓接下來七十年擺脫孤立主義，但二戰是否真的改變美國的民族DNA，抑或只是暫時性影響，還有待分曉。美國自力更生的能量真的廣大無邊，至少理論上如此；如果全世界貿易在此時戛然而止，美國無疑是地球上唯一擁有生存和長期成功所需多樣化自然資源的國家。我們將會看到，地處偏遠與物產豐饒的地理特徵，意謂著不論好壞，美國始終擁有退出世界貿易的選擇。雖然如果自我隔絕，照樣**可以**表現得比別人好，但是這樣的自由也可視為詛咒：會在自己的故事裡發現，這麼做恐怕無法造就強大的經濟體，或是成為非常充實滿意的存在。

闡述美國貿易政策的第二個要素，需要花多一點時間解釋，不過只要你能讀到本章章末，就會成為貨真價實的專家，熟知美國國際貿易史。針對這部分，要把火箭隊（Rockies）換成洛基

（Rockys），幫助席維斯・史特龍（Sylvester Stallone）的拳擊特許事業賺進二十億美元，並成為文化的一部分而歷久不衰的要素，也可用來解釋從毛皮獵人、艦隊及普利茅斯岩（Plymouth Rock）的年代，一路到川普總統的時代，為何美國會這樣處理貿易的事。究竟是什麼要素呢？正是一長串無法忽視的主要敵人。

在美國歷史上，確實會為了促成自己的特定目標而採取先發制人的貿易政策，但要說這些目標大多是因應某些敵對強權的恐怖陰影產生也沒錯。洛基・巴布亞（Rocky Balboa）的故事就是在談一個偉大的冠軍，每逢職涯的轉變——戰鬥、退休、重出江湖、培養後輩等，都是被對手的行為激發。就好比美國與大英帝國的早期關係，洛基的第一個勁敵阿波羅・克里德（Apollo Creed）後來成為他的親密盟友，美國也和洛基一樣，隨著蘇聯的威脅增強，不得不重回國際舞台。一步步走來，洛基和美國都是在一連串外部威脅，偶爾也有一點內部動亂的刺激下採取動作。

只要詳細審視這些年來驚擾美國的較勁與對抗，就能更清楚貿易在美國政策中扮演的核心角色。更重要的是，對貿易在未來這個世紀可以也應該發揮的作用，我們能有重要的學習。不過在進入主題前，筆者有一個重要的免責聲明：這只是整個故事的簡要版。三百年很長，構成歷史的因緣無窮無盡，在本章無法盡述，所以為了維持讀者的閱讀興趣，會稍微從一個關鍵時刻跳到下一個關鍵時刻，保存整個全貌，但會忽略一些細微差別與大量細節。別擔心！坊間有許多很棒的書籍深入探討美國經濟史。不過，現在只需知道必要的情節就好。

頭號勁敵：大英帝國

最後一次借用**洛基**，故事要從七五年的費城市中心開始說起。更具體地說，是一七七五年，當時第二次大陸會議（Second Continental Congress）正設法處理十三個美國殖民地和倫敦統治當局間日益升高的緊張關係。自從英國為了打七年戰爭而耗盡國庫以來，數十年間英國王室一直試圖對大西洋各地屬地課徵愈來愈高的重稅，以提高收入，這種做法惹惱殖民地居民，而他們在國會沒有一席之地，無法站出來為自己的權益發聲。這些稅收成為導火線，引起美國城市的街頭抗議，啟發山謬．亞當斯（Samuel Adams）和同伴組成「自由之子」（Sons of Liberty）組織，也導致波士頓慘案（Boston Massacre）發生。當英國國王喬治三世運用貿易政策不斷從美國吸走金錢，憤怒的殖民地人民群起回敬一連串的公共行動，其中最值得注意的是有名的波士頓茶葉事件（Boston Tea Party），東印度公司（East India Company）船上的三百四十二箱茶葉被打開，隨意傾倒在港口。

剩下的事，你都知道了。萊辛頓和康科德戰役（Battle of Lexington and Concord）於一七七五年開打，在費城的國會則草擬獨立宣言，鋪陳想要分道揚鑣的理由，在通篇抱怨中甚至尚未抱怨沒有代表為他們發聲就遭到課稅，就先提出「切斷我們和世界其他地方的貿易往來」這個理由。美國於焉誕生：它是流血的正義革命之子，盛怒下的產物，因為人類所知最辛辣敏感的議題——進口稅才捲入其中！

如果說美國從誕生那一刻起，心裡就惦記著貿易，這種說法並不誇張。事實上，憲法被批准後，美國國會通過的第一個重大法案，就是課徵關稅，以便幫助償還戰爭債務，也保護還不成熟的美國製造商對抗便宜的英國進口商品，這是亞歷山大．漢密爾頓（Alexander Hamilton）獨創，遠在他的百老匯嘻哈音樂劇事業起飛的多年前[5]（提醒那些略過前言的讀者，關稅是一國對國民購買特定外國商品課徵的稅；基本上，關稅會讓進口品價格飆高，以便鼓勵人們轉而購買本國商品）。一七八九年的關稅開啟一場論戰，讓漢密爾頓等人想要利用關稅策略性保護美國產業，和湯瑪斯．傑佛遜（Thomas Jefferson）等人認為應該保持低關稅，而且只能用來增加政府財源（記得當時還沒有所得稅），形成對立局面，這場論戰在接下來一百二十五年對形塑美國政治發揮極大的作用。

以論辯來看，若說這場論戰非常空洞，站不住腳，一點也不為過。不過這場爭論的核心，是在美國歷史上反覆迴響的根本分歧，直至今日未曾休止。漢密爾頓藉由推行政策，將美國製造商隔絕於競爭之外，代表北方城市的利益；不過，美國經濟估計有九成來自農業，因此傑佛遜奮力限制關稅，是在為南方的稻米、菸草及棉花農人發聲，他們的農作物有極大比例出口到歐洲，以滿足對方的胃口與癮頭。即便美國的農業經濟已經退場，讓位給工業化經濟，在最近又走到數位服務的時代，這樣的生態及貿易政策主要應該為都市或農村的美國人服務這類問題仍然存在。

但是，我們的話說得太早了。漢密爾頓贏得這場論辯後，國家進入高關稅時代，以免原本低成本的英國進口品扼殺美國製產品〔為了執法，還在一七九〇年成立課徵關稅的巡邏隊，後來成為眾所周知的美國海岸防衛隊（United States Coast Guard）〕。即便傑佛遜最後也改變主意，認為美國的存續不能只靠生產穀物，而採取一段時間的保護主義（加上大西洋的屏障）能讓紡織和鋼鐵這類年輕產業有機會站穩腳步。隨著城市蓬勃發展，聯邦政府的國庫也因為超高關稅而日漸充盈，我們怎麼都料想不到（你讀到這裡也想不到），故事會被拿破崙．波拿巴（Napoleon Bonaparte）唐突打斷。

5 譯注：是指百老匯音樂劇《漢密爾頓》（*Hamilton*），描述美國開國元勛漢密爾頓的生平故事，二〇一五年上演後廣受好評，一票難求。

沒錯，就是拿破崙！當這位法國皇帝決意征服歐洲時，美國的主要對手大英帝國因而身陷另一場所費不貲的戰爭中。英國急需資源，於是開始扣押美國船隻上的貨物，甚至徵召水手，以他們的前任國王之名強迫提供服務。時任美國總統的傑佛遜面臨巨大壓力，必須做出軍事或經濟回應，他選擇後者，在一八〇七年簽署禁運令，禁止英國貨物進口，希望藉此抽走英國人的美國顧客，能讓喬治國王改弦易轍。可是當國王的好處之一，就是從來不會受制於任何一個市場，皇室增加對南美洲的出口，彌補損失，反而是美國少了進口稅，陷入財務窘迫的困境。有鑑於經濟戰帶來不可小覷的後座力，所以美國決定回來打原汁原味的戰爭，在恰如其名的一八一二年戰爭中，拿槍對抗英國人。

三年後，這個選擇除了讓美國擁有空虛的國庫與脆弱無比的白宮外，沒有太多可以炫耀的，英國也一樣，在戰爭中空手而歸。雙方休兵，希望回復關係。因為戰爭而加劇隔離的這段期間，使得美國經濟往兩個方向移動：在進口限制下，北方有機會提升製造業產出並培植產業，南方則因為失去農作物的海外銷售市場而辛苦掙扎。由於美國資金短缺，而且收入仍有九成必須仰賴關稅，所以戰爭一結束便開徵關稅，以便重新充實國家的荷包。隨著來自英國的威脅消退，一個全國相對團結的新時代——「美好感覺時代」（Era of Good Feelings）生根發展。在此爆雷：好景不常。

第二號勁敵：自己

一如哈姆雷特（Hamlet）、西格蒙德·佛洛伊德（Sigmund Freud）或傑柯博士（Dr. Jekyll）[6]會告訴你的，不是每個重大衝突都需要兩個主角。所以一八一二年戰爭後，和歐洲的關係融冰，下一個決定性敵對狀態來自內部。為了募資而課徵高關稅，使北方工廠持續欣欣向榮，卻癱瘓了南方農園，當國家為了奴隸問題開始出現分裂之際，更是火上加油。產業利益團體不只得到生產力與現金，也得到更大的政治權力。每多開徵關稅，都進一步加深南方與北方的經濟鴻溝，而北方又巧妙地運用關稅稅收，為每個新加入聯邦的西部各州打造基礎建設，以鞏固向心力。

情勢在一八二八年大選年到了緊要關頭，當時的總統約翰·昆西·亞當斯（John Quincy Adams）簽署被惡意批評者有點造作地封為「嫌惡關稅」（Tariff of Abominations）的法案。這項新法案對幾乎所有進口商品課徵三八％的單一稅率，在美國新結交好友——英國眼中是難以

6 譯注：羅勃·路易斯·史蒂文生（Robert Louis Stevenson）有名的代表作《化身博士》（*The Strange Case of Dr. Jykell and Mr. Hyde*）裡的主角，發明一種藥水，喝下後就會變身成邪惡的海德先生（Mr. Hyde）。

負荷的重擔，於是以削減美國棉花進口做為報復，對美國南方帶來進一步衝擊。等到關稅生效時，選民已經把新總統送進白宮：一個魅力十足的南方民粹分子，夾帶著反北方（與反關稅）的情緒贏得南方和西方各州的勝利。

從理論上來看，安德魯・傑克森（Andrew Jackson）正是南方農民需要的總統，可是當南卡羅萊納州史無前例地威脅表示，要主動忽略近期開徵的關稅，甚至竟公然盤算退出聯邦，傑克森總統背棄他的選區，也無視該地區為了擁護聯邦憲法權利展現的熱情。不久後，在以「拒行聯邦法危機」（Nullification Crisis）這個為人所知的事件中，我們看到傑克森總統幾乎就要派遣美國軍隊到查爾斯頓（Charleston），並導致出身南卡羅萊納州的副總統約翰・卡爾霍恩（John C. Calhoun）戲劇性辭職。雙方最後達成妥協，同意接下來十年調降關稅水準，可是北方與南方的關係已經受傷，若說兩邊還有什麼「美好感覺」存在，也因為北方貿易政策的衝突和南方的怒火而消失殆盡。

三十年後南北戰爭爆發，並不是貿易引起的，南方拒絕放棄對奴隸制的惡劣依賴，才是不折不扣的罪魁禍首。可是七十年來在關稅議題上幾乎不曾間斷的歧見，無疑已在怨恨的怒火上加油添醋，在國家成長時期即已深埋分化的種子。今天即便戰場已經從北方州與南方州如何看待國際接軌，轉移到城市中心和鄉村地區對立，仍能聽見這種緊張關係的餘音繚繞。直到蓄奴制壓過貿易政策前，後者是美國唯一最熱門、談論最多，也最重要的議題，而且完全可能是因為北方經常成功通過關稅法案，導致南方在出口機會減少下，更是緊抓著奴工不放。不過如果南方農人以為脫離聯邦能帶來不受限制的貿易世界，這些希望很快便成為泡影。關稅不只代表哲學立場，也代表白花花的銀子。曠日費時的戰爭要付出極為龐大的代價，不用多久，聯邦（Union）就被迫課徵超高關稅來挹注戰爭，諷刺的是連邦聯（Confederacy）也一樣。

到戰爭結束時，美國推出的貿易政策部署服務農業南方或工業北方的利益已經無庸置疑。一個支持關稅的新政黨——共和黨崛起，背後撐腰的是有權有勢的北方鋼鐵業（還要藉由限制便宜外國商品進口才能成長）。亞伯拉罕・林肯

一幅一八四六年愛德華・威廉斯・克萊（Edward Williams Clay）畫的漫畫，描繪主要的民主黨成員準備埋葬自由貿易。

（Abraham Lincoln）當選後半個世紀期間，五十年內就有四十五年是由他們一面倒地在參議院取得多數，還連續贏得六次總統大選。雖然民主黨在這段期間有十八年勉強維持對眾議院的掌控權，但是對低關稅的擁護者也沒有太過友善。這就是工業革命的核心——一個煙囪與公寓大樓林立的時代，一個人口快速擴張的繁榮時期，使得這個國家即便自絕於世界之外，還是可能發展經濟。一波波移民湧至，襄助北方產量的成長。西部則被電報和橫貫大陸的鐵路馴服。隨著美國經濟發展，不同的新問題也具體成形，帶來勞工問題、消費者問題的嚴重後果。

高關稅導致高消費者物價，也就是貿

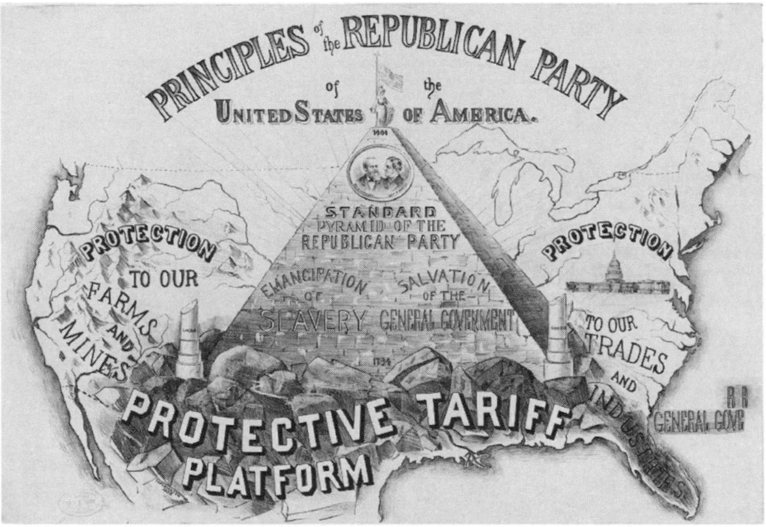

這張一八八〇年的政黨海報，
清楚顯示共和黨人在成立的頭幾十年中最關注哪個問題。

易方程式裡觸及民眾生活的那一邊，第一個在一八八〇年代將這個立論普及化的是民主黨人格羅弗．克里夫蘭（Grover Cleveland）。美國勞工階級人數暴增，隨著薪資停滯和都市生活條件惡化，在工廠裡辛勞工作者的利益，開始與擁有工廠的富人利益背道而馳。沒多久，對許多美國人來說，幫美國產業撐起保護傘的好處，似乎不如花少一點錢買衣服、玩具及工具來得更吸引人。美國再也不是什麼新貴國家，製造商也不再是需要悉心照料、阻絕外界競爭的新生兒。

貿易保護主義的爭論，造成原本團結的共和黨分裂成進步與傳統兩大陣營，已經界定美國之前一百二十四年貿易政策的關稅，其至高無上性也受到威脅。當民主黨在一九一三年獲得重大進展後，那樣的至高無上性又受到致命傷害，因為當時立法機關承認，為了國家的非凡成長，以及伴隨而來的道路、公共設施與國防，有必要開徵所得稅。《美國憲法第十六條修正案》（*Sixteenth Amendment*）是徹底的位移翻轉，使得聯邦的主要財源從進口稅變成所得稅，向來讓所有美國人對課徵關稅達成共識的唯一理由也頓失根據。正式通過修正案的二十九天後，伍德羅．威爾遜（Woodrow Wilson）帶著大幅削減如今認為沒必要用來提高收入的關稅政策入主白宮，可是當第一次世界大戰爆發，全球貿易戛然而止，所有的貿易政策都變得沒有必要。

美國第一次大進場參與二十世紀國際事務，留下極不愉快的體驗，共和黨淪為在野黨後，旋即以壓倒性勝利再度奪回政權。可是在共和黨沒有主政的這段期間，貿易的面向已經有所改變，美國製造業的成長開始超越本國有限的顧客基礎，而疲憊不堪的歐洲大陸在重振旗鼓時，通訊與交通的新進展也進一步整合歐洲經濟。共和黨昧於現實，為了回到產業蓬勃發展的光輝歲月，企圖大幅提高關稅〔大老黨（Grand Old Party, GOP）[7]主政下力行十二年關稅保護主義，沒有讓沃倫・哈定（Warren Harding）、卡爾文・柯立芝（Calvin Coolidge）或赫伯特・胡佛（Herbert Hoover）在拉什莫爾山（Mount Rushmore）的雕像群取得一席之地是有原因的〕。其中最惡名昭彰的舉動，就是《斯姆特－霍利關稅法案》，急速拉高數以萬計進口品的關稅，從香水、燈泡到通心麵，不勝枚舉[8]。

對美國友人——歐洲和加拿大來說，《斯姆特－霍利關稅法案》是一個引爆點。美國的盟友祭出報復措施，有效停止與美國的雙向貿易，造成美國進出口在最惡劣時頹然萎縮。沒有貿易經濟，意謂這個國家只能在本國市場擺盪，變得異常脆弱。而且大部分源於《斯姆特－霍利關稅法案》的關係，當股票市場崩盤時，引起的並不是溫和衰退，而是爆發經濟大蕭條。

第三號勁敵：蘇聯

貿易曾是美國政治最重要的課題，可是在二十世紀中葉那段無情歲月裡，終於逐漸淡出聚光燈下。大蕭條的餘波、羅斯福新政（New Deal）的承諾，以及歐洲法西斯主義的陰森幽靈，各自在全國話題的舞台中央占有應得的一席之地。值此同時，北方與南方經濟舊有的分界線，也因為現代化而開始變得模糊。就和過去的每場戰爭一樣，二戰導致龐大的成本負擔，卻也觸發美國定位與運作方式的重大轉變。戰時的大量生產促使經濟走出低迷，工資上揚到歷史高點，男性都被派往海外，女性則大量進入勞動市場，改變美國勞動力的面貌，也開拓了潛能。

戰勝軸心國迫使美國重新思考自己在世界的角色，此事雖不明顯，卻極為關鍵。不過幾年前美國才拒絕庇護搭乘聖路易斯號客輪（MS St. Louis）抵達佛羅里達海岸的九百零七名猶太人；數百名同樣的一批乘客回到歐洲後，將因為大屠殺而消失於世。這個時代深入脊髓的恐怖本質，以前所未有的方式進入美國家庭，對某些人來說，僅僅咫尺之遙，不可能視而不見。以我的家族來看，始終都知道母親的年齡與安妮．法蘭克[9]（Anne Frank）相仿，並且各自都是為了躲避納粹（Nazis），而在一九三三年從德國遷移到阿姆斯特丹。戰後，全世界同心協力避免這些事

7 譯注：大老黨是共和黨的別名。

8 https://books.google.com/books?id=hX01AQAAIAAJ&pg=PP5&hl=en#v=onepage&q&f=false.

9 譯注：二戰時期，猶太人大屠殺中最著名的受害者之一，死時年僅十五歲，她寫的日記記述親身經歷二戰中德國占領荷蘭的生活，她的父親收錄成書《安妮日記》（*Het Achterhuis*）。

件再度發生，無論出身為何，所有的美國人也都明白海洋再也不能保護他們自外於全球事務，無論軍事衝突或意識形態衝撞都是如此。美國已經成為超級強權，親眼見證分歧帶來的慘烈下場。我們明白獲得新的力量，就意謂著新的責任隨之而來。

傑佛遜在一八〇一年的就職演說中，以闡揚喬治．華盛頓（George Washington）向國民生活告別時身後留下的教誨而聞名，他說：「與所有國家和平相處，互相通商，維繫真誠的友誼，但是不與任何國家結盟。」不過華盛頓和傑佛遜做夢都沒想到會有飛機、奧斯威辛（Auschwitz）集中營，或自動武器的存在，他們無法預見經濟繁榮或存在性安全會來自一個密不可分、以美國馬首是瞻的全球商業體系。世界在二戰後迫切需要美國領導，而美國如果希望繼續發展經濟，維繫人民的理想抱負，也同樣需要參與這個世界。當美國終於揚棄保護主義，超越極限，向外探險，這個世界及其市場張開雙臂歡迎。當時的我們並不知道會這樣，但是也為國內那些帶著懷疑與恐懼打量外面世界的人打開一扇門。

美國的眼光終於看向世界其他地方，首度不只是以軍事強權的身分站上世界舞台，還把新的重心放在國際重建事務上，當然這不僅是為了外交或慈善工作，也與協助美國產品打開市場有關。當我成為美國進出口銀行董事長時，發現這家銀行曾提供國外的大型基礎建設計畫融資，刺激美國就業成長，也讓美國與外國經濟相互融合。我們看到一九三〇年代由進出口銀行融資的企業，協助建造泛美公路（最後從布宜諾斯艾利斯一路延伸到阿拉斯加），以及滇緬公路，建造所需的克萊斯勒（Chryslers）、福特汽車（Ford Motors）及雪佛蘭（Chevy）卡車與設備也是我們提供貸款。

歐洲還在嚷嚷要建立國際秩序，一批跨大西洋機構於是誕生。馬歇爾計畫（Marshall Plan）以美元來展開重建歐洲的工作，這又是進出口銀行的融資，最後的畫龍點睛之作就是國際貨幣基金、世界銀行和關稅暨貿易總協定。雖然這三個機構各有不同角色，但都是為了單一策略目標而建立的：讓這個世界自由國家的經濟更密切合作，利益也從而密不可分。這是一個帶給美國巨大好處的體系，得以在這個世紀剩下的時間成為世界第一大出口國，也是到今天為止最大的經濟體。

在戰後大團結的背景下，一個新的威脅從東方升起。美國、歐洲與蘇聯原本在衝突期間面對的是共同的敵人，可是當西方權強攜手復甦全球經濟，並促成大西洋貿易的自由化時，蘇聯並未選擇加入這個整合的新時代。原來蘇聯傾向追求更實質的整合，因而藉此掌握機會吸收其他的國家，形成東方集團（Eastern Bloc）。約瑟夫·史達林（Joseph Stalin）以有利可圖的貿易協定當作蘿蔔，武力威脅做為棒子，透過《華沙公約》（*Warsaw Pact*）的防禦條約與稱為經濟互助委員會（Comecon）的經濟聯合組織（古巴及其他共產國家隨後也加入），將波蘭、捷克、匈牙利、羅馬尼亞、保加利亞、阿爾巴尼亞及東德納入掌控之下。這些組織的建立，都是因應一九四九年正式將西方團結的軍事聯盟——北大西洋公約組織（North Atlantic Treaty Organization, NATO，簡稱北約）成立而採取的反射動作。

這個世界比人類歷史上任何時候都更加鮮明，也更全面地有效分成兩大陣營。不過經過幾年的光景，經濟競技場就從有數百個國家各自進行區域合作，零星分散地相互做生意，轉換成一個只有兩大世界市場的簡單風景——各自對成員竭盡所能地開放，而對另一個陣營則是緊閉大門。在所謂的「第一世界」裡，大眾對如電視、冰箱及家用汽車等消費品新發現的渴望，助長已開發西方國家的繁榮；在「第二世界」裡，貿易在鐵幕後進行，並且受到蘇聯嚴密管制；「第三世界」的開發中經濟體則是兵家必爭之地，成為接下來意識形態拉鋸戰的重要戰場。

接下來數十年，幾乎不間斷的軍事威脅與經濟對立，震懾也啟發全球分界線兩邊的國家。對美國來說，蘇聯是比過去的威脅更頑強、更神祕的妖魔鬼怪；光是對方的存在就足以讓學童（包括我在內）在防空演習時躲到桌下、刺激美國投入韓戰與越戰，也鼓舞美國關鍵企業達到新的境界（包括與月球相關產業）。好比洛基離開家鄉的安全網，與冷酷、堅決、機器般的敵手伊萬・德拉戈（Ivan Drago）對戰[10]，美國踏進橫跨全球的競技場，面對來自蘇聯的威脅。對美國來說，這是更敞開胸懷的新態度，而貿易就成為最有利的一記刺拳。

自由貿易是最早在共和國時代開始使用的詞彙；原本，「自由」這個字眼是指稱進入國內的商品不課徵任何進口稅。可是到了一九六二年，當公開市場成為「自由」世界，也就是非共產國家，是生活中的一個象徵性特色時，就開始承載新的意涵。那一年，甘迺迪總統對國會發表國情咨文演說。克里夫蘭總統將貿易當成降低消費者物價的主要手段，甘迺迪總統與當時以來的民主黨前輩相比，更窮盡一切理由倡議自由貿易。他在這場廣為流傳的演說裡，保留以下這段訊息做為精采結尾，極具關鍵性：

> 我們需要一個新的法律——一個全新的方法，一個大膽的美國貿易政策新手段。我們將會大幅影響西方的團結、冷戰的進程及國家下一個世代的經濟成長……我們一起面臨一個共同的挑戰：讓各地自由的人們更加繁榮興旺，在新的貿易共同體內培養夥伴關係，讓其中的每個自由國家都能從自由競爭的生產動能中受益……這就是我們當下與未來願景的指引——一個自由的國際社會，獨立但相互依存，團結各方，四海一家，超越撕裂我們這個世代的仇恨與恐懼……逃避永無寧日，退縮不是辦法，不負責任也得不到解脫。

10 譯注：此處取自洛基系列電影第四集《洛基：勇者無懼》（*Rocky Balboa*）的劇情。

對甘迺迪總統來說，自由貿易是維持世界自由的方法。貿易不只是提高收入或降低牛奶價格的工具，更是在全球架構下，重生為和平、秩序與道德領導的手段，是讓全世界志同道合的國家命運緊緊相繫的那條線。

第四號勁敵：日本

儘管蘇聯扮演二十世紀超級壞蛋的角色令人印象鮮明，但事實上紅色恐慌（Red Scare）卻不太像是經濟威脅，更多的是生存威脅。當西方國家得利於低貿易障礙，並隨之進入海外顧客的新宇宙，從而在一九五〇年代和一九六〇年代不斷繁榮茁壯時，蘇聯則偏好對市場力量進行中央計畫，導致東方集團的無效率與匱

冷戰結束那一刻的檔案影像。

乏。但是儘管美國專心致志地阻止共產主義擴散，避免核毀滅的可能性，仍未能預見一種不同的威脅會危害我們的成功，就是其他人可能製造出比美國更好的產品。

看看日本的超能力是什麼？品質。說來有點諷刺，日本經濟的快速崛起可以回溯到冷戰初期的妄想症；日本是馬歇爾計畫的受益者，得到美國大量的金融與開發援助，因而得以藉此快速啟動戰後繁榮期。美國押注一件事，就是繁榮又自給自足的日本較不可能屈服於蘇聯的淫威，卻沒料到日本最後會成為強勁的競爭對手。

在東京，稱為「經濟的奇蹟」；在紐約，則是以「日本經濟奇蹟」為人所知。不管你怎麼稱呼，這都是驚人的事實：不到四十年光景，日本就從渺小、蕭條的國家，在戰爭中被擊敗，又遭到核彈轟炸的摧毀，一躍成為世界第二大經濟體。到一九六〇年，日本的工業產出已經達到戰前水準的三．五倍，觸發國內生產毛額（Gross Domestic Product, GDP）在接下來十年六度成長超過一〇％，十分驚人。日本的昌盛要拜聰明的政府政策、鼓勵多產的國民精神，以及明智又迅速從保護主義轉向積極出口所賜，這個模式並非全然的資本主義，有很大一部分是由政府指揮國家經濟的走向。這是一個在美國人思維中既陌生又奇特的觀念，稱為「國家隊」（national champions），由政府主動支持某些策略性重要私人企業，賦予它們能製造出巨幅利潤的特權，進而帶動較高的工資，也帶來某種政治與經濟穩定性。不過儘管如此，日本的經濟也沒有受到國家嚴密控制。更關鍵的是，日本是第一個破解科技與先進製造技術的國家，而這些技術重新定義二十世紀後期最受歡迎的消費產品。

冷戰正酣時，地球上少有力量能把美國嚇得開倒車退回保護主義傘下，可是日本人找到一個，名叫豐田（Toyota），這家成立十二年的汽車製造商，在二戰後曾有破產之虞；一九五〇年，總共生產三百輛汽車。可是當復甦中的日本開始敞開大門和西方做生意時，豐田把握機會，在一九五七年到加州設廠。一九五〇年代和一九六〇年代，日本汽車出口躍升將近兩百倍，一開始是日產（Nissan），接著本田（Honda）、速霸陸（Subaru）、三菱（Mitsubishi）和其他車商紛紛加入豐田的行列，進占美國人的停車場。它們成功的祕密也算不上是什麼祕密，除了較輕量、馬力較小外，與底特律出廠的車款相比，製造的車輛就是跑得較好、較久，也證明較為可靠。

沒過多久，日本汽車就成為品質的同義詞；豐田跳過福斯汽車（Volkswagen），成為美國第一大進口商，隨後更超越通用汽車（General Motors, GM），取得世界最大汽車製造商的頭銜。美國汽車業者被新敵手打敗，第一個反應是落入最古老的美國傳統做法：用關稅把較便宜、性能較好的外國商品阻隔於市場之外（過去在英國紡織品成為當紅炸子雞時，華盛頓總統使出這一招是有效的）。一九六四年，林登．詹森（Lyndon Johnson）總統突然對輕型卡車祭出二五％關稅，數十年後才被揭露是一筆交易，其中至少有一部分是為了換取美國汽車工人聯合會（United Auto Workers）支持詹森總統的民權主張。信不信由你，那個關稅至今仍在。在接下來的時光，底特律藉機充分利用在中西部的政治力量，逼迫政府對進口汽車課徵高額新稅。

退回到保護主義也許振興美國皮卡車的前景，可是不久後態勢就很清楚，經過兩百年，關稅已經大幅喪失威力。雖然在一八五〇年代，法國無法就這麼繞道而行，在賓州自行開設鋼鐵廠，但是到了二十世紀這個更開放的世界裡，日本人卻可以做一模一樣的事。到了一九八八年，本田、日產、馬自達（Mazda）和豐田已經分別在俄亥俄州馬里斯維爾（Marysville）、田納西州士麥那（Smyrna）、密西根州平石（Flat Rock），以及肯塔基州喬治城（Georgetown）設廠。許多日本車由美國汽車工人組裝，這個事實有助於抹去買「外國」車帶來的一些恥辱。日本車讓美國人神魂顛倒，三十多年後這股熱愛未曾稍減。

日本造成的威脅會如此具有革命性，是因為不像過去那些了不起的頭號敵人，如大英帝國和蘇聯，這一次的威脅來自盟友。日本並不是什麼泱泱帝國或共產主義禍害，而是有著混合經濟模式的自由社會，主張貿易自由化，還是國際貨幣基金、關稅暨貿易總協定和經濟合作暨發展組織等合作機構的成員。貿易與科技正在匯流，打敗競爭對手的唯一正道就是進步。所以底特律這麼做了，嫻熟掌握從日本引進的新科技和先進製造技術，以便提升美國車的品質。美國消費者享受到比以往更多樣化、品質更高的選擇，結果是好的。不過，因為這些技術用到更多機器人與較少工人，所以並未廣受勞工團體好評。

到了一九九〇年代初期，與日本製造業稍早的看法大相逕庭，日本經濟開始下滑衰退，在此之前，日本已經遵循汽車業的發展藍圖，壟斷家電、玩具及其他大型產業的美國市場，使得「日本製」成為家家戶戶的品質標誌。美國製造業的工作機會從一九七九年全盛時期的將近兩千萬個開始一路下跌，直到從二〇〇八年的經濟大衰退復甦為止，當時製造業的就業下滑到約一千一百五十萬個。（不過值得一提的是，即便就業機會流失，但這段期間美國製造業的產出其實是穩定上升的，證明無論如何，科技讓我們得以用較少勞工產出較多成果。）

在美國努力與日本競爭時，學會仿效對手擁抱科技，無意間開啟貿易政治的全新時代。這是第一次美國貿易政策的重大斷層，不僅出現在政黨或地域之間，也出現在勞工（重視工作機會和工資）與企業（重視有價值的生產和利潤）之間，在科技與品質改變公式前，這兩項指標原本同步上升和下降。從一九七〇年代中期開始，勞工的時薪再也跟不上公司的成功；誠如美國勞工聯合會和產業工會聯合會（AFL-CIO）主席理查·特朗卡（Richard Trumka）對我說的，其中的連結——大家榮辱與共的觀念就是在這時候斷絕的*。由於戰線已經重劃，大部分共和黨員（企業團體的長期支持者）和大多數民主黨人聯合，儘管後者與工會勞工的關係密切，但是自從南北戰爭結束後，也向來偏好降低貿易障礙，因而到了一九八〇年代中期，幾乎人人都是自由貿易的支持者。就在這種新景觀下，才有雷根總統提案，老布希總統進行磋商，後來由柯林頓總統頒布的自由貿易協定，將美國與近鄰加以整合，就是《北美自由貿易協定》。

* 例如，在一九四八年到一九七三年間，生產力增加九六%，而所得則提升九一%，不過自從一九七四年以來，生產力已經上升七七%，但勞工時薪只增加十二%。

第五號勁敵：中國

很快就會詳談《北美自由貿易協定》的始末，不過這麼說就夠了，這個協定剛好在一個新的世界強權崛起當下，從根本徹底翻轉整個美國貿易對話。美國已經擺脫青澀少年而茁壯成長，從與南方的分裂、敵對意識形態的威脅，以及從日本這個運作良好的競爭者手中存活。不過一如往常，下一場大型戰役正蓄勢待發。二十世紀泰半時間，中國在世界舞台上表現得極為沉默，可是一連串徹底的經濟改革已為一波全面榮景做好準備。

一九七八年，中國領導人鄧小平對國家經濟發動大規模變革，以便把這個表面上的共產國家改造得更具全球競爭力。鄧小平既沒有擁抱西方式資本主義，也沒有緊抓著中國過去的意識形態不放，關於中國經濟的理念，他曾做出有名的總結：「不管白貓黑貓，只要能捉到老鼠就是好貓。」有了國家支持遍及重要領域的產業，加上超過十億的人口，中國要成為全球要角的萬事俱備，只要決定從長期的自我孤立中走出來。可是美國，還有在一九七二年知名中國之旅後的尼克森，恐怕未能完全料到最新的挑戰者想要的不只是經濟成就，也想對世界擁有更廣泛的影響力。

隨著消費品的黃金時代淡去，數位時代登場，實體產品生產開始失去經濟重要性，把地盤讓給一波正在興起的服務與智慧財產浪潮。美國在這方面也已經做好調整，成為全世界最大的服務出口國，充分具備領導全球的條件。當美國把出口重心從傳統的、就業機會豐富的製造業，漸漸轉向數位的、獲利豐厚的產業，如娛樂與金融服務業時，中國也正往食物鏈上游移動。進入二十一世紀後，開始默默擺脫廉價的「中國製」印象，從衣服、玩具和其他（美國人耳熟能詳的）基本產品的生產者，變成策略性關鍵產品的製造者，如節能汽車、醫療設備、資訊產品及飛機。不僅如此，在蘇聯未能做到的計畫經濟與五年計畫下，中國正在繁榮茁壯。以中國的規模和產能，加上從出口的數量優先移動到品質優先的司馬昭之心，誰是美國下一個偉大對手無庸置疑。

當世界奮力地從二〇〇八年金融危機復甦時，美國找到一個方法，在中國有能力壓制，壟斷二十一世紀最重要領域的市場前，反擊對方的優勢支配地位。再一次，答案是貿易。巴拉克·歐巴馬（Barack Obama）總統領軍擘畫一個太平洋地區的大型自由貿易協定，讓美國的影響力延伸至該區域，但是卻把中國排除在外，至少一開始如此。《跨太平洋夥伴協定》又稱TPP，有十二個國家參與，占世界經濟的四〇%；這是一個機會，既可削減中國近鄰對中國製產品、服務及市場的依賴，又能強化這些國家和美國的經濟連結。回到甘迺迪總統的願景，將貿易視為道德領導的手段，TPP也意在確保由美國（而非中國）寫下關於人權、勞工權、性別平等與環境標準的全球商業規則（中國若想要成為該地區的重要玩家，就必須信守這些規則）。對美國經濟、全球勞動條件和在

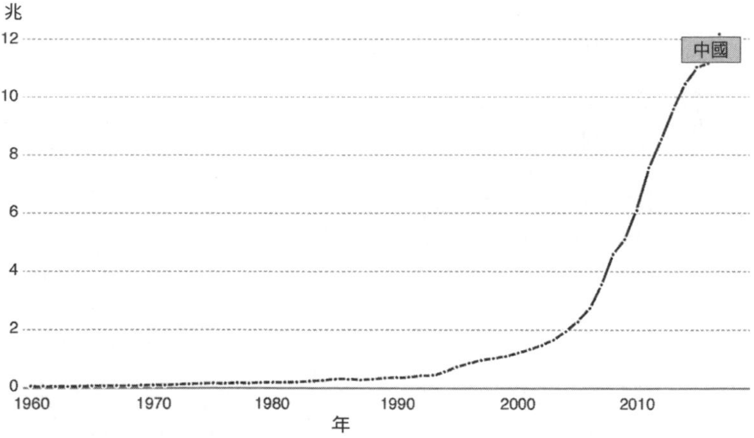

這張題為「噢喔」的圖片，描繪出一九六〇年到二〇一五年中國的GDP成長。

世界領導地位的未來而言，TPP都至關重要。

來到二〇一六年總統大選，TPP獲得兩黨相當程度但不熱烈的支持。但是即便過了二十多年，《北美自由貿易協定》的傷害並未完全痊癒。對美國人民坦誠告知關於全球化、自動化及經濟已經變成什麼模樣，並且將會如何持續變化的困難政治工作尚未完成。兩黨的貿易保護主義分子發起逐鹿白宮的叛黨競選活動，把非難TPP並提倡美國孤立主義視為保護美國就業機會的坦途。

在左派，參議員伯尼．桑德斯（Bernie Sanders）把自由貿易協定貶抑為企業利益團體用來鞏固權力，並壓制勞工的工具；雖然他在民主黨初選中落敗，但是競選活動卻激發令人意外排山倒海的支持，足以驅使獲得提名的前國務卿（過去也是TPP的支持者）希拉蕊．柯林頓（Hillary Clinton）轉而反對該協定。在右翼，川普催促政黨猛烈抨擊TPP，說這是會（以某種方式）讓非成員國的中國和印度「占美國便宜」的「爛協定」。他進一步在二〇一六年六月於俄亥俄州聖克萊爾斯維爾（St. Clairsville）的一場造勢場合中，宣稱「《跨太平洋夥伴協定》是想要強暴我們國家的特殊利益集團所製造並推動的另一場災難——只是在不停地強暴我們的國家……就是這樣。話很難聽，這是在強暴我們國家。」六週後，川普被共和黨提名為總統候選人。

二〇一七年一月二十三日，川普總統入主白宮的首波作為之一，就是簽署行政命令指示美國貿易代表退出TPP。這個協定沒有美國仍持續進行，而美國突然退出，反倒幫中國打開推動新開發與基礎建設手段的大門，也推出新的自由貿易協定，稱為《區域全面經濟夥伴關係協定》（Regional Comprehensive Economic Partnership, RECP），包括TPP的原始成員日本、澳洲、越南、新加坡、紐西蘭、馬來西亞與汶萊，加上印度及其他亞洲國家。以美國領軍的太平洋經濟集團來挫敗中國霸權的夢想，變成一個把美國排除在外，由中國領軍的集團，這是美國走向孤立主義復辟的第一步。

當中國持續將價值觀與經濟偏好向亞洲及開發中國家傳遞時，我想說這是以犧牲美國的利益為代價，美國身為全球領導者的影響力會繼續大幅削弱。美國開始對鋼鐵、鋁和其他產品祭出高額關稅，引發與歐洲、中國及加拿大之間的貿易戰。同時又在「美國優先」（America First）的信條下，公然傷害北約與西方盟誼，忘了這些協定一路大大造福美國和其他國家，助長二戰結束以來的和平、安全與成長。美國是這個世上曾在戰後興起最強大的經濟與軍事大國，如今面臨新形態的競爭者——中國，這個與美國深深糾纏，必須合作，又不時相互對抗的強權。

第二章

選擇番茄，還是番茄採收工人？

——貿易協定的贏家和輸家

一九九二年十月十五日，七千萬名美國人把目光轉向里奇蒙大學（University of Richmond），觀看三個候選人在第二次總統大選辯論上正面交鋒，這是一場市民大會，由兩百零九位尚未決定投票意向的選民組成。對關注選情的人而言，當晚的第一個問題是貿易並不令人意外；畢竟老布希總統即將和加拿大及墨西哥簽訂新條約，創造世界上最大的自由貿易區。用一個自由貿易協定連結北美大陸，這個概念是十三年前由當時的總統候選人雷根向美國人民提出的，自由貿易協定在某種程度上來說是一個政治謎團，一般民眾不太了解，政治人物更沒有好好解釋，隨著談判在一九八〇年代末加速進行，已經擾亂兩黨內部生態。

逐漸為人所知的NAFTA最初被構想，是為了解決一個遍及大西洋地區的問題。隨著冷戰的生存威脅開始慢慢淡去，美國各方政治人物不管抱持什麼主張，愈來愈明白友邦在商業上的成功，才是對美國最危險的事，在汽車和電子用品上被日本痛宰，已經知道那種滋味。在二戰後這段長久昇平的時期裡，歐洲已經復原並成長得更強壯，一旦柏林圍牆倒塌，歐洲大陸邁向真正的經濟統一就沒有太多阻礙。即便在柏林圍牆正式倒塌的幾年前，預兆也已經出現：未來的歐洲將會是融為一體的歐盟。新歐盟有高達近五億人口，在一九九二年二月簽署的《馬斯垂克條約》（Maastricht Treaty）下正式成立，蓄勢待發，成為美國在經濟上前所未見的競爭對手。

美國無法建立自己的聯盟，早在兩百一十六年前就玩過這招了，不過**確實**擁有友善的鄰居。一九八四年，當統一的歐洲這個概念開始廣受歡迎時，國會投票賦予雷根總統「快速通關權」（Fast-Track Authority），以便和加拿大及以色列分別磋商貿易協定。很快說明一下快速通關權：當總統擁有這項權力（最近已經改稱為「貿易促進授權」〔Trade Promotion Authority, TPA〕）時，表示國會議員不能修改、阻撓或反對其提案的貿易協定……只能針對行政部門磋商後的最終協議投下贊成或反對票。這對和美國簽訂協議的國家來說是很重要的吸引力，因為如果美國的立法機構後還會更動條文，它們就不願意談判並提供優惠。

一般來說，國會議員討厭只能投下贊成或反對票，而沒有機會反駁或修改提案中不喜歡的部分，不過有時候會為了貿易協議而這麼做，因為這樣可以加速流程，大幅提高通過的機會，當其他國家知道美國國會無法更動條文，就會誘使他們進行談判並做出讓步，知道他們會堅持協商。不過由於在一九八〇年代中期，兩黨大多支持自由貿易，所以加速協議的工作進行得很順利：眾議院以三百六十八票對四十三票通過授予雷根快速通關權，參議院的比數則是九十六票對零票[11]。相較之下，二〇一五年對於授予快速通關權的投票就不像一九八〇年代那麼一面倒，共識多已不復存在。

一九八八年，美國與加拿大簽署一個縮寫唸起來痰音很重的協議，稱為CUSFTA，即《美加自由貿易協定》（Canada–United States Free Trade Agreement），以促進貿易，實質消除已經很低的關稅，並解除兩國之間的跨域競爭與投資的束縛。墨西哥不希望被排除在外，不久後也遊說美國和它磋商自由貿易協定。加拿大愈來愈擔心美墨協議會比它與美國新簽的協議更優惠，所以要求三個國家共同談判取代CUSFTA的三邊協議。到一九九二年總統大選的最後階段，NAFTA萬事俱備，只剩簽署，可是兩黨內的派系已經開始表達疑慮。

這是一場奇特的選舉，不只是因為美國人不習慣出現一個認真參選的第三方候選人。一九九一年三月波斯灣戰爭結束後，老布希總統享有極高的八九％支持率，看來二十個月後肯定能安穩連任。可是問題重重的經濟、羅德尼・金（Rodney King）被洛杉磯警方明目張膽地毆打而引發的種族暴動，加上年輕又有魅力的民主黨候選人黑馬——阿肯色州州長柯林頓，說服力強的訊息溝通，很快就重挫老布希的人氣。到了一九九二年夏天，老布希的支持率從蓋洛普（Gallup）有史以來的最高紀錄下滑到最低的二九％[12]。

扭曲NAFTA原定目標，從就業觀點看待的濫觴

然而，身高五呎五吋的德州億萬富翁羅斯．佩羅（H. Ross Perot）才是意料外的王牌。佩羅是獨樹一格的總統候選人；他原本是電腦業務員，後來成為非常成功的資訊科技與資料處理公司電子數據系統（Electronic Data Systems, EDS）創辦人，在一九九二年決定參選總統時，怎麼看都是政治素人。佩羅是特立獨行的自由派，政見主要集中在削減聯邦赤字上。他也支持墮胎權、LGBT[13]的公民權，還公開建議擴大健保補助範圍至全民適用，比起這個觀念深入進步派民主黨人的腦袋裡還要早了幾十年。夾帶著反建制派的熱潮，且身兼多重混雜身分，供人各取

11　https://www.congress.gov/bill/98th-congress/house-bill/3398/actions.

12　https://news.gallup.com/opinion/gallup/234971/george-bush-retrospective.aspx.

13　譯注：女同性戀者（Lesbian）、男同性戀者（Gay）、雙性戀者（Bisexual）與跨性別者（Transgender）這四個英文字字首的組合。

所需，佩羅在六月的蓋洛普民調中，以三十九比三十一比二十五領先老布希和柯林頓[14]。一個月後，佩羅突然停止競選，後來他在《六十分鐘》（*60 Minutes*）節目中受訪時解釋，這麼做是為了粉粹老布希用電腦變造照片破壞女兒婚禮的陰謀[15]。

佩羅取得各州參選資格〔之後女兒卡洛琳．佩羅（Carolyn Perot）的婚禮也順利舉行〕態勢明確後，在十月一日重新投入選戰。雖然他的支持度在退選期間已經下滑，但是兩週後與老布希及柯林頓並肩踏上里奇蒙大學的舞台時，仍是這場選戰的未知因素。辯論的第一個問題指向佩羅，觀眾中有一人詢問他，打算如何「打開國外市場，讓美國企業能公平競爭，並阻止外國企業在國內的不公平競爭，以便將工作機會帶回美國」。共和黨與民主黨候選人在接下來的回答裡，聽起來並沒有什麼不同，老布希吹捧NAFTA是以出口支持美國就業的跳板，並以「拯救我們」來為「自由與公平的貿易」護航；柯林頓則是提到必須擴大美國出口基礎，以確保貿易協定在國內創造的新工作比海外多；反倒是佩羅的回答衝撞兩黨及其候選人的正統觀念，得到最多的注意力：

> 我要告訴觀眾裡在做生意的人：很簡單，如果你付給工廠勞工每小時十二、十三、十四美元，而且可以把工廠搬遷到中南美洲，聘僱年輕工人，支付他們一小時一美元——假設你已經在這一行

> 做很久了。你有的是成熟勞動力，花時薪一美元的工資聘僱工人，沒有健康保險這項汽車生產裡最昂貴的成本。沒有環境控制、汙染控制，也不用支付退休金，除了賺錢以外，你什麼都不在乎，就會有一個巨大的吸吮聲把你吸到南方。

三週後，佩羅在大選中取得近一九%的選票，可是恐怖的「巨大吸吮聲」（giant sucking sound）在他離開全國舞台後，仍然迴盪在空中，久久不散。儘管有兩黨民選官員的支持，但是ＮＡＦＴＡ從未如先前的老布希與繼任者柯林頓希望地受到大眾寵愛。從國家廣播公司（ＮＢＣ）和《華爾街日報》（*The Wall Street Journal*）發布的民調顯示，民眾對ＮＡＦＴＡ的支持度只有二七%，反對的人有三四%，回答「不確定」的人則有四〇%，比正反兩邊都高。以ＮＡＦＴＡ曾是如此重要的選舉議題來看，這個比例高得驚人，也證明政治人物和媒體都未能把ＮＡＦＴＡ說清楚[16]。一年後，當佩羅和新任副總統艾爾．高爾（Al Gore）在一個曝光率高的電視節目上辯

14 https://news.gallup.com/poll/110548/gallup-presidential-election-trialheat-trends-19362004.aspx#4.

15 https://www.nytimes.com/1992/10/26/us/1992-campaign-overview-perot-says-he-quit-july-thwart-gop-dirty-tricks.html?pagewanted=all&src=pm.

16 Jeffrey E. Cohen, *Presidential Responsiveness and Public Policy-Making: The Publics and the Policies That Presidents Choose* (Ann Arbor: University of Michigan Press, 1997), doi:10.3998/mpub.14952. ISBN 9780472108121. JSTOR 10.3998/mpub.14952.

論這個議題，德州大亨表現不佳後，各方陣營的比數就拉平了。

雖然是老布希監督談判，並在離開白宮時核准協定，但卻是由柯林頓總統帶著NAFTA闖關國會，讓協定生效。這位上任不到一年的總統希望緩解政黨內的貿易懷疑派，因而延遲協定，直到他與墨西哥政府談妥一連串附帶協議，以減輕環境與勞動方面的疑慮。一九九三年八月，柯林頓做到了，可是環保團體和勞工領袖卻對新協議嗤之以鼻，認為做得還不夠。NAFTA的政治支持度一天天遭到腐蝕，因為國會議員開始愈來愈沉迷於完全從就業觀點（「巨大的吸吮聲」現象）來看待這項

「我不知道發生了什麼鳥事，我前一分鐘還在密西根州弗林特（Flint）工作，
聽到一個巨大的吸吮聲，然後我突然就在墨西哥了。」

在一個國家的爭辯議題裡，令人討厭的嘲諷言語。

協定，無視它的本意從來就與創造就業或保護毫無關係，稍後就會談到這一點。

最後，這個協定在美國國會得到安全過關，但不盡然令人滿意的票數。一九九三年十一月十七日，NAFTA以兩百三十四票對兩百票獲得眾議院通過；大多數民主黨議員投下反對票，是靠著少數共和黨護航而過關[17]。三天後，同樣的情節在參議院又上演一次，總統所屬政黨以一票之差否決NAFTA，只是共和黨以超過三票對一票的比數投票支持[18]。從一九九四年元旦開始，

17 https://www.govtrack.us/congress/votes/103-1993/h575.

18 https://www.govtrack.us/congress/votes/103-1993/s395.

老布希總統（不管再怎麼用力瞇著眼睛看，也和柯林頓長得很不像）在一九九二年十月七日於德州聖安東尼奧（San Antonio）主持 NAFTA 簽署儀式。墨西哥總統卡洛斯・薩利納斯（Carlos Salinas）站在左邊，加拿大總理布萊恩・穆朗尼（Brian Mulroney）站在右邊，坐著的則是加拿大駐美大使德雷克・伯尼（Derek Burney）、美國貿易代表卡拉・希爾斯（Carla Hills）及墨西哥駐美大使古斯塔沃・佩特里希奧利（Gustavo Petricioli）。

NAFTA成為國內法，此後在美國大眾眼中，這項功績就這麼被一個雖然最後還是支持協定，卻不是由他提議、談判、簽署，而且所屬政黨還在參、眾兩院加以否決的總統，直接收入囊中。

NAFTA的具體作用與非戰之罪

為了NAFTA所形諸筆墨的文字、劍拔弩張的情勢、進行的宣傳活動，似乎從來不曾處理一個重要問題：這麼做的意義是什麼？我們知道NAFTA的倡議者在構想一個大陸性自由貿易區時，想的並不是就業問題；還知道經濟強大的歐盟帶來的艱鉅挑戰，在腦海裡愈來愈占有舉足輕重的地位。無論好壞，這個協定本身便列舉六個存在的具體作用：

- ☑ 消除貿易障礙，助長三個國家之間的貿易。
- ☑ 促進區域內的公平競爭。
- ☑ 開啟跨國投資機會的大門。
- ☑ 加強智慧財產的保護與執法。
- ☑ 建立解決爭端的程序；以及

☑建立「一個能增進三方……合作，以擴大並強化效益的協定架構」[19]。

這些目標都不錯，而且NAFTA肯定能推動上述目標，可是它真正目的其實更複雜，與區域動盪的關係之深，恐怕不亞於經濟。

NAFTA通過前十年，對拉丁美洲來說是一段辛苦歲月。一九六〇年代和一九七〇年代的繁榮，促使快速開發中的國家，如墨西哥、阿根廷及巴西對基礎建設和工業進行大量投資；為了取得資金，每個國家都向國外商業銀行借了大額貸款。一九七〇年代中期的一次全球不景氣，導致這些國家無力償還貸款。油價驟跌，緊接著披索崩盤，造成仰賴石油的墨西哥經濟陷入混亂。墨西哥石油公司（Pemex）的營業稅占了墨西哥政府稅收三分之一；到了一九八〇年代中期，不過短短時間，事情就全亂了。

一如過去鄰國國運走下坡時會看到的，墨西哥債務危機引發美國南方國界新的緊張情勢。墨西哥「非法」移民在美國歷史上首度成為全國性話題，而二十年前頒布第一個限制從南方入境

19 http://www.sice.oas.org/trade/nafta/chap-01.asp.

的法令前[20]，非法這個概念事實上甚至還不存在，成為一九八四年選戰的次要議題[21]，而且當美國人民逐漸開始不公平地把南方的鄰居與毒品及犯罪聯想在一起時，它也恰如其時地滲透到政治氛圍裡。雖然墨西哥經濟崩潰確實加重雙方的疑慮（任何國家的經濟陷入低迷都會這樣），但是美國的孤立主義傾向與對外國人的猜疑，絕對和在一九八〇年代與一九九〇年代對墨西哥的看法改變大有關係。

不管這麼說是否公平，許多政治人物對美墨關係考慮採取什麼立場時，肯定會把走私毒品的恐懼，和美國在一九八〇年代初期開始急速攀升的暴力犯罪率放在心上。撇開自由貿易協定對國內造成什麼影響不提，可能會為墨西哥經濟創造奇蹟，進入美國市場能幫助該國提升國內生產毛額，擺脫債務危機，而與美國及加拿大的經濟整合也會是一股長期穩定的力量。藉由促進墨西哥的繁榮，美國也能從根本掃除毒品交易，並遏止越過南方邊境尋找機會的移民潮；誠如墨西哥總統薩利納斯曾說過一句令人難忘的話，在NAFTA裡，美國人面對的是「在墨西哥番茄或番茄採收工人之間的選擇」[22]。當然，華盛頓與墨西哥城建立更穩固的夥伴關係，能進而緩解兩千哩國界的緊張情勢，並將墨西哥提升為美國在世界舞台上的盟友。基本上，美國就像是屋主，想要藉由提供工具幫助鄰居改善屋況，增加自己的房產價值，這肯定有一點家長式的心態，但卻是有效的策略。

以建立NAFTA所要解決的各式各樣廣泛問題來看，包括約束移民潮、遏止非法毒品、穩定墨西哥、幫助美國農民開拓更多顧客、聯合北美大陸，以便與歐洲進行出口競爭，這個協定將貿易當作遂行內政目標的工具，完美展現精彩的多功能性。不過條條大路通羅馬，結果所有的政治議題都會走向就業。不管這個協定多成功地落實檯面上下的目標，但會成為歷史上的一次美國勝利或醜陋汙點，唯一的仲裁者很快只剩下一個指標，就是它創造或毀滅的就業數量，而這本來就不在NAFTA的官方計算裡。

NAFTA帶來的成效與未竟之事

你現在可能已經猜想得到，NAFTA成功與否端視要衡量什麼而定。如果我們只看協定的字面意義，單純把重點放在它為自己設定的目標上，可以合理得出一個唯一結論，就是NAFTA實現它的目標，表現出色。以國內生產毛額來看，美國、加拿大和墨西哥現在是世

20 https://www.history.com/news/the-birth-of-illegal-immigration.

21 https://www.debates.org/index.php?page=october-21-1984-debate-transcript.

22 Heyer, https://piie.com/sites/default/files/publications/pb/pb14-13.pdf.

界上最大的自由貿易區，自從協議簽訂以來，這三個國家大幅提升全球經濟競爭力。三邊關係隨著時間而愈來愈穩固（當然，直到最近就……稍後會有更多討論），過去二十五年來，貿易自由而頻繁地在區域內進行，加拿大和墨西哥始終是美國最大的進出口夥伴之一，反之亦然。事實上，NAFTA存在後的第一個十年，三國之間的總貿易量就翻倍有餘，從三千零六十億美元成長到六千兩百一十億美元，各國經濟皆有成長，美國的消費者物價也因為新的進口品湧入而下跌[23]。這是特別受到美國農民（支持NAFTA和其他貿易協定的選民）歡迎的發展，現在他們有超過二〇%的農作物出口到全世界[24]。

放在全球領導地位的脈絡來看，同樣很難說NAFTA沒有實現未曾言明的目的。美國擋住來自歐盟與中國的威脅，仍是世界上最大的經濟體，自從通過NAFTA以來，三個國家都茁壯為重量級出口國。加拿大和墨西哥最後也加入美國的行列，成為世界前十大出口國，靠出口支撐的經濟也有利於這些國家從二〇〇八年全球金融危機中復原。以全球來看，這個區域的強大與穩定有助於鞏固美國身為經濟強權的地位，得以將影響力擴散到世界上新的地方。一九九四年至二〇一二年間，美國與五個中美洲國家加上多明尼加共和國〔中美洲和多明尼加共和國自由貿易協定（Dominican Republic-Central America FTA, CAFTA-DR）〕，以及南韓、澳洲、智利、摩洛哥、哥倫比亞、祕魯、巴拿馬、約旦、阿曼、巴林及新加坡分別簽訂貿易協定，為美國企業和農民帶來數百萬名新顧客，也藉由提升勞工、環境與人權標準，將美國的價值傳遞給四個大陸。當美國簽訂NAFTA時，走在時代前端，引領潮流：全世界只有十多個生效的自由貿易協定。今天美國無疑落於人後，雖然與二十個國家簽訂協議，但是現在全球運作中的協定就有超過**四百個**。撇開美國在自由貿易協定上的表現相對鬆散不談，重點還是沒變：若是沒有NAFTA及其加速掀起的自由貿易浪潮，美國近年來絕對無法跟上中國及歐洲的腳步，成為全球競技場上的要角。

不用說，移民和毒品交易已經成為美國簽訂NAFTA後遲遲不散的政治課題。雖然美國政治人物已經習慣把（真實或想像出來的）五花八門問題都歸咎於墨西哥移民，但真相是隨著協議簽訂，來自墨西哥的合法與非法移民數量已經大幅降低[25]。其實過去十年來，跨越國界進入美國的墨西哥人數量已經少於從其他地方來的人。儘管墨西哥移民人數陡降不能單單歸功於NAFTA，但是把墨西哥培養成經濟大國，擁有健全的中產階級、欣欣向榮的企業和穩

23 https://ustr.gov/about-us/policy-offices/press-office/fact-sheets/archives/2003/november/nafta-10-myth-nafta-was-failure-united-stat.

24 https://www.fas.usda.gov/data/percentage-us-agricultural-products-exported.

25 http://www.pewhispanic.org/2012/04/23/net-migration-from-mexico-falls-to-zero-and-perhaps-less/.

定的公民社會，恐怕厥功至偉，這個貿易協定無疑對於促進那樣的成長是重要的，尤其是當一九九四年的墨西哥披索危機減弱，而NAFTA的效益開始發揮作用以後。

現在剩下就業了。一般來說，經濟學家都同意貿易有很多好處：更低的價格、更多的創新、更好的國際關係等。不過很難找到經濟學家認為自由貿易協定是創造更多就業的真正有效工具，他們會說**貿易**能創造就業，卻不必然要靠著**自由貿易協定**本身。儘管如此，我們現在已經知道，為NAFTA遺緒定江山的唯一問題還是就業。讓NAFTA的對話重新圍繞著閒置汽車工人與廢棄工廠的想像上，最該負責任的人就是佩羅，他帶頭預測NAFTA會使美國損失五百九十萬個工作機會，令人驚詫不已，這表示在當時美國既有的工作機會中，每二十個就會減少一個[26]。更近期的則有參議員桑德斯，在二〇一六年密西根弗林特的一場民主黨初選辯論上，他與國務卿希拉蕊交鋒時，指控NAFTA害全美失去八十萬個工作[27]。

川普總統這幾年每次提到NAFTA，便說它是「世上有史以來最糟糕的協定」，他在二〇一八年接受西恩・漢納提（Sean Hannity）採訪時，丟出一個數字，說因為NAFTA而損失的工作有「好幾百萬」[28]。別以為這些極端估計值僅限於來自兩黨最外圍的側翼，即使還是總統候選人的歐巴馬，在二〇〇八年競選時，也曾在俄亥俄州洛蘭（Lorain）對群眾說：「因為NAFTA，有一百萬個工作機會不見了……我不認為NAFTA對美國有好處，我從不這麼認為[29]。」他的立場後來軟化了。歐巴馬當時的對手希拉蕊在二〇〇八年初選時，大多時候也和她丈夫主政下生效的貿易協定保持距離。儘管共和黨領導人因為不必追求勞工的選票，從過去以來，開口反對NAFTA的壓力較小，但是這個情況也在迅速改變：共和黨的**選民**已經開始反對NAFTA，比例比民主黨選民還要高出許多[30]。

貿易政治化的扭曲現實

或許最重要的是，這個如今對NAFTA有四分之一世紀久的後座力，已經以經常是愚蠢的新方式把貿易政治化了。就和所有貿易協定一樣，NAFTA會製造出美國經濟裡的贏家與

26 https://archive.nytimes.com/www.nytimes.com/specials/issues/world/wordepth/0916perot-infomercial.html或https://piie.com/sites/default/files/publications/pb/pb14-13.pdf.

27 https://www.politifact.com/truth-o-meter/statements/2016/mar/07/bernie-s/sanders-overshoots-nafta-job-losses/.

28 https://www.politifact.com/truth-o-meter/statements/2018/sep/24/donald-trump/did-nafta-kill-millions-jobs-donald-trump/.

29 http://www.cnn.com/2008/POLITICS/02/25/clinton.obama/index.html.

30 http://www.pewresearch.org/fact-tank/2017/11/13/americans-generally-positive-about-nafta-but-most-republicans-say-it-benefits-mexico-more-than-u-s/.

輸家，當然也得到許多非常合情合理的抱怨。不過NAFTA也很倒楣地變成捕蠅紙，或至少感覺是這樣，因為不知怎麼的，二十五年來因自動化、創新及全球勞動力興起造成的效應，都由它來概括承受所有指責。

無怪乎NAFTA已經成為每到選舉期間就被政治人物搬出來用的沙包。過去二十五年，競選公職的候選人已經遭遇類似國務卿希拉蕊在二〇〇八年二月面對的場景；當時她在俄亥俄州一座阿帕拉契山小鎮懸岩（Hanging Rock）進行競選活動，一個做三份工作才能勉強糊口的五十三歲男性告訴她說：「NAFTA造成慘痛損失……絕對是它毀了這個郡，它只是讓經濟變得蕭條，製造業都空洞化了[31]。」整個中西部今天在這個世界上製造的選票比製造的鋼鐵還多，政治人物如果不能好好譴責NAFTA，差不多可以等著落選了。自由貿易協定害工廠關閉，掏空從阿爾圖納（Altoona）到奧什科什（Oshkosh）的工人城鎮，在那裡，這不只是理論，而是不容置疑的真相。

讓我們一開始就說清楚：這些族群感受到的痛苦是真的。自一九九四年以來，確實有許多製造業工作流失了；之後二十年間，至少有八萬家工業工廠熄燈，大部分集中在中西部[32]。這是人類的悲劇，每個消失的工作都有它的夢想破滅、家庭陷入惶惶不可終日的處境、鄰里慘澹疲弱，以及自尊掃地的私人悲劇。因為失業而生活四分五裂的人，大有理由可以滿懷怨懟、要求答案，或甚至指責他人。如果究責時找錯對象（這是一個沒有定論的問題），完全都是政治人物、媒體工作者和利益團體的錯，因為他們有機會告訴大家全部的真相，卻發現不說出來比較輕鬆。有些能說真話的人，也許相信隨著經濟成長，自然就能吸收那些流失的工作，從某種意義上來說確實如此，只是不是同樣地方的同樣工作。有些人可能就是寧願不要處理照顧失業工人的成本與政治混亂，也許其中帶有一點「非理性思維」，也許帶有一點犬儒主義，也許還額外加上一點「人民當自強」的民族精神。無論如何，這些態度合流之後肯定毫無幫助。

NAFTA之所以能扮演代罪羔羊的角色這麼久，要拜一件事所賜，就是準確計算因為貿易協定而流失或得到的工作數量是不可能的——放心，如果有任何人抱持其他的看法，是因為對方想把什麼東西推銷給你（你大概已經買下本書，所以我沒有什麼好推銷的）。經濟是**出名的**繁複費解，在歷史上控制經濟的力量從來不曾如美國此時此地這麼錯綜複雜。在一個技術、租稅誘因、幣值波動、利率，甚至氣候型態都能影響產業決策的世界裡，有成千上百個交互關聯的因素在作用，我們永遠無法斬釘截鐵地指出工作來來去去的確實原因，**可以**做的就是調查手邊的證據，

---

31 https://www.seattletimes.com/seattle-news/politics/nafta-bashing-popular-but-is-it-justified/.

32 https://www.politifact.com/truth-o-meter/statements/2018/sep/24/donald-trump/donald-trump-has-point-NAFTA-shuttered/.

檢視趨勢線，並且分析因果關係，以便對過去數十年美國就業發生的事做出最佳解釋。

我們可以從沒有爭議的地方開始：自從有NAFTA以來，整體就業、工資和製造產出都有大幅成長。從一九九四年起算，美國製造部門的工資在接下來十年上升十四．四％（提供讀者背景說明，在協定生效的前十年，工資成長率是六．五％，不到前者的一半）[33]。二〇〇〇年一整年製造產出攀升到四四％，而從NAFTA出現到千禧年結束時，即使有便宜到嚇人的墨西哥進口品大量湧入市場，但美國整體就業機會還是增加超過兩千萬個[34]。如果已故的佩羅現在讀到這裡，恐怕會用頭撞牆，大聲嚷嚷一九九〇年代蓬勃發展的經濟都是拜資訊時代興起所賜，和NAFTA一點關係都沒有。

針對這一點，我要說佩羅大致沒錯，美國的經濟成長確實有很大程度是被網路公司和藉由網際網路運作的金融服務崛起所點燃。不過與此同時，在NAFTA對贏家與輸家的計算裡，蘊含一個固有的信念，認為以放棄低薪資、低科技產業的地盤做為交換，來促進高薪資、高科技領域的成長，對美國整體經濟來說是最好的。電力問世帶來重大的經濟進展，可是也傷害了製造蠟燭的工人。無論如何，繁榮的一九九〇年代確實是強而有力的展示，讓我們看到當美國貿易政策偏重於新興領域而非傳統產業時，經濟會呈現什麼面貌。

成長中經濟的贏家與輸家

有別於製造業產出，NAFTA對製造業的就業影響就顯得模糊難辨。有兩張圖表能幫助說明。看看下頁第一張圖，追蹤一九五〇年到二〇一六年間，製造業就業占美國整體就業的比例。如果不看圖表底部的年代，你能找出NAFTA生效的時間點嗎？

我也不能，雖然假使沒有NAFTA，製造業做為美國人就業來源的持續下滑趨勢，絕對可能變得平穩或甚至逆勢上揚，但就是沒有實質根據可以主張這個貿易協定製造（或明白地說，甚至加劇）一個之前並不存在的問題。「該死，先給我等等！」佩羅可能會這麼說：「**這張**圖呢？追蹤美國製造業的就業總數，而非製造業就業占**整體**就業的比重？」很好，我們來看看：

第一張圖顯示的是製造業長達半個世紀不間斷的下滑趨勢，第二張圖講的則是不同的故事——美國在NAFTA生效幾年後，開始大量流失製造業工作。不過將兩圖並陳，一個新的詮釋就出現了。製造業完成生產所需的工人數量愈來愈少，這是因為科技與自動化進步而

---

33 https://ustr.gov/about-us/policy-offices/press-office/fact-sheets/archives/2003/november/nafta-10-myth-nafta-was-failure-united-stat.

34 https://ustr.gov/about-us/policy-offices/press-office/fact-sheets/archives/2003/november/nafta-10-myth-nafta-was-failure-united-stat.

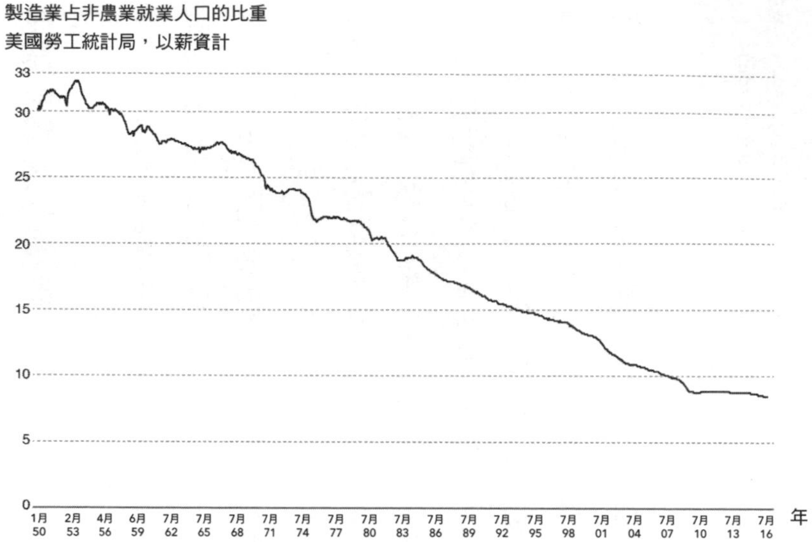

製造業工作占非農業總就業數的比重只稍高於一九五〇年代開始時的四分之一。

NAFTA：一個如此具有破壞性的貿易協定，
從它出現的四十年前就開始毀滅美國製造業的就業機會。

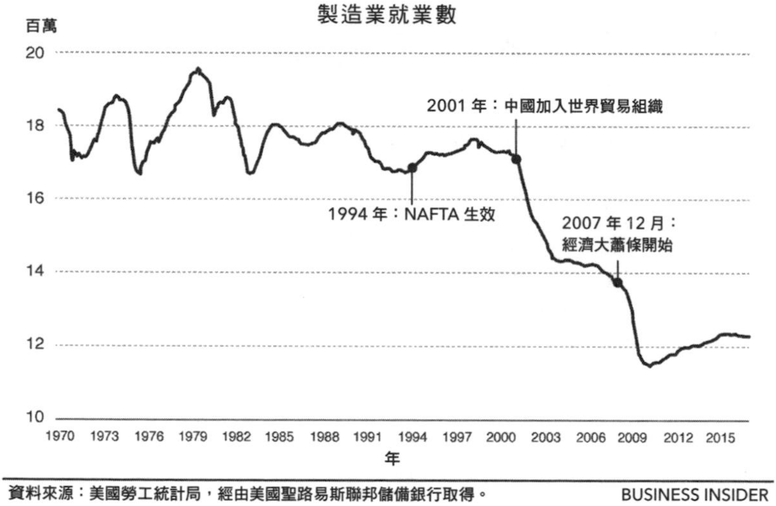

一張更模糊的圖表。

開始出現的現象。試想今天美國勞動力從事製造業的比例不到一〇%，但是生產的產品卻比在一九五〇年時還要多，當時有超過三〇%的勞工在製造業謀生。這是**好事**一樁，意謂美國製造業的勞工比史上任何時候都更有生產力。NAFTA並未改變美國從事製造業的就業比重持續下跌這個趨勢，只是導入取捨：當美國製造業工作流失的速度加快時，由新興產業的工作取而代之。

倘若真是如此，對車床工人來說也於事無補，他們的工作在可能遭到科技或其他市場變遷淘汰的十年前，就已經轉移到海外。對這些人來說，這是失落的十年，沒有薪水可以送小孩上大學或照顧年邁的雙親，而在那段期間創造讓人興奮的新工作機會，恐怕並不存在於他們居住的郡市。不過對整體勞動力來說，放棄走下坡產業的工作，**換得**正在發展領域裡薪水較高的工作，顯然是聰明之舉，車床工人不一定能重新訓練，開創事業第二春，擔任太陽能板技師或3D列印程式設計師，可是貿易政策有助於確保**有些**美國人可以獲得工作。再重申一次，貿易一如以往，有助於判定哪些產業不敵外國進口品，哪些產業又能獲得有利可圖的出口機會，從而創造出贏家與輸家。

重點是一個成長中的經濟**總是**有贏有輸，就和美食一樣，有些產品與產業總是會隨著時間而得寵或失寵。貿易真能發揮的功效，其實是透過調節供給（也就是經由簽訂協議，讓外國競爭者進入美國市場），以及需求（打開美國產品的海外市場與顧客），加速或延緩這個過程。

要查明經濟社會裡為什麼是這些贏家與輸家，從來不是簡單的事，一旦把貿易納入考量，更是加倍困難，因為這樣一來，就是把整個世界都做為因素計入！有鑑於此，我們從來不會知道，到底有多少贏家因為NAFTA而贏了，又有多少輸家因此輸了，或是接下來發生的事，有多少是因為更早之前比貿易更大力量造成的。不過在這裡，有些客觀的觀察家有話要說。NAFTA直接造成工廠關廠數增加，或「美國製」產業下滑，這個盛行觀點遭到經濟學家拒斥；事實上，工廠關廠的速度在NAFTA前後基本上並無二致[35]。NAFTA簽訂後的數十年間，美國的工業生產成長近五〇%，在此之前幾十年，成長率只有前者的一半[36]。無黨派色彩的美國國會研究服務處（Congressional Research Service）是立法部門的一個分支，以中立性和可靠性而久負盛名，二〇一五年，該機構發表一份報告，評估並彙整過去對NAFTA進行的廣泛研究發現，他們的結論並非驚天一響，而是低回的嗚咽：「實際上，NAFTA並未導致批評者恐懼的工作大量流失，也沒有帶來支持者預測的龐大經濟收益，對美國經濟的整體淨效果看來相對有限[37]。」

種種紛擾的緣由

NAFTA對大多數美國人日常生活的影響，肯定遠遠不及加班費的法律規定、房貸抵稅，或是美國與中國的經常性貿易來得有意義。無論再怎麼看，這個協定能直接改變每日生活的唯一方式，極可能是透過貨架上或汽車代理商店裡的較低售價。就讓我們把最極端的反NAFTA言論當真，像是川普和其他人提出（毫無根據）的指控，表示這個協定要為一百萬個流失的工作機會負責。如此說來，自從協定生效以來，每年等於喪失四萬個工作機會。同樣的二十五年間，美國每年平均增加一百五十萬個以上的工作機會[38]，即使不把NAFTA**創造**的工作機會、在製造業失業卻在其他產業找到工作的勞工，以及因為日常用品價格較低而對所有勞工帶來的正面影響都納入考量，這個數字也讓損失四萬個工作顯得相形失色。

---

35 Kletzer, https://www.jstor.org/stable/2646942.

36 Gary C. Hufbauer and Jeffrey J. Scott, *NAFTA Revisited: Achievements and Challenges* (Washington, D.C.: Institute for International Economics, 2005).

37 https://fas.org/sgp/crs/row/R42965.pdf.

38 美國勞工統計局資料：https://data.bls.gov/PDQWeb/ap.

所以，如果NAFTA在美國國內其實只是發揮一些無關痛癢的作用，為什麼這麼多年來，經年累月地成為美國那根最高也最常被轟炸的避雷針？部分原因出在美國的工資已有數十年成長遲緩，人們自然會想要怪罪別人。自從有NAFTA以來，這個國家創造的工作機會遠比流失得還多，可是對受創最深地區的勞工而言，新出現的工作機會並非總是能提供同樣的工資、同樣的尊嚴，或同樣的認同感與使命感。NAFTA卸責把戲有另一個部分是，經濟的模稜兩可和貿易不被人理解的特性造成的。大多數人對貿易協定的實質內容所知甚少，而且與研究複雜枯燥的主題相比，還有更好的事情可以打發時間。

不幸的是，假使美國領導人未能解釋政策可能帶來的好處，情況就會更慘。我最近造訪墨西哥，一次又一次聽到政府官員和企業領導者哀嘆美國政治人物從未努力把NAFTA的效益告訴美國人，而是「讓它如同草木般自然生長」，他們這麼說，今天我們正嚐到後果。如果缺乏政策如何運作的第一手知識，政治人物就更容易編造該政策的鬼故事，以便操縱我們朝著他們想要的方向走。舉例來說，當《平價醫療法案》（Affordable Care Act）將發起祖父母死亡陪審團的說法甚囂塵上時，這個法案是非常不受歡迎的，可是當大家親身體驗到它的實質效果時，民意便突然轉向支持。

不過，貿易協定一向沒有機會從「為既有疾病提供免費的預防性健康服務或保障」角度，將真實面貌呈現給大眾。研究顯示，簽訂NAFTA後，服飾價格估計下跌七．五%[39]，面對現實吧！沒有購物者會花一點時間感謝自由貿易讓他們多買一件毛衣，而是會覺得「我真是聰明伶俐的消費者啊！」因為貿易而節省的金錢，也不會像一直變動的油價那樣掛在大型看板上，我們幾乎不可能知道它們是什麼時候發揮作用的。再加上要證明就業增加或流失的因果關係是如此困難，政治人物也就拿到互踢皮球的完美配方。政客可以三不五時聲稱二加二等於五，有些人不好意思做這種無恥的事，不過卻有更多空間可以把各式各樣的就業趨勢歸咎NAFTA，因為天曉得他們**可能**是對的。畢竟，你知道自從NAFTA實施以來，電話總機人員、旅行社業務、和里克．莫拉尼斯（Rick Moranis）[40]的工作機會已經驟減？還有什麼沒有被NAFTA毀掉？

儘管經濟的因果關係晦暗不清，加上大眾通常對此興趣缺缺，使得政客能隨心所欲地編造NAFTA的故事，但是這個協定在美國政治圈能長命百歲，最大的原因和它實際上替換哪些、什麼樣及什麼地方的勞工息息相關。假使過去二十五年來，NAFTA導致十萬個加州的餐廳員工、密西西比州的幼保人員，或麻薩諸塞州的律師失業，美國的政治領導人絕不可能還會像

39　https://www.investopedia.com/articles/economics/08/north-american-free-trade-agreement.asp.

40　譯注：加拿大的演員、編劇及詞曲家。

今天這樣談論。無論我們能否自在地承認，但這個協定的「輸家」剛好大部分是重要選區裡的工廠生產工人，對NAFTA的故事來說極為重要。不相信嗎？你有多少次聽到政治人物，包括但肯定不限於川普，細細訴說煤礦工人的困境？又有多少關於美國鋼鐵工人命運的可疑虛構文章被寫出來？

其他數據沒說的事

如果你知道根據目前的估算，全美在煤礦業工作的總人數是五萬零八百人[41]，而鋼鐵工人總數則是十四萬人[42]，會不會覺得驚訝？然而，提供美國將近一千六百萬個工作機會，但是幾乎完全沒有出現在政治對話裡的零售部門，在二〇一七年就因為關店與線上購物的持續興旺，有十二萬九千名女性[43]（只計算女性）失業。這裡呈現的是一個醜陋事實，就是整個社會因為失去工作而得到關注的，幾乎清一色總是白人男性。白人男性在製造業的工作占有近乎壟斷地位已有多年，而當女性和有色人種得到更好的教育機會，開始加入製造業的勞動力時，原本的獨占態勢被打破了。

這樣的改變剛好與工資停止上漲發生在同一時期，許多白人男性為了遭到侵蝕的地位和權力而奮鬥，但可悲可嘆的是，很多人開始混淆這兩股趨勢，其中應該視為威脅的只有一個，就是停滯的工資。如今還是會看到這個現象，有如此多的白人男性勞工階級依舊耿耿於懷，把貿易與自動化造成的經濟面憤恨，和對尋求公平機會的女性、少數族群與移民而產生的文化面憤恨混為一談。真相是女性和有色人種更能適應變動的經濟環境，因為他們知道自己的困境不會獲得世人同樣的關注。白人男性特權（在此昭告天下，我也是其中一員）的其中一部分是，「我沒有**必要**適應世界，應該是這個世界要來適應**我**！」這麼說雖然不盡公平，但是應該承認，我們對一家工廠關門和十二家零售賣場關門，付出的注意力有著天壤之別（要不了多久就會只剩 Gap 存在了）。

綜合這些因素，便能說明NAFTA在美國民族意識裡徘徊這麼久的原因，以及為什麼會變成選民和政治人物的終極墨跡測驗[44]。事實上，自從NAFTA肇始以來，它的象徵意義已

41 https://www.politifact.com/truth-o-meter/article/2017/jul/21/how-big-coal-mining-compared-other-occupations/.

42 https://www.marketwatch.com/story/trumps-tariffs-will-hurt-the-65-million-us-workers-at-steel-consuming-manufacturers-2018-03-02.

43 https://www.theguardian.com/business/2018/jan/13/us-retail-sector-job-losses-hitting-women-hardest-data.

44 譯注：為瑞士精神病學家赫曼．羅夏（Hermann Rorschach）在一九二〇年代發表的心理測驗，透過不規則形狀的墨跡，可看出受試者的心理狀態與個性。

經超越實質意義：當美國最古老的伐木廠因為保育工作而失去三分之二木材來源，於一九九五年關門大吉時，政治人物援引為NAFTA暴行的範例（該伐木廠前任廠長傑瑞・克拉克〔Jerry Clark〕說：「我們沒有原木了……如果誰能找到這件事和NAFTA之間的一些合理關聯，我當然樂見其成[45]。」），有主張說八百七十四名勞工因工廠遷移至墨西哥而被解僱與NAFTA有關，美國政府甚至為此背書……但事情發生在一九九二年，是協定生效的前兩年[46]。NAFTA就好像一直漫遊在荒野的大腳怪或喜馬拉雅山雪人，在夜深人靜時抓走毫無戒備的工作。

過去二十五年來，每到選舉期間，NAFTA便成為議題，絕大多數政治人物都曾為了贏得選票而出面指責；在這四分之一個世紀裡，同樣的政治人物也絕對曾在任職期間為它辯護。即便理所當然，自始至終是反NAFTA大將的川普（抱歉了，佩羅）也做過同樣的事。白宮承諾好幾年，時而說要廢止，時而說要「重新磋商」NAFTA，最後在二〇一八年十月宣布與墨西哥及加拿大政府達成用來接替NAFTA的協議：《美國－墨西哥－加拿大協定》。

儘管川普保證這是「全新的協定」，但卻並未改變NAFTA的基本邏輯，它把幾項條款現代化，並強化原產地規定，有助於把一些便宜的亞洲汽車零件逐出北美供應鏈；也更新勞工、數位與智慧財產保護條款——基本上，它把（川普讓美國退出的）TPP希望和太平洋友邦做到的事，落實在與加拿大及墨西哥的談判中（甚至簡直是逐字逐句地抄襲備受汙衊的

TPP）。USMCA沒有做的事，是站在美國機械工人或工廠工頭這一邊，表達醒目的新立場，它是NAFTA的替代品，感覺和用iPhone 8接替iPhone 7沒兩樣——歡迎升級，但幾乎沒有新意可言。

USMCA最重要的創舉——改名，能否一舉把NAFTA從美國的政治宇宙加以切割還有待觀察。這倒不是說改名沒有意義！二〇一九年三月，我與剛獲得任命的墨西哥駐美大使瑪莎・巴塞納（Martha Bárcena）談過，她提出敏銳的觀察，認為在協議裡把「北美」替換成每個國家的名字，並非只是表面的改變，而是思想的轉變，從促進整個大陸的繁榮與共同目標，變成把美國放在協議裡的其他兩個國家之前。不管新的NAFTA變成什麼樣子，都可以肯定政治人物不會奇蹟地決定坦率面對貿易協定的取捨問題。NAFTA簽署時，通過這個協議有著諸多好的策略理由，證明長期對美國及美國人是有益的。我們清楚這些利益會傷害許多地方的工廠勞工，卻不願誠實面對自己簽訂的協議，不僅一筆帶過這些損失，後來還回過頭把矛頭對準它。我們可以做得更好，也應該如此。

---

45 https://www.wsj.com/articles/SB867621554649917500.

46 https://www.washingtonpost.com/news/fact-checker/wp/2017/08/18/the-trump-administrations-claim-that-the-u-s-government-certified-700000-jobs-lost-by-nafta/?noredirect=on&utm_term=.a25b17f12580.

從NAFTA到中國

十二月三日，美國總統抱怨近期和中國的緊張關係，「源自於……深埋在中華民族的性格及其治理傳統裡的排外焦慮」，並且因為中國對全球商業趨勢的反應令人失望，而呼籲「採取措施確保中國境內所有國際貿易都享有平等待遇的權益」，以免「我們的各種利益遭遇迫切的危險」。讀者如果以為這是川普講的話，是情有可原的，事實上這是威廉·麥金利（William McKinley）總統在一九〇〇年第四次國情咨文的部分內容[47]。

美國從出生就對中國抱持懷疑的態度，而且向來或有時會與西方人對中國人性格的惡劣刻板印象掛鉤。中國在過去兩個世紀裡有大半時間是較為隔絕的，它的孤立與潛藏的力量，世人風聞已久，據聞拿破崙曾做出有名的評論，說：「那裡躺著一隻沉睡的獅子。讓牠睡吧！一旦醒來，將會撼動全世界。」結果拿破崙說對了，隨著毛澤東在一九七六年辭世，中國開始慢慢改革經濟制度，為接下來數十年間的大覺醒做好準備，也從此嚇壞美國的政治人物。

以美國的觀點來看，中國的不同之處在於，這是歷史上第一次面對政治**與**經濟敵手是同一個國家的狀況，與對方交手變得複雜許多。雙方的經濟相互依賴，必須弄清楚兩邊要怎麼合作。美國可以任意在中國身上貼上反派標籤，可是這個大反派過去一個世紀以來的發展，已經享受到重大的經濟效益。而且別忘了，他們也幫助第一大貿易夥伴——美國，降低生活成本和抑制通貨膨脹，更別提還是美國的大客戶了。

在後面的章節將會看到，簽訂NAFTA後徘徊不散的不滿，已經形塑之後的美國政治生態；這不是川普製造出來的，不過他確實藉此贏得總統大選。而這些不滿也並非完全不公平。自由貿易協定讓企業更容易全球化，無疑導致企業較少投資在家鄉同胞身上，以培植實力。公司如果不喜歡勞工談判的做法，就能搬出更可信的威脅說要遷移到海外；與當地學校、四健會（4-H Clubs）、教會組織等的連結會因為全球化而減弱，進而疏離鄰里關係。今天，我們未能說出整個故事的真相，在處理當代最重要貿易議題——中國崛起時，做法也就仍然遭到扭曲。無論NAFTA的命運如何，它將是美國歷史上最重要的轉折點，並不是因為美國的政策有所改變，沒有它以前，美國就是自由貿易者，日後也不會改變，而是它史無前例地把就業問題帶入對話，永遠改變美國人對貿易的看法。

---

47 https://millercenter.org/the-presidency/presidential-speeches/december-3-1900-fourth-annual-message.

第三章

進口愈少，對國家愈好？

——關於貿易的各種迷思

生活中的各個面向會隨著時間累積不少迷思，故事和假設被當成一般常識口耳相傳，但是其實並沒有事實根據。原來貿易也一樣，政客和利益團體會因為我們對貿易所知不多而得利，他們對外放風聲，造成坊間流傳著若干難以破除的迷思。在我們超越極限，進入故事主題前，應該花點時間一舉破除那些頑強的迷思，以免妨礙我們對貿易運作的理解。以下是八個最執迷不悟、令人惱怒、適得其反的謬誤，是接下來進入主題前，想要先釐清的。

迷思一：中國是糟糕的貿易夥伴

中國在二〇〇一年進入世界貿易組織，是當代經濟史上最重大的事件。對中國來說，加入世界貿易組織等於進入和其他經濟強權公平競爭的競技場，得以在同樣條件下從事貿易與出口。當時西方列強希望將中國正式納入全球市場，能使中國經濟走向自由化，最終讓這個國家變得更民主。事後證明這多少是對的：這個過去封閉的國家如今變成美國的第三大貿易夥伴，僅次於加拿大和墨西哥，也是美國最大的海外遊客來源之一，並且開始遵守一些過去為了搶生意而不屑一顧的全球貿易規則與規範。

初步的進步讓許多人欣慰地鬆了一口氣，可是接著出現一些出乎意料的發展。二〇〇〇年代初期，美國忙於伊拉克戰爭而無暇他顧，沒注意到中國正在積極發展出口。不到十年光景，中國就超越美國和德國，成為世界第一大出口國。不久後，美國懷抱中國會向西方看齊的希望大多破滅了，中國發展出自己的模式——一個政府出手深入干預經濟的市場，讓人驚訝的是，結果與蘇聯不同，中國變得繁榮了。中國引進類似私有財產和創業家精神的觀念，可是在個人自由與解放，以及人權和政治權利方面卻還是一樣落後，這是始料未及的情況。無論是對是錯，我們相信資本主義與自由是孟不離焦、焦不離孟的，結果未必盡然。等到二〇〇八年金融危機來襲時，美國主張繁榮的中國或諸如此類國家應該依循自己的經濟模式就更難了。

多半時候，這個世界想要影響中國，卻反被中國影響世界的驚人能力殺得措手不及。中國擁有這個星球上最龐大的勞動力、大型國有企業，以及主宰高價值製造業的渴望，只花費很短時間就成為出口業聞之生畏的競爭對手，這對需要新的道路、機場、發電廠、港口、行動電話系統等的開發中經濟體來說更是難得。原來價格是中國最大的比較利益——別忘了，這是一個國家在某些面向的經濟生產力具備的優勢，也是構成所有貿易的基礎。中國的價格優勢，加上大量的可用勞工，意謂該國進入世界貿易組織造成的影響遠大於其他國家。這個世界已經發現，中國因為規模與獨特的經濟結構，手上擁有比其他國家更多的工具可以壟斷市場。

舉例來說，我在二○○九年到二○一七年間管理的美國進出口銀行，是負責以融資貸款協助美國出口商的機構。如果一家位於匹茲堡的小型淨水處理設備商水科技（Aquatech）想把廢水處理技術賣給亞洲和拉丁美洲的客戶，就需要申請競爭性融資。可是很多企業的銷售額假使太大、太小或風險太高，就無法從商業銀行取得融資，這時候即可仰賴美國進出口銀行獲得所需的政府支持保險或貸款擔保，以便與國外對手競爭。美國進出口銀行從一九三四年開始就在做這項工作，自當時以來，美國提供給出口商的融資總額（超過八十五年的總值），還是比中國四大出口信用機構在二○一三年到二○一四年間提供給中國出口商的額度來得少。因此如果有中國公司要挑戰美國企業，把火車賣到印度，這家公司帶著很吸引人、由政府擔保的融資方案加入競爭，馬上就能展現主要優勢。

這個積極的出口策略，加上為了取得優勢而使用的一些策略，進一步強化中國是貿易惡棍的形象。川普就是指控中國在操縱匯率的人之一。什麼是匯率操縱？簡單來說，就是一國買進大量他國貨幣，以便降低自己國家的貨幣價值。為什麼要這麼做？因為這會讓你的產品在出口市場變得較便宜，而進口產品在你的國家要價較高。雖然中國可能一度涉及匯率操縱，但今天一致認為人民幣價格是公允的。中國還會隨意濫用補貼和有問題的做法，造成有利於自身的不公平競爭：要求在該國做生意的外國公司交出技術，並分享對方的智慧財產，中國能僥倖為之，是因為擁有近十四億人口，沒有任何外國企業想錯過這個令人垂涎的市場。

中國也提供低成本貸款給國有企業，造成外國企業爭取政府標案變得非常困難，雖然憑良心說，美國在最後一項也沒有好到哪裡。美國大部分的州與城市確實會引誘企業留在境內運作，可是聯邦政府不會像中國政府那樣發放補貼。凡此種種，再加上中國帶來的龐大經濟威脅，還有一點由來已久的仇外心理，就提供美國政治人物完美的材料，可以把中國塑造成無恥之徒。

不是只有川普會這樣，麻薩諸塞州參議員伊莉莎白・華倫（Elizabeth Warren）曾指控中國，「購買美國技術時，要求的是挾持式價格」[48]，參議員桑德斯也附和這樣的看法[49]。參議院民主

---

48 https://www.scmp.com/news/china/diplomacy-defence/article/2139809/united-states-waking-chinese-abuses-us-senator.

49 https://www.facebook.com/senatorsanders/posts/10156965768897908 和 https://www.businessinsider.com/americans-paint-china-globalization-villain-2018-8.

黨領袖查克・舒默（Chuck Schumer）贊同川普對中國課徵關稅[50]，他的同僚民主黨參議員榮恩・魏登（Ron Wyden）則聲稱，中國「偷走我們的智慧財產，劫持美國企業為人質，直到他們透露自己的營業祕密為止，還操縱市場……騙走美國人的工作，敲詐美國產業[51]。」另一邊的共和黨參議員約翰・康寧（John Cornyn）則猛批中國，「惡意規避我們的法律，剝削投資機會[52]。」

中國有些謀略是不是玩得太過火？從美國人的角度來看，確實如此，也有很多其他國家贊同。過去幾任政府主政期間，美國往往會對中國做生意的方式得過且過，因為需要對方在其他關鍵事項上的合作，如處理北韓、伊朗及氣候變遷。而在川普眼中，建立這類議題的共識不是那麼重要，因此可以沒有罣礙地對中國貿易戰略採取強硬立場。可是儘管川普已經一再做出令人遺憾、圖像式的論斷，表示中國在貿易上「強暴了這個國家」[53]，但現實是美國已經在他的監管下，**有意地**讓出地盤。離開《跨太平洋夥伴協定》就是背離全球貿易領導角色的明確表示：美國已經放棄制定道路規則的歷史地位。如今川普政府可以反擊表示，總統的做法**就是**在努力地設定貿易條件：企圖透過要求中國遵守，如果不從就威脅課徵關稅，藉此改變對方的行為。

以全球的角度來看，大家都同意美國希望中國成為更好的參與者，進行貿易時能更向其他工業化國家看齊。到目前為止，美國一向的做法是藉由與友邦合作，並擔任指引方向的領導者，藉以完成這個目標。但是在川普的領導下，美國寧願單打獨鬥（沒有亂入的麻煩盟友），以關稅而非聯合行動做為影響中國的主要手段。這讓我想起一句最喜愛的溫斯頓・邱吉爾（Winston Churchill）名言，是近期到倫敦看到被刻在帝國戰爭博物館（Imperial War Museum）上的：「只有一件事比與盟軍一起作戰更糟糕，就是不與盟軍一起作戰。」

然後也不該訝異中國選擇另一套運作規則，為何要遵循他們既沒有參與制定，美國也不堅持強制執行的規則呢？不管合理與否，中國已經把將來押在出口上；美國的政治人物斥為奸詐的行為，從他們的角度來看，只是生存和繁榮的必要作為。

迷思二：貿易赤字代表國家嚴重損失

談到第二個迷思，要找出誰是四處散播的罪魁禍首並沒有那麼困難。截至二〇一八年底，川普總統發出關於貿易赤字的推文已有三十七則，比他談到工資、健保或兒子艾瑞克・川普（Eric

50 https://thehill.com/policy/international/392636-schumer-on-china-tariffs-china-needs-us-more-than-we-need-them.

51 https://www.finance.senate.gov/hearings/the-presidents-2018-trade-policy-agenda.

52 https://www.ft.com/content/2003d460-94bf-11e8-b747-fb1e803ee64e.

53 https://www.cnn.com/2016/05/01/politics/donald-trump-china-rape/index.html.

Trump）的推文還多[54]。他只要發出有關貿易赤字的推文，幾乎總會在前面加上一個形容詞「巨大的」（massive）；他援引與中國、加拿大及其他國家之間的貿易赤字，說它「扼殺了我們的製造業」、「害美國人損失幾百萬個工作」、「嚴重傷害經濟」、「是我們國家最大的安全威脅」以及「偷走我們的工作」。二〇一六年奪走四十九條人命的奧蘭多脈衝（Pulse）夜店槍擊事件發生五天後，川普發出一則非常不吉利的推文，以這句話做為結尾：「多年來最大貿易赤字！奧蘭多後將有更多攻擊。」他在當選前後的演講、聲明及推文中，頻頻把族繁不及備載的各種挑戰，都怪罪於真實或想像的貿易赤字上，經常會提到他「將快快解決問題——就業！」

不過尤其有一則推文，發文時間回溯到二〇一二年那個較純真的年代，特別能看出端倪：「就在現在，我們和中國有三千億美元的龐大貿易赤字。這是每年的數字，中國正從美國賺走將近三千億美元。#強硬的時候到了（TimeToGetTough）」[55]回頭看這則聲明，不難看出川普對貿易赤字的根本誤解，而這個看法無疑已經被數百萬名美國人不經意地採納，自動（也情有可原地）將「赤字」與壞消息聯想在一起。川普在二〇一八年春天承認這是誤解，但是也為他課徵鋼鐵與鋁的關稅辯護，提到美國的各項貿易赤字，告訴記者：「過去幾年來，我們一年損失八千億美元……我們必須把錢討回來[56]。」

很難責怪一個對貿易所知不多的人（或任何人）聽到「貿易赤字」，就把它和損失金錢畫上等號。我當然也一度以為雙邊貿易赤字很重要，必須承認「赤字」這個字從來不會是正數。畢竟遠遠更普遍的「預算赤字」，確實就是描述財務缺口的用詞。不過貿易赤字完全是另一回事，只是在描述一個國家進口財貨與服務的價值及其出口價值的差距。對某個特定國家的進口比出口多，並不能用來衡量其國力、弱勢、償付能力、不負財政責任或其他面向，我們也沒有「損失」金錢。誠如保守派貿易專家史考特・林西科姆（Scott Lincicome）在《紐約時報》（*The New York Times*）上說的，與另外一個國家之間有貿易赤字，「並未真的告訴你經濟表現如何，就好像我和雜貨店之間有雙邊赤字，也看不出來我是否負債[57]。」前財政部長暨國家經濟委員會主席勞倫斯・薩默斯（Larry Summers）說得更直接：「貿易赤字是判斷貿易政策的糟糕指標[58]。」

二〇一七年，美國與中國之間只看貨物的貿易赤字，總計正好超過三千七百五十億美元[59]（或

---

54 http://www.trumptwitterarchive.com/archive（不包括轉推）。
55 https://twitter.com/realdonaldtrump/status/952070502618234493.
56 https://www.washingtonpost.com/news/fact-checker/wp/2018/03/06/fact-checking-president-trumps-trade-rhetoric/.
57 https://www.nytimes.com/2018/03/05/us/politics/trade-deficit-tariffs-economists-trump.html.
58 出處同上。
59 https://www.census.gov/foreign-trade/balance/c5700.html.

按照川普一再堅持的說法是五千億美元[60]）。我們會在隨後的章節談到這一點，目前就先談一下其中的基本觀念。這筆錢根本沒有付諸東流，而是被美國家庭與企業拿來買電器、家具、衣服與製造設備，還有「中間財」（intermediate goods），也就是會被整合到本國製產品的零件與非消費性物件。這筆錢也會用來購買完全不在本地製造的東西，如盤尼西林的供應就是百分之百來自中國。而美國的貿易赤字有很多是因為買了**刻意**不在美國生產的產品，因為美國經濟已經往高科技業和服務業移動，尤其是後者。

事實上，二〇一七年僅計算服務業，美國對中國就有四百億美元的貿易順差[61]。過去十五年來，隨著美國經濟有所進化，對加拿大的貿易順差已經擴增三倍，對歐洲成長七倍，對南韓成長近十三倍，而對中國則從十六億美元增加到超過四百億美元，這是**二四七五%**的巨幅增長[62]。你可以盡量抱怨中國，不過對方是美國在世界上的第三大顧客；農民和服務業靠著他們購買很多美國推銷的東西。

與美國可以在工廠製造的產品數量相比，諸如軟體、電影、電視、音樂、銀行、保險、交通運輸及教育等服務，對經濟成長的策略性價值更是高出許多，實體產品的貿易赤字根本不足為慮。再怎麼說，服務業如今提供美國超過七成的就業，而這個數字還有可能繼續增加。即便**真的**想把出口商品多於進口的優先性放得更高，也不必對貿易赤字念茲在茲，因為它試圖衡量的是在兩國之間流通的商品價值，容易因為許多原因而波動，像是美元的相對強弱、投資水準的變化及經濟成長。

所以我們知道雙邊貿易赤字不重要，可是**總**貿易赤字呢？不是和一個國家，而是與所有國家累積的貿易赤字。如果整體貿易赤字太過失控，會造成經濟後果。就這方面來看，有點像在喝紅酒：晚餐時小酌兩、三杯無妨，可是如果牛飲兩、三桶就會出問題！假使整體貿易赤字上升到超出國內生產毛額的幾個百分點，就會有飲酒過量的問題；不過，今天美國還在小酌一、兩杯的狀態。

當然，如果你真的想了解整體貿易赤字的意義，可以看看下頁這張圖表。如果避免貿易赤字是如此重要，看看二〇一七年榮登全世界前二十大貿易順差的國家吧！不可否認，裡面有幾個很強的經濟體，可是你想要以美國的經濟和俄羅斯、伊朗或委瑞內拉交換嗎？我並不認為你會這麼做，事實上我有信心不會想和這張清單裡的任何國家交換經濟。

---

60 https://www.politifact.com/truth-o-meter/statements/2018/mar/28/donald-trump/did-us-have-500-billion-deficit-china-2017/.

61 https://ustr.gov/countries-regions/china-mongolia-taiwan/peoples-republic-china.

62 https://www.cato.org/blog/growing-us-trade-surplus-services-part-two.

所以，下一次當你聽到有政客在抱怨讓貿易赤字增長是多麼不負責任的事時，只要記住，貿易赤字不是我們必須償還的負債、顯示貿易「輸贏」的計分板、耗竭經濟的排水管，或諸如此類的東西。說來說去，每個人恐怕都和自己的美髮師有著龐大的貿易赤字！嚮往也好，遺憾也罷，不過我們幾乎總是只能聳聳肩，無可奈何，在愈來愈相互連結的世界裡，貿易赤字只是進入我們國家和從我們國家出去之

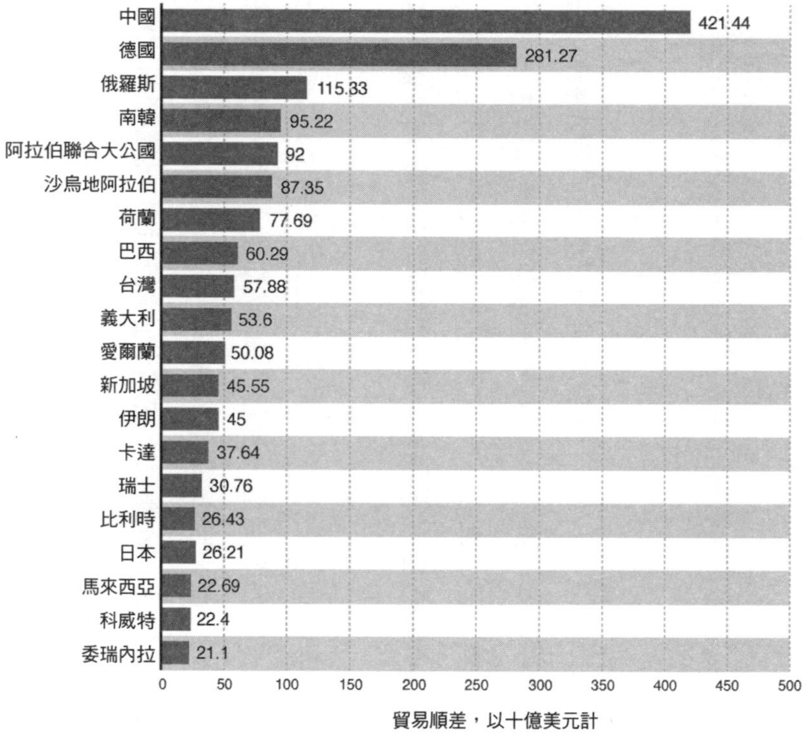

小心你許的願，貿易赤字虎視眈眈！

間有所差異的另一種衡量方式。

迷思三：關稅是外國人要付的

在川普持續主張的所有迷思和不實陳述裡，這是最莫名其妙、錯得最明顯，也最常被重複提起的。依照最根本的定義來看，關稅就是一國對購買外國商品的**本國消費者和進口商**課徵的銷售稅。當美國開徵關稅時，付錢給美國政府的是美國公民，沒有什麼好說的。這是一個事實，毫無爭議之處。可嘆啊！這並未阻止川普總統不斷提出另一項錯誤主張。根據我的計算，他在推特（Twitter）上重複提起這個謬論的各種變化版達九次之多……只花一週的時間，更別提在此之前和之後的數十個例子。

這個迷思需要被破解是很奇怪的事，即便川普的死忠支持者也已經承認這個主張荒謬透頂。二〇一九年五月十二日，總統的首席經濟顧問賴瑞．庫德洛（Larry Kudlow）上《週日福斯新聞》（*Fox News Sunday*）接受克里斯．華勒斯（Chris Wallace）訪問時，被上面找到的狂發推文打臉，被迫承認他的老闆說錯了。華勒斯提醒道：「支付關稅的不是中國，而是美國的進口商，美國企業事實上被加稅了，而且很多時候是轉嫁到美國消費者身上。」庫德洛怎麼回答？「我同意。」

Donald J. Trump
@realDonaldTrump
Following

繼續以非常和善的態度與中國談判——絕對沒有必要操之過急——因為現在中國正在為兩千五百億美元的商品支付美國二五%的關稅，這一大筆錢會直接進入美國財政部……

7:43 AM - 10 May 2019

Donald J. Trump
@realDonaldTrump
Following

……這筆錢來自美國允許中國，還有其他國家，和我們做生意而支付的鉅額關稅。農民被「遺忘」太久了，他們的時代來了！

7:29 AM - 14 May 2019

Donald J. Trump
@realDonaldTrump
Following

面對中國，我們正處在一個自己想要的位置上。要記得，他們毀棄和我們的約定，還想重啟談判。我們將從中國手上拿到數百億美元的關稅。買家可以選擇自己在美國生產（這樣最理想），或是向沒有被課關稅的國家買……

5:06 PM - 12 May 2019

Donald J. Trump
@realDonaldTrump
Following

……美國對剩下三千兩百五十億美元（中國商品）徵收二五%關稅的程序已經開始。美國只向中國售出大約一千億美元的商品，非常巨大的失衡。收到超過一千億美元的關稅，我們會拿來買……

7:43 AM - 10 May 2019

很難想像，這些話怎麼可能成立。

接著語焉不詳地閃爍其詞說：「兩邊在這種事上都付出代價[63]。」

二〇一九年，不時有新聞報導關稅對美國家庭的衝擊，這個狀況本身就相當令人震驚。不過幾年前，如果你對別人說美國很快就要面對課徵關稅的後果，對方恐怕會看著你，好像你在告訴他們，美國人很快就要面對小兒麻痺、千禧蟲危機或蒙古人帶來的後果。然而事到臨頭，很多關於川普關稅的媒體報導，都把焦點放在中西部種植大豆的農民身上，他們的生計因為貿易戰自我施加的傷害而受創。不過值得從不同的角度來看這個迷思，以便真正了解關稅造成的損害，還有它為什麼這麼難以消滅。

絕大多數美國人不是父母，就是小孩，這有助於說明為什麼美國最常見的日用品是童鞋。不分地區、種族、社經地位等，都會有人購買童鞋。如果你了解小孩，就會知道他們的雙足有很不幸的習性，就是會隨著時間而變大，使得重複購買變得必然（鞋子也是服飾的一種，不利於當傳家之寶）。儘管製鞋業在美國是具有歷史重要性的產業，但是今天美國人買的鞋子有九八%從海外進口[64]。就算想要「購買國貨」，選擇也會嚴重受限；國產鞋產量這麼低，以至於即便課徵保護性關稅，也未能改變我們的購買行為。有鑑於此，你或許以為美國對童鞋不會課

63 https://www.nbcnews.com/politics/donald-trump/trump-aide-kudlow-acknowledges-u-s-consumers-pay-tariffs-not-n1004756.

64 https://footwearnews.com/2019/business/opinion-analysis/shoe-manufacturing-production-us-1202727879/.

徵關稅或課徵稅率極低，通常與美國人購買進口車或進口玩具支付的關稅相當，介於一%到二%之間。

然而，可能會很驚訝地發現，美國人購買童鞋支付的關稅卻高到令你毛骨悚然、荷包縮水的**六七%**！美國人購買進口鞋類，也就是說基本上所有穿著的鞋款，平均稅率仍是高得嚇人的一一%，大約是所有進口商品平均關稅的十倍[65]。童鞋關稅基本上是一種親職稅，而且是累退稅：鞋子愈貴，關稅就會降得愈低，這表示所得較低的家庭受創最重。你可能以為對雙親課稅會是最容易被推翻的稅，但這是錯的，從童鞋收到的關稅足足為美國政府帶來一百二十億美元稅收，這筆錢必須用另外一種稅或削減支出來彌補，而兩者都是政客討厭做的事。

最諷刺的是，凡此種種還能找誰算帳？答案是川普。在他當選前，《跨太平洋夥伴協定》正準備移除美國與越南間幾乎所有的關稅，越南是僅次於中國的第二大鞋類進口國[66]。當川普讓美國退出這個協定時，也造成美國購買鞋子的家庭拿不到這筆可觀立即的節省，而是美國人（不是中國或其他人）仍繼續為鞋類關稅買單，也得為政府選擇對我們課徵的所有關稅買單。

迷思四：貿易協定只會影響工作機會

就這個迷思而言，你已經搶得先機，知之甚詳。我們知道貿易（尤其出口）對就業有很大的影響，不過也從第二章談到的ＮＡＦＴＡ經驗得知，貿易**協定**往往不然，當然這些協定經常**假借**「創造就業」這個它們做得不太好的部分為之。在現實中，實施貿易協定除了單純強化經濟外，更常是為了促成外交、地緣政治或國內政策的目標。不過，假使貿易協定最重要的作用是讓兩個或多個國家更密切，何不省下大量紙張，只留下簽名的那一頁就好？換一個說法，如果貿易協定**無關**就業，又是為了什麼？

一個現代的貿易協定具有哪些內涵，最好的例子莫過於《跨太平洋夥伴協定》。這個由歐巴馬提出，被川普棄置的協定，目的在於強化美國身為太平洋地區強權的地位。在超過五千頁篇幅中[67]，ＴＰＰ可以說力求涵蓋不少範圍（不意外，因為它的目的是要整合代表全世界五分之二國內生產毛額的經濟體）。起手式是落實傳統的貿易協定手段，也就是降低障礙，以鼓勵十二個國家之間的貿易往來。一般來說，降低障礙的意思就是降低關稅，可是隨著二戰後的貿

65 https://tradevistas.org/whos-footing-the-tariff-bill/.

66 出處同上。

67 https://www.washingtonpost.com/news/monkey-cage/wp/2016/08/02/yes-the-tpp-agreement-is-over-5000-pages-long-heres-why-thats-a-good-thing/?noredirect=on&utm_term=.a90d6d6a1688.

易自由化（一九四七年的《關稅暨貿易總協定》），世界上大部分地區的關稅已經很低了，所以TPP轉而主要處理多年來各國**不**提高關稅，也能把出口品擋在門外的漏洞——非關稅障礙，真是聰明啊！

運作方式是這樣的，當某國政府想要保護本國產業，又不想明目張膽進行時，經常會把標籤要求、記錄留存規定，以及環境與勞工標準拿來做有創意的運用，以有效阻隔外國競爭。如果澳洲想保護農民，不讓玻利維亞的穀物進入，用國內法立法禁止在南美洲土壤發現（但澳洲土壤沒有）的特定礦物質，會和對玻利維亞課徵進口關稅或限定配額一樣有效，而且不像關稅或配額，礦物質禁令可以包裝成健康問題，讓人看起來沒有那麼挑釁。各國把國際貿易限制偽裝成國民安全或國安問題，往往就能避開國際監督者的審查，萬無一失。美國在這方面也不是全然無辜！美國有「購買國貨」的管制法規，限制可用於特定基礎建設的外國物料數量，如美國國鐵（Amtrak）的鐵路和舊金山－奧克蘭海灣大橋。其他國家如日本則著重**冷凍**牛肉的健康禁令，以便振興國內市場。由於使用關稅愈來愈不被接受，所以非關稅障礙已經在全世界如雨後春筍般出現，TPP的其中一個目標是找出它們並加以遏止。

TPP這類現代貿易協定的另一個領域，往往會著重於為服務貿易推波助瀾（注意：尚未談到就業）。當經濟（尤其是美國經濟）發展到更以服務而非實體貨物為中心時，從金融與法律到行銷和娛樂等領域的企業，已經把目光投向住在國外的廣大潛在顧客。由於大多數貿易規則制定的時代，服務業還只是經濟雷達上的一個小光點，因此TPP這類新貿易協定的主要目標，是像美國為鋼鐵廠和伐木廠所做的那樣，為顧問、雲端服務供應商、資訊科技支援人員及工程師打開同樣的門。

將道路規則現代化需要耗費大量筆墨，而且不只是為了避免服務出口遭到歧視。為了進一步因應貿易多變的本質，TPP力求建立一套新的指導方針，以管理數位商務和智慧財產——使用者資料的蒐集與分析，如今成為大企業最有價值的貨幣，所以當資料在國家之間傳遞時，就需要一套制度提供可靠的保護。TPP大部分就是致力於這件事（再次聲明：不是就業！）。這是第一個為資訊進出口訂下基本原則的重大協定，也是第一批承認數位商務的新興風險，而納入消費者隱私保護的協定之一。別忘了，創立NAFTA時，臉書（Facebook）、Google和亞馬遜（Amazon）還不在任何人的雷達上。TPP強化關於專利落實、營業祕密保護規則及著作權條款的篇幅。具有爭議的地方是，它也擴大醫藥領域的保護，因而可能延遲學名藥上市，否則就必須降低處方藥的價格，因此引發無國界醫生（Doctors Without Borders）等團體眾怒（提醒一下：當貿易協定被左派攻擊說過度對企業友善時，這些批評並非總是不公平的）。

不過，TPP不只照顧窮人與辛苦掙扎的藥廠！值得稱讚的是，也包含整個自由貿易協定史上影響最深遠的環境和勞動標準，尤其是把風力發電與許多太陽能板零件的關稅降到零，加強野生動物和瀕危物種的保護，並要求各國在海洋保育、永續漁業、伐木及汙染上提高標準。同時也在童工問題上採取強硬立場，制定就業歧視相關規則，要求工作環境與最低工資的基本標準，以及強制加入協定的各國允許勞工組成工會，並進行集體協商。

最後，由於貿易顯然是全球化活動，所以不得不面對許多不同國家的法規。因此任何涉及眾多國家的現代貿易協定，有一個主要成分是明定爭端要如何解決（**依然**沒有談到就業）。這對有部分目的是幫助企業打開市場，並投資其他國家的TPP而言，尤其不好處理。「本地製造，行銷全球」的古老格言在二十一世紀已經行不通了，人人都想分一杯羹，意思是也在國內創造就業。這是微妙的平衡舉動，例如福特汽車在二十一個國家設廠，在自己國內開創新方法與知識技能，可是如果希望福特能把汽車賣到全世界，有時候就必須在當地組裝，以符合海關、法規、成本考量及消費品味。美國會因為這些銷售而得到**一些**就業機會，但今天想要全部拿走是不行的。此外，有充分證據顯示，企業進行跨國投資，且其他國家的人民能與美國人合作並相互理解，就能強化國際關係。當我們通力合作，就會成為更堅定的盟友。

重要的是，要注意左右兩派有些人士對這類全球投資的複雜性深感憂心。畢竟，如果一家本國企業最後與外國產生糾紛，那個國家對治理境內種種事物的能力就會突然遭受質疑。輸入「ＩＳＤＳ」……似乎貿易需要另外一個縮寫字登場了。投資人對地主國爭端解決機制（Investor-State Dispute Settlement, ISDS）條款是企業可以運用的工具，藉此將政府帶到仲裁小組面前，有效地提起控訴，而非經歷冗長的法庭審判。ＩＳＤＳ是因為ＮＡＦＴＡ才會進入我們的生活，當時擔心美國企業在被認為過度政治化與腐敗的墨西哥法庭，無法得到公平聽審的權利，結果此後已經成為啟動每次貿易談判的一環，世界上其他地方也大多採行這個機制。美國企業喜歡有ＩＳＤＳ做為安全保障，可是平心而論，每個貿易協定是否都有必要建立ＩＳＤＳ機制？畢竟美國人對讓自己受制於無法掌控的境外管轄規則，往往抱持懷疑態度，而且沒有好理由是不行的。

如參議員華倫等ＴＰＰ批評者有很多不滿，都是聚焦在貿易協定的這個面向，認為當你讓外國企業有權在特設的國際司法制度下，挑戰美國政府的決策，就是給人機會削弱美國的管制。假設如果有一家海外公司成功找到理由，表示美國的環保法規不正當地損害其投資，理論上ＩＳＤＳ仲裁小組可以對美國科以重度罰金，這給予我們動機來主動削弱法律的力量。另一方面，如果一家投資海外的美國公司被不公平地對待，好比如果百事可樂（Pepsi）在海外設廠，卻遭到地主國查封，該公司就需要一個機制來保護投資。

這不只是假設性情況，正是或多或少描述發生在沙美石油公司（Arabian-American Oil Company）的事，這家位於加州的企業在一九五〇年代、一九六〇年代及一九七〇年代都是由沙烏地阿拉伯掌控，最後成為人們所知的沙烏地阿拉伯國家石油公司（Saudi Aramco）。整體來看，全世界有數千個生效的貿易協定已經具備ＩＳＤＳ機制，約莫半數有美國參與其中，美國總共只被提告二十二次，而且每次都勝訴，顯示這些條款對美國當然不構成重大威脅。另一方面，只因為美國還沒有被ＩＳＤＳ反咬一口，並不表示這是對的。不難看出這個規定是企業特權，勞工未能享有。

那麼就業呢？這不是應該和就業有關嗎？如果你決定看完這五千頁（並不建議）的協定，就會找到與貿易障礙排除、服務出口新標準、數據及數位資訊的進出口防護、勞工條款、環保條款、爭端如何解決的規則等相關內容。貿易協定卷帙浩繁，不過只要一口氣不停地尋找「就業」（jobs）這個字眼，你應該沒問題。事實上，你可以找找看：對ＴＰＰ進行全文檢索，會發現「就業」這個詞彙被提到八次，其中有兩次是指澳洲與日本的勞動機構名稱，所以五千頁的篇幅裡提了六次。相較之下，用在美妝品的提煉物荷荷芭油（jojoba oil）還出現十一次[68]。

迷思五：貿易戰是個有效策略

「當一個國家（就是美國）與幾乎每個有生意往來的國家，都要在貿易上損失數十億美元時，貿易戰是一件好事，而且很容易贏。」二〇一八年三月二日清晨，美國總統以這則推文揭開一天序幕。一個月後，接著發出一則推文，堅稱「我們沒有在和中國打貿易戰」。最後，在六月二日又聲稱「當你有將近八千億美元的貿易逆差時，不可能輸掉貿易戰！」不到兩週，白宮便宣布將對價值超過五百億美元的中國商品廣泛課徵關稅，從醫療設備與飛機零件到布料和漁獲，應有盡有，這是隨後升級為套用中國商務部長說的「經濟史上規模最大貿易戰」的初期鳴炮[69]。

正如貿易赤字與預算赤字的相似性極微，我要很高興地告訴大家，貿易戰也遠遠不如實際戰爭那麼具有毀滅性。不過這不是說貿易戰沒有**受害者**，剛好相反，貿易戰與真實戰爭的主要差別，在於一般來說貿易戰沒有**贏家**。當川普對中國產品開徵第一波關稅時，中國以提高美國的大豆、豬肉、鋁及其他產品的關稅回敬，造成堪薩斯州的農民和密西根州的鋼鐵工人蒙受巨大

68 https://ustr.gov/trade-agreements/free-trade-agreements/trans-pacific-partnership/tpp-full-text.

69 https://www.nytimes.com/2018/07/05/business/china-us-trade-war-trump-tariffs.html.

傷害。二〇一八年九月十七日，川普總統採取報復舉動，對價值兩千億美元的中國進口品課徵更高的關稅（這是稅），中國馬上在隔天反擊，宣布對高達六百億美元的美國產品徵收一〇%關稅。當然要謹記在心，問題不只是其他國家的關稅傷害美國出口商；美國的關稅也因為本地物價上漲而傷害美國家庭。關稅當然就是一種稅，沒有勝利者，只有受害者。

儘管到了二〇一八年十二月，中國與美國的貿易緊張關係開始冷卻，但有很多傷害已經造成了。首先，美國有超過半數的大豆出口到中國，由於最喜愛的市場暫時受阻，生產大豆的農民在二〇一八年夏天看到穀物價格大幅滑落，重挫那一年的獲利[70]。事實上，有些農民甚至以低上很多的價格把大豆賣給墨西哥與加拿大的中間商，而這些人因為不受貿易戰波及，所以可轉而將大豆廉價出售給中國，賺得利潤。每次啟動貿易戰，同樣的情節就會重複上演：政府對他國使出毀滅邊緣策略（brinkmanship）[71]，逐步把愈來愈嚴厲的懲罰丟上檯面，任憑兩國的出口商及消費者拼死應付市場關閉

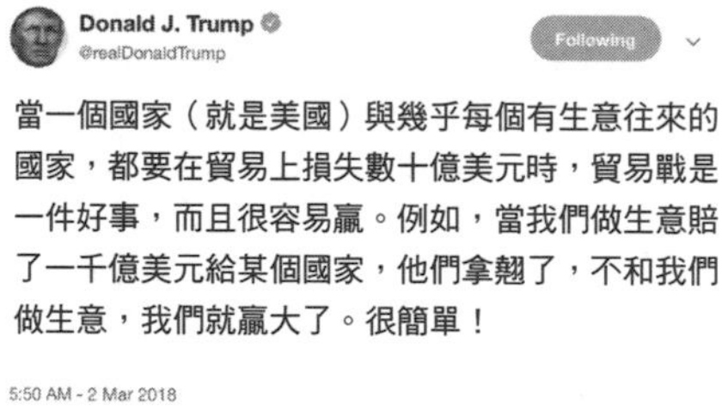
Donald J. Trump
@realDonaldTrump
Following
當一個國家（就是美國）與幾乎每個有生意往來的國家，都要在貿易上損失數十億美元時，貿易戰是一件好事，而且很容易贏。例如，當我們做生意賠了一千億美元給某個國家，他們拿翹了，不和我們做生意，我們就贏大了。很簡單！
5:50 AM - 2 Mar 2018

並不簡單。

的後果：收入損失與價格高漲。長期的結果甚至可能更糟，因為貿易戰帶給人不安定感，導致其他國家懷疑是否要對一個反覆無常的貿易夥伴投資或做生意。

最壞的情況是，這些緊張氣氛逐漸發展成更嚴重的衝突，想想一八一二年戰爭、鴉片戰爭及經濟大蕭條的例子。可是即便貿易戰能成功避免流血與破產，還是會產生極具破壞性的結果。以美國最親密也最始終如一的盟友加拿大為例，就是忠實的朋友，幾年前佛羅里達州的柑橘作物染病，整個半球別無選擇只能轉向巴西購買柑橘時，加拿大等到疾病根除後，立刻回到美國市場上採購（以便幫助佛羅里達州的果農復原）。不過當川普對北方鄰居發起鋼鐵、鋁及其他商品的貿易戰時，連加拿大人也受夠了，對方馬上對美國柑橘課徵新關稅，並且琵琶別抱，找巴西當採購柑橘的夥伴，即便這麼做會導致加拿大的柑橘成本上升也在所不惜。佛羅里達柑橘產業聘用七萬五千名員工，颶風和植物病蟲害已經讓他們夠憂慮，現在還多了人為災難要應付。我們疏離加拿大，造成柑橘果農損失數百萬美元與難以計數的工作，讓這個產業在破產邊緣掙扎。「美國優先」，果然不假。

70 出處同上。

71 譯注：出自一九五〇年代擔任美國國務卿約翰・福斯特・杜勒斯（John Foster Dulles）的外交政策理念，是指把狀況推到快要戰爭邊緣，但又不會落入戰爭，以說服對方屈服的策略。

迷思六：進口品買得愈少，我們的日子過得愈好

這和經濟學裡的一句格言一樣簡單：你賺的錢比花的多，日子就會過得愈好。如果我是太陽能板製造商，想要讓荷包滿滿，顯然應該極盡所能地把最多的太陽能板賣給別人，同時把我向他們購買的產品與服務減到最少。將這個鋼鐵般的觀念應用於世界貿易，也許很吸引人，可是經濟學家會告訴你，國家的進出口政策比管理個人預算的規則還要複雜。

有些政治人物——最著名的就是川普總統，還在堅持這個觀念，認為向外國買得愈少，國力就會愈強。這是一個簡單好懂的邏輯，又恰好可以融入「美國製」的浪漫情懷；畢竟，誰**不想要**支持美國勞工，又能把辛苦賺來的錢留在自家口袋？想要買本國製產品當然沒有什麼不對，然而我們應該（或坦白說甚至可以）自行製造需要的東西，並且賣給世界，而不用掏錢買進口品，這個信念忽略當代全球經濟的一些基本事實。

如同前言[72]曾提到的，如果國與國之間的貿易在明天戛然停止，美國比任何國家都更有存活的本錢。存活？沒錯。活得很好？不會。即使我們能在一個沒有進口品的世界**存活**，大概也不會太樂在其中。一個凡事都自行製造的美國，會是一根香蕉十美元、一件襯衫一百美元，以及飲食受限於當季生產的國度。你不會有讓自己分心的 iPhone，或用來看電視的筆記型電腦（正

好，這樣就會錯過如《冰與火之歌：權利遊戲》、《反恐危機》（*Homeland*）和《副人之仁》（*Veep*）等進口影集）。又如果你以為可以把自己的本田或福斯換成雪佛蘭或福特，還請三思，即使以為是標準美國製的車款，也要靠著數不清的外國零件才跑得動；以美國的橡膠供應如此貧乏看來，光是等著買輪胎的候補清單就會沒完沒了。還有如果想要保持創新的領先地位，有些資源就絕對必須依賴進口，像是用在裝置螢幕、光纖電纜、燃料電池、癌症藥物的稀土，都不是美國擁有的自然資源。

在接下來的章節裡，將會探索這些產品背後的故事，不過現在先來看看藍莓。曾有一段時間，藍莓在美國是夏日限定的美味，而且因為美國人不常看到這種水果，所以需求向來不高。當開始從季節性氣候有別於自己的國家進口藍莓（如智利，現在占美國超過一半的藍莓進口量[73]）時，並未因此讓美國的生產者受損，或是把消費者的錢從這個國家挖走，而是透過一年到頭都有藍莓，打開美國人的胃口，進而讓本國農民賣出更多的藍莓。例如，自二〇〇一年以來，美國的藍莓消費量已經加倍有餘，和藍莓進口量有著相似的急劇上升軌跡。藍莓這一課讓我們學到：

72 譯注：作者是在第一章而非前言提到類似說法。

73 https://www.produceretailer.com/article/news-article/imported-blueberries-numbers.

貿易鮮少是零和遊戲：進口並非總是會傷害本土產業，甚至可以經由開拓市場或鼓勵創新，鞭策它們達到新的高度。

商品變得愈來愈錯綜複雜是二十一世紀經濟的特色，其中有許多不是一家公司或一個國家即可提供全部零配件，再加上消費者對可用性與價格的期望有愈來愈高的要求，抱持可以在美國本地製造並銷售全部所需物品的觀念就是不可行。不想再和中國買鋁？沒問題，不過仰賴便宜原料的汽車製造商、建設公司及飛機製造商少了鋁，在建造、銷售與聘僱上就無法那麼大量，當然也會缺乏競爭力。厭倦舶來品排擠雜貨店架上的美國產品？好，只要你願意和全年供應的酪梨說再見。如今已經沒有「季節性」水果的概念了，我們真的想要回到那個年代，只能吃剛好在當季才能出產的食物？我們向朋友或鄰居買的東西，多過於賣給他們的東西，表面上看來也許不是最得人心的觀念，但是當你看到經濟的真面目，不可否認進口品充實我們的生活品質，讓國家的國力發揮得淋漓盡致。而且別忘了，當我們向其他國家購買，而對方的經濟改善，進而也會有能力向我們購買更多的東西，支撐本地的產業與更多的就業機會。這是亨利・福特（Henry Ford）付給員工慷慨的薪資，而且把 T 型車價格訂得很便宜的原因，如此一來，組裝車輛的工人就有能力也購買。你如果想要多賣一點，最好確定顧客買得起你生產的產品！

迷思七：貿易是雙贏的局面

經濟沒有**雙贏**，貿易也是。可是在貿易協定相關記者會的廣闊世界裡，可能沒有其他字眼比雙贏出現得更頻繁了。回到二〇一〇年，歐巴馬總統把《美韓自由貿易協定》（*U.S.-Korea Free Trade Agreement*）吹捧為「對兩國是一種雙贏局面」[74]。日本經濟產業大臣在二〇一六年宣布與俄羅斯達成新協議，並盛讚為「雙贏」[75]。當《美國－墨西哥－加拿大協定》在二〇一八年宣布時，罕見地贏得墨西哥總統[76]和加拿大總理[77]宣稱為「三贏」。事實上在締結貿易條約時，十之八九都會看到它被形容為「雙贏」。

把視野拉遠一點來看，恐怕所有貿易協定對簽署的國家來說都「贏」了：我們知道，只要貿易障礙降低，國際銷售就會增長，能提振國內生產毛額，降低消費者物價，使市場變得多樣化。

---

74 https://obamawhitehouse.archives.gov/the-press-office/2010/12/04/remarks-president-announcement-a-us-korea-free-trade-agreement.

75 https://www.reuters.com/article/us-japan-russia-economy-idUSKBN13P0QA.

76 https://www.reuters.com/article/us-trade-nafta-mexico-president/mexico-president-calls-trade-agreement-a-win-win-win-deal-idUSKCN1MB2QN.

77 https://wtop.com/business-finance/2018/10/canada-us-reach-deal-to-stay-in-trade-pact-with-mexico/.

當愈來愈多開發中國家對貿易敞開門戶，這些贏面就會變得特別明顯。想想看：今天開發中國家占全球貿易的一半，而二十年前還不到四分之一。同樣這段期間，由於一些世上最貧窮的地方得以摘取貿易果實，生活處於赤貧（一天兩美元）的人數也減半了[78]。這個數字更清楚：過去二十年來，脫離貧窮的人數比世界史上任何時候都多，而貿易與此大有關係。沒錯，它讓我們國家的勞工遭受損失，這是尚未充分處理好的問題，可是它也為我們居住的這個世界帶來極大的助益，沒有理由不能兩者兼顧。

所以如果你關注的是全球經濟的整體健康，「雙贏」合唱團的宣揚無疑是對的，貿易確實為社會創造出整體利益。不過你愈近距離觀看，網子上的破洞就看得愈清楚。貿易減少無效率並刺激創新，能創造很大程度的效益，如果美國可以用比自家挖礦更低的成本買到外國的銅，就能振興仰賴銅礦的國防、電子及營建業，各自將進口銅而節省的錢，轉而用來追求更多的成長、更多的就業與更低的價格。批評者會立刻正確指出，那些節省並非總能流入消費者，有時候最後會變成企業的獲利成長。照理說，這對國家是不可否認的贏，而且會反映在經濟成長、就業人數、消費者購買力及其他成功的衡量標準上。

不過被這個新貿易協定矯正的「無效率」並非抽象概念，而是人民、家庭、社區，以這個例子來看，是銅礦礦工。雖然我們或許提高總體生活水準，協助電機工程領域創造更多就業，超過採礦業失去的工作數量，但是在過程中也完全可能加速某個產業的終結。從教育程度、地理位置或其他諸多理由來看，將有很多礦工無法從全新、靠著便宜的銅所助長的半導體工廠和空調公司得到好處。圍繞著採礦城鎮建立的社區，將因為當地工作消失而被掏空。雖然貿易的好處經常能分散成小小的利益散播給廣大人民，但不良後果卻經常是急遽、嚴重又狹隘地，集中在可能一開始就已經辛苦掙扎的較小群體上。

政治人物倒是一點都不讓人意外，從來不曾好好坦率面對因為這些「雙贏」協議而輸了的人，但是總有人要付出代價。只要貿易能整體改善人民的生活，貿易協定創造出贏家與輸家的主張，不是可以用來反對貿易的理由，至少不會是一個好理由。事實上，我們一天到晚都在頌揚這類取捨。美國上個月增加三十五萬個工作，失業率也降低好幾個百分點。可是這個國家從來不是只增加三十五萬個工作，更有可能是上個月有五百三十五萬人找到工作，同時有另外五百萬人離職。儘管這五百萬個離開、失業或轉換工作的人，並非人人都覺得高興，但美國人還是會把整體得利視為好消息。看待貿易也不該有任何不同，只要我們開始承認，就算是最立意良善的

---

78 http://www.worldbank.org/en/topic/trade/publication/the-role-of-trade-in-ending-poverty和https://www.wto.org/english/tratop_e/devel_e/w15.htm.

協議也總會拋下一些人，對貿易就能有更好的理解。倘若我們誠實地面對取捨，就能展開坦誠而困難的必要對話，給予雙贏協議下的輸家所需支持，能提升自己和所屬的社群。

迷思八：川普對貿易的說法統統是錯的

讓人意外！如果你看不出這個迷思，我也不會怪你，不過這是真的：川普經常過度執著於貿易赤字、自稱為「關稅人」（tariff man）、把矛頭對準美國的經濟盟友、發動虛耗的貿易戰、嘲笑「全球主義虛假之歌」（the false song of globalism）[79]，並且不公平地把過去協議妖魔化的人——沒錯，就是那個川普，他講到貿易有時候是對的。

首先，當川普對貿易的怨言集中在「公平」概念時，他碰觸到一些真實。不是的，其他國家並沒有「不公平地」占美國便宜。不管選民是否知道，但是身為世上最強大的經濟體，美國是頭腦清楚且有策略地磋商協議，在這方面表現得不錯，可是貿易的景觀裡卻內含固有的不平等。美國是資本主義經濟，對勞動權、人權、工資及環境保護有較高的標準，並帶著這些價值進入全球競爭市場。其他在不同體制下運作的國家，就有較多餘裕可以表現較低的工資期望，對壓制勞工的容忍度也較高，這些特質使得美國在與它們競爭時，處於不平等的競爭條件下。

這些國家也常常有「國家隊」，就是由政府出手大力協助特定私人或半私人公司，讓它們更具全球競爭力，別的不說，日本就對東芝（Toshiba）和豐田做過這樣的事，法國對空中巴士（Airbus）也是如此。事實上，我還能清楚記得，二〇一三年九月在渥太華（Ottawa）一場討論出口融資的會議上，來自其他工業化國家的對口機構，因為美國沒有採取相同的做法而目瞪口呆。美國是沒有國家隊的國家，相信自由企業制度，也相信只要是公平的競爭環境，美國企業就會成功。很多其他國家可以接受有一點不平等！美國帶著不同的價值觀與目標上談判桌，只要是和不同運作體制的國家磋商，都必須想到對方在談判協議時，腦海裡想得往往是自己的國家隊。因此總是會存在一些不公平性，這個世界一向無法在意識形態上，或每個國家的權利與經濟發展上完全步調一致。

第二個川普講得有道理的地方，來自他對全球化的評論，有時候聽在許多工會勞工、中西部居民及政治左右翼分子的耳中是真的。但不幸的是，在說出這些評論時，已經愈來愈深陷於顯性的民族主義、隱性的反猶太主義，以及反移民與反少數種族的情緒泥沼中。川普在二〇一六年大選前推出的最後一則競選廣告，指控三個特定的「全球化」要角——金融家喬治．索羅斯

---

79 https://thehill.com/policy/national-security/277879-trump-warns-against-false-song-of-globalism.

（George Soros）、前聯準會（Federal Reserve System）主席珍妮特．葉倫（Janet Yellen），以及高盛（Goldman Sachs）執行長勞埃德．貝蘭克梵（Lloyd Blankfein）——「（正在）把錢放進（他們的）口袋裡」[80]是巧合嗎？這三個大多數選民恐怕不太熟悉的人，剛好有什麼共同點？我離題了。

「全球化使得金融界的菁英……變得非常有錢，」川普在二〇一六年的一場選舉造勢活動中，這麼告訴賓州的群眾，「不過它留給我們數百萬勞工的只有貧窮與傷心。當被補貼的國外鋼鐵傾銷到市場上，對我們的工廠造成威脅，政客什麼都沒做。這麼多年來，我們的工作消失，我們的社區陷入蕭條的失業狀況，他們卻袖手旁觀[81]。」當然，真實情況並沒有那麼簡單。美國身為世界上第二大出口國，全世界的所得水準因為全球化才可能不斷提高，我們因此受益極大。當人們往更高的所得階級移動，會想要更好的食物、基礎建設、汽車等，這些都是美國亟欲提供的東西，而那些出口支撐美國大量的就業機會。可是即便我們堅決主張，全球化已經實現承諾的效益，也無法否認那些效益並未全面分配。

儘管經濟全球化已經讓超過十億人口脫離貧窮，但是絕大多數影響確實集中在印度與中國這兩個擁有龐大人口、快速發展，脫離赤貧狀態的國家。當然這是好事一樁，可是這兩個成功故事的驚人規模，也模糊全球化對世界其他地方的衝擊。在這個過程中，為數龐大的人口離開農村，加入製造業，讓自己脫離貧窮，不過也因為勞動力的規模日益增長，無意間壓低全世界的工資水準。貿易熱衷者可以很快指出，在全球化的時代下，全世界的所得不均已經下降……可是從公式裡移除中國和印度，情況就沒有那麼明朗了。

不管從國際規模（富有與貧窮的國家之間），還是從美國及其他西方國家的國內情況來看，富裕者和貧窮者之間的鴻溝已經擴大。總體來說，全球化幫助三種人：有錢國家的有錢人、貧窮國家的有錢人，以及貧窮國家的窮人。沒有做好的是讓全球化成為有錢國家的窮人也可以贏的主張。有部分原因出自貿易協定太多時候被有本事影響它們的人所影響：大企業、有政治力量的利益團體，以及有錢的捐助者。那些被全球貿易流動打擊最深的人，也是一開始最不可能有發言權的人。

情況不必如此，貿易的批評者有權譴責全球性的逐底競爭（race to the bottom），也就是國家為了累積全球化經濟的好處，付給勞工最少的工資，也對企業課徵最低的稅。不要弄錯了，貿易對許多階層的人民與全世界已開發國家的低工資勞工帶來衝擊，川普說對了，但這些都不

80 https://talkingpointsmemo.com/edblog/trump-rolls-out-anti-semitic-closing-ad.

81 https://www.politico.com/story/2016/06/full-transcript-trump-job-plan-speech-224891.

是他造成的，他做的是以有色眼光掀開簾幕。為了確保貿易能服務最大多數的人民，國家應該認真檢視自己的法律與政策可能如何提高不平等，也限縮貿易的正面影響，需要做得更多，以護衛境內那些不樂見全球化發展的人。稍後將在故事中對這些觀念有更多的探討。

Part II

六種商品透視全球貿易

貿易在生活裡改變的大多是一些小事，平凡到你可能甚至不曾注意，卻在不知不覺間影響我們的生活品質，本篇會詳細審視塔可沙拉、汽車、香蕉、手機、教育、娛樂產業這六項極為平常的產品，你對每項產品都很熟悉，可能還有不少產品經常使用，圍繞這些產品的，都是真實的貿易故事，並不是用國內生產毛額、製造產出、就業率或任何指標衡量的故事。

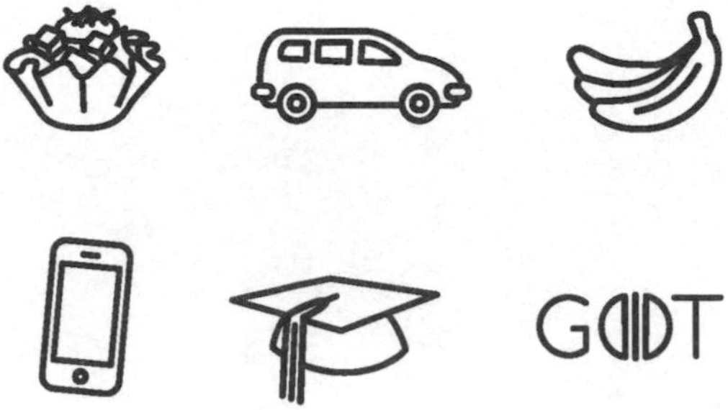

前面已經快速瀏覽整個美國貿易史、探究圍繞著貿易的政治生態如何隨時間演進（與偏離軌道），並且除去幾個在這方面最陰魂不散的迷思，是時候來看一點好玩的東西了。我們知道貿易很重要，畢竟它徹底主宰美國前一百五十年多數時候的政治對話，而且處於有史以來最激烈的時刻。我們知道它引發論戰，在各種意識形態派別的人之間激發強烈情緒。可是，我們尚未談到它在**你的**生活中是什麼面貌，這不是最重要的事嗎？

美國國內有過任何關於貿易的對話，往往把它當成抽象概念表達——一種像月亮般高高在上、神祕、龐大的力量，有能耐從遠處傳遞繁榮或摧毀整個產業。可是在現實中，貿易在生活裡改變或化為可能的，大多是一些小事，平凡到你可能甚至不曾注意到。貿易可以在幾乎不知不覺間影響我們的生活品質，無論是各處省下一點小錢、形形色色的選擇，或是若非貿易就不會接觸到的產品。你的日常生活中有哪些地方——什麼體驗或什麼結果，被貿易影響卻渾然不覺？這就是接下來要探討的。

在本篇裡，會詳細審視六項極為平常的產品，你對每項產品都很熟悉，還有不少可能經常使用。這六項產品的故事都是**真實的**貿易故事，不是用國內生產毛額、製造產出、就業率，或你在美國勞工統計局找到任何指標衡量的故事。這是你、我和每個人的生活，還有貿易如何讓我們大大小小的日常生活經驗變得多彩多姿的故事。

第四章 不正宗的塔可沙拉

——貿易讓食材永不斷貨

如果在一九五〇年代，你渴望吃一頓正宗墨西哥食物，又剛好人在南加州，可能會去阿納海姆度假區（Anaheim Resort District）裡一棟小小的灰白色磚造建築。二十年前，餐廳老闆艾默・杜林（C. Elmer Doolin）原本是聖安東尼奧的糖果製造商，在德州加油站幸運偶遇來自墨西哥瓦哈卡（Oaxaca）的點心小販古斯塔沃・奧爾金（Gustavo Olguin）。吃過奧爾金的炸玉米片後，杜林立刻提出購買專利和壓製成型的機器[82]。他把新收購的戰利品帶到迪士尼樂園（Disneyland），並且在菲力多滋之家（Casa de Fritos）餐廳中，杜林及其團隊這些年來如泉湧般想出一個又一個創新，每個都能彰顯出招牌玉米片的不同風貌：菲力多沙拉醬、菲力多肉醬、菲力多餡餅、第一個廣泛行銷美國的墨西哥玉米片〔有一個假造的西班牙名字叫**多力多**（Dorito）〕，還有其中最受歡迎的美食，一種把塔可放在杯子裡的華麗菜餚，被杜林恰當地取名為**塔可杯**（Tacup），做法很簡單，只有黑豆、牛絞肉和碎起司，放在用菲力多玉米片做成的可食用小碗裡。然而，這個迪士尼小點心後來卻變成今日為人熟知與喜愛的佳餚：塔可沙拉。

正宗墨西哥美食。

82 http://www.scrumptiouschef.com/2011/05/31/consumed-by-fritos-the-life-of-charles-elmer-doolin/和https://ocweekly.com/so-did-mexicans-invent-the-taco-salad-and-how-does-it-tie-back-to-disneyland-7172466/.

當然，塔可杯、多力多、杜林，或是你在菲力多滋之家找到的任何東西，與「正宗」墨西哥毫無關係。與在此前後的諸多文化美食一樣，杜林的創作給予美國人帶有墨西哥風味的食物，今天塔可沙拉是全美最普遍的餐食。感謝移民，讓我們可以在美國享用無比多樣化的菜餚；感謝杜林這麼具有開創精神的人，將一些外國美食「美國化」並普及化。然而，每個人不管什麼季節都可以在羅德島點泰式炒麵，在德梅因（Des Moines）吃印度咖哩雞，或是在阿拉斯加叫一份塔可沙拉，甚至在超市買壽司，這是不久前，我從未想過可能（或特別能引起食慾）的東西，歸根結柢，都要感謝貿易。

這些年來，貿易已經為美國帶來意想不到的好處；即便最堅定的批評者也會承認，無論貿易有什麼缺陷，已經降低消費者物價，帶動新產業，也讓整體國民經濟變得更強大。不過若是從生活的純粹享受來看，也很難找到比新鮮壽司卷、半夜的墨西哥捲餅、榛果巧克力吐司（隨你挑一個），更讓人滿意的貿易成果。如果沒有貿易，今天視為理所當然的許多食材，就會從貨架上、五星級餐廳及最愛的速食店裡消失。儘管鷹嘴豆泥餅和羅勒醬是看似微不足道的東西，但正是這些選擇造就過去七十年的美國樣貌。

自從消費者時代來臨，沒有其他字眼更能簡潔地為美國做總結，就是**多樣化**。美國由流浪者和異議分子建立，奠基於對「自由」的承諾，並且經過一波波移民與難民改進，還能不成為擁有無窮選擇的國度嗎？畢竟當代的美國版自由，不是只有言論、投票或集會結社的自由，也是在隆冬吃芒果、有數十種起司可挑選，以及多要一份酪梨醬的自由。二戰過後的那些年間，隨著新的年輕家庭大量湧現，決心把所得花在家用品、汽車和無窮無盡的雜貨上，我們實現那樣的天命。在一九七五年，西方世界開始降低貿易關稅後、第一個自由貿易協定尚未簽訂前，美國超市平均陳列不到九千種不同商品。到了二〇〇八年，這個數字已迅速成長到四萬七千[83]。

自由經濟對葉爾欽造成的衝擊與蘇聯的終結

不乏社會學家曾研究消費者選擇的爆增，如何形塑身為美國人的意義。泰德・奧比（Ted Ownby）是任教於密西西比大學（University of Mississippi）的歷史學家與作家，他曾以四個不同的「美國夢」（American Dreams）來形容。首先，**富饒之夢**（Dream of Abundance）是美國這塊富庶大地不變的願景——食品儲藏室和置物架塞得滿滿的「物質天堂」；**財貨民主化之夢**（Dream of a Democracy of Goods）的觀念，則是認為人們透過購買或擁有的東西來超越身分

83 美國食品行銷協會（Food Marketing Institute）資料：https://www.consumerreports.org/cro/magazine/2014/03/too-many-product-choices-in-supermarkets/index.htm.

地位（畢竟大家都會穿牛仔褲），這種產品選擇性有助於「弭平不同背景的人之間的歧異」；**自由選擇之夢**（Dream of Freedom of Choice）來自可以從雜貨店四萬七千種品項做選擇的解放自由。誠如奧比教授說的：「無論他們沉迷於商店或翻閱郵購目錄，能刺激人們想像這些商品如何幫助自己變成全新的人，挑選商品的過程帶給購物者重新定義自己的歡愉。」最後則是**新奇之夢**（Dream of Novelty），傳達出我們想要嘗鮮的欲望，無論是有異國情調的水果、外國流行時尚，或是從 iPhone 8 升級成 iPhone X。「這四個夢，」奧比寫道，為美國「共同呈現出充滿進步的未來」，將繁榮、包容性、選擇及前進動能結合在單一美國夢裡，因為多樣性而得以實現[84]。

也許沒有任何時刻能比一九八九年秋天，更能展現出多樣性對美國生活的重要性。蘇聯煽動者民粹主義分子鮑利斯・葉爾欽（Boris Yeltsin），後來成為俄羅斯第一任民選總統，他曾進行眾所周知的美國親善之旅；在九天行程中，他造訪印第安納州的一家養豬場，在三所大學發表演講，上《早安美國》（*Good Morning America*）節目，並且搭乘直升機繞行自由女神像兩次（促使他語帶諷刺地對侍從官表示自己享有「雙倍自由」[85]）。在參觀詹森太空中心（Johnson Space Center）後，準備離開德州時，葉爾欽臨時在靠近休士頓機場的蘭達爾超市（Randalls）稍作停留。為葉爾欽撰寫傳記的李昂・艾榮（Leon Aron）描述接下來發生的事：

在店外時，這位來自蘇聯的訪客尋找習慣擠滿的人群或排隊隊伍，卻什麼都沒找到。進入店內，他們被「大量燈光」且「有如萬花筒般」、「令人神迷」的五顏六色弄得頭暈目眩。葉爾欽詢問銷售人員，店裡有幾種商品。大約三萬種，她說。他們細看起司和火腿，開始數起香腸的種類，算到「數不清」。糖果與蛋糕的數量龐大到「目不暇給」……在一家「省級」的店裡就有著難以想像的富麗堂皇，「還不是在紐約！」……葉爾欽「大為震驚」……有好長一段時間，在飛往邁阿密的飛機上，他一動也不動地坐著，雙手抱頭。「他們對我們窮苦的人民做了什麼？」經過良久靜默後，他這麼說[86]。

葉爾欽的顧問涅夫·蘇哈諾夫（Lev Sukhanov）發現，他們未經事先安排便造訪蘭達爾超市，是「葉爾欽的布爾什維克（Bolshevik）意識最後一根支柱解體」的時刻[87]。十五個月後，鐵幕後的經濟經過多年衰敗，蘇聯正式解體。它的崩潰有很大程度是因為來自共產政權內部的強大壓

---

84 Ted Ownby, *American Dreams in Mississippi: Consumers, Poverty, and Culture, 1830-1998* (Chapel Hill: University of North Carolina Press, 1999), pp. 1-2.

85 Timothy J. Colton, *Yeltsin: A Life* (New York: Basic Books, 2008), pp. 161-62.

86 Leon Aron, *Yeltsin: A Revolutionary Life* (New York: St. Martin's Press, 2000), pp. 328-29.

87 Colton, *Yeltsin*, p. 162.

力，這是一場由葉爾欽大聲疾呼並強力領導的政治動盪。多年後，一位同僚詢問時任總統的葉爾欽，促使他轉而反對培養自己的蘇聯體制之最大因素，他毫不掩飾地回答道：「美國和美國的超市[88]。」

蘇聯真的是被美國各式各樣的餅乾壓垮的？未必盡然，故事的全貌當然遠遠更為複雜。不過葉爾欽情節證明多樣性是多麼強大的力量，在文化裡是多麼居於核心地位，還有當你只認識封閉經濟，在看到開放經濟的（真實）果實時，一定會有什麼感受。那種多樣性，每天以我們也許未必總能體會到的方式，碰觸到我們的生活；當我們駕駛一輛外國車（或甚至如後面看到的，一輛我們以為的「美國」車）、吃一頓外國食物，或是從廣泛的選項裡挑選新筆記型電腦或手機時，正在默默享受全球化經濟帶來的好處。

葉爾欽、雪糕和蘇聯的終結。

國際貿易食材替代品的重要性

再來看看塔可沙拉，每個人都知道塔可沙拉很好吃，但不是每個人都知道它們其實並非源自西班牙裔（包括川普總統，他在二〇一六年總統大選期間，發表一則令人難忘的推文：「開心！#五月五日節（CincoDeMayo）！最好的塔可沙拉在川普大樓燒烤餐廳（Trump Tower Grill）。我愛西班牙裔[89]！」）好比炒雜碎、鹽醃牛肉佐甘藍菜、幸運餅乾和哈根達斯（Häagen-Dazs）冰淇淋，塔可沙拉依循著美國食物偽裝成進口佳餚的長久傳統，甚至在義大利餐廳發明用麵包蘸橄欖油醬的吃法，義大利人是後來才開始採用的。檢視塔可沙拉的食材，就能更了解多樣化，尤其是我們對各種**來源**的依賴，增進生活享受的一些背後做法。關於貿易如何透過降低價格、引進新選項、補充美國生產，並填補農業部門的季節性缺口來促成多樣性，我們也能有更多學習。

如果你吃素、有乳糖不耐症或只是在計算熱量，不好意思了，假定一般的塔可沙拉含有九項

88 出處同上，一六三頁。

89 https://twitter.com/realdonaldtrump/status/728297587418247168?lang=en.

Donald J. Trump
@realDonaldTrump
Follow
開心！# 五月五日節（CincoDeMayo）！最好的塔可沙拉在川普大樓燒烤餐廳（Trump Tower Grill）。我愛西班牙裔[90]！

基本食材：黑豆、牛絞肉、萵苣、番茄、洋蔥、酪梨、碎起司、酸奶油及一片薄餅（為了簡化，捨棄其他配料與香料）。一如杜林知之甚詳的，在技術上可以不靠進口而自行產出這九樣食材，只要你進口墨西哥食物的**概念**（並且炮製一道從來不真的是從墨西哥人開始做的菜餚），即可拿愛荷華州玉米、北達科他州豆子、蒙大拿州牛肉、亞利桑那州萵苣、加州番茄與酪梨、威斯康辛州起司及奶油來東拼西湊。但是你可以在冬天湊齊這些食材嗎？你能做出全美數百萬名塔可愛好者夠吃的量嗎？換句話說，你能確保美國消費者享有**身為美國人**與生俱來的多樣性嗎？

差得遠了，從番茄開始談起，這是美國消耗量第二大的蔬菜（僅次於馬鈴薯，要怪就怪最高法院把番茄分類為蔬菜而非水果，不過這要另外寫一本書來談了[91]）。儘管美國盛產番茄，但仍有六成的供應量依賴進口，而且幾乎全部來自NAFTA夥伴墨西哥與加拿大[92]。這些年來，美國對外國番茄的喜愛有增無減；二〇〇〇年，美國買進大約十六億磅番茄，到了二〇一六年，全美進口量加倍有餘，超過三十六億磅[93]。相對便宜的番茄湧入，不止彌補無法在冬天種植番茄的州，如佛羅里達州（產量僅次於加州）的產量下跌，更有助於滿足美國人對塔可、披薩、義大利麵醬、番茄醬，以及對很多其他東西永不饜足的胃口。沒有貿易，就永遠無法生產足夠的番茄來滿足需求。

回頭看看萵苣，這是另一種因為貿易才能永不斷貨的主食。美國生產超過八十億磅萵苣[94]，而且出口量大約是進口量的兩倍[95]。可是因為九九%的美國萵苣只在兩州的一小部分地區種植[96]，使得全美供應量特別容易因乾旱與病害而不堪一擊。不需回溯太久之前，就能看到這個風險的真實存在；二〇一八年爆發數起**大腸桿菌**感染，與在亞利桑那州尤馬（Yuma）這一座有九萬五千位居民的安靜城市，附近種植的萵苣有關。通常這不會是問題，只是全美在十一月到

---

90 https://www.ers.usda.gov/webdocs/publications/83344/ap-075.pdf?v=42853.

91 https://gcrec.ifas.ufl.edu/media/gcrecifasufledu/images/zhengfei/FE — -US-tomato.pdf.

92 出處同上。

93 "Lettuce (with Chicory) Production in 2015; Countries/Regions/Production Quantity from Pick Lists," U.N. Food & Agriculture Organization, Statistics Division (FAOSTAT), 2015, http://www.fao.org/faostat/en/#data/QC.

94 https://atlas.media.mit.edu/en/profile/hs92/0705/.

95 https://www.agmrc.org/commodities-products/vegetables/lettuce.

96 https://www.bloomberg.com/news/articles/2013-02-04/freezing-california-lettuce-boosts-salad-costs-chart-of-the-day.

三月間栽種的萵苣，有九成來自尤馬地區[97]。如果你在二〇一八年吃到塔可沙拉（或是其他沙拉），可能是因為自墨西哥進口的綠葉蔬菜即時抵達，解救萵苣的難題。學到什麼教訓？就算某個特定品項的本國生產量高，貿易也有助於預防意料外的短缺。

我們列出的其他食材也有類似情節，美國消耗的牛肉比生產來得多（你可能已經預料到，美國在飼養與食用牛隻方面都領先全球[98]），所以仰賴澳洲、紐西蘭及加拿大進口的牛肉，才能把塔可沙拉塞好塞滿[99]。美國每年也輸入大約三千一百萬磅黑豆[100]和高達十億磅洋蔥[101]，後者大多從自由貿易協定的夥伴祕魯、智利及墨西哥取得。玉米是有趣的例子，截至目前為止，美國是世界上最大的生產國，有超過九千萬英畝的美國土地專門用來種植玉米，即便國內每年的玉米產量是驚人的**三億六千萬噸**，但是幾乎都屬於基因改造[102]。美國種植的玉米絕大部分加工成動物飼料（在國內或國外）、油、燃料或玉米糖漿這類甜味劑；由於美國購物者往往對基因改造食品懷有疑慮，所以其實必須從羅馬尼亞、土耳其、荷蘭及其他國家額外進口玉米，才能滿足需求，在你的餅皮裡找到的極有可能就是這種玉米。

至於酸奶油和起司，貿易就顯然不太是帶給我們享受的因素了（至少就你可以在塔可沙拉裡找到的起司種類來說是如此）。這有部分原因在於，美國產製的牛奶多過消耗量，另有部分原因是美國酪農業享有其他產業比不上的政府保護。沒錯，關稅也許在很大程度上成為二戰後的不受歡迎人物，但是美國肯定會用一點巧思，排除外國乳牛的競爭。我們曾使用的其中一個手段（抱歉又要餵給讀者另一碗字母湯），名為「TRQ」，關稅配額的貿易術語，它的運作方式是對特定產品設定一個限額，在此之下的關稅非常低（以免看起來像毫無遮掩的保護主義），不過超出限額後，關稅就會非常高。

例如，進口奶油就會從完全零稅率，到超出限額後每磅課徵八十美分的關稅，比市價的三分之一還高[103]。效果是在擁擠的美國乳製品市場，只要配額一滿，TRQ基本上能阻擋任何進口品進入國內，而配額會被設定得夠低，約占所有乳製品生產的二%，以至於**除了**炙手可熱的

97 http://thestockexchangenews.com/beef-imports-and-exports-what-is-the-impact/.
98 http://beef2live.com/story-beef-imports-ranking-countries-0-116237.
99 https://data.ers.usda.gov/reports.aspx?programArea=veg&stat_year=2017&top=5&HardCopy=True&RowsPerPage=25&groupName=Dry%20Beans&commodityName=Black%20beans&ID=17858#P6bcc4b367d38483890552656f2b2c8ce_3_292.
100 https://www.onions-usa.org/all-about-onions/where-how-onions-are-grown.
101 https://munchies.vice.com/en_us/article/jpa9j8/the-us-is-the-worlds-largest-producer-of-corn-so-why-are-we-importing-more.
102 https://www.motherjones.com/kevin-drum/2018/06/us-trade-policy-on-dairy-is-simple-we-basically-allow-no-imports-at-all/.
103 出處同上。

外國起司外，其他乳製品全都上不了岸，也無法進入店裡[104]。如果你喜歡美味的法國、義大利及西班牙起司就很幸運，但是如果過去在街角雜貨店從未看過外國牛奶，有部分原因出自於此。

酪梨與美國文化的源起

最後剩下酪梨，如今在美國各地如此盛行，以至於很難想像過去國內並非總能充足供應，不過雖然酪梨很受歡迎，但我還是無法說服母親享用。不久前，酪梨不過是有季節性、地域性的美味；遲至一九九〇年代，你還不太可能在加州以外地區看到，而且當時也只有夏季才有。酪梨從幾乎不為人所知開始，進行絕地大反攻；二〇〇〇年，美國人的酪梨消耗量創下略微超過十億顆的紀錄。到了二〇〇五年，這個數字將近翻倍，而到了二〇一五年又再次加倍有餘，當時美國人總共吃掉大約四十二億五千萬顆酪梨（真的是「我的老天酪梨醬」（holy guacamole）[105]啊！[106]），要怎麼解釋酪梨從加州的嘗鮮品快速持續鹹魚翻身，成為美國大小城鎮的生活主流？當然是因為貿易的關係。

至少從一八七一年開始，加州便一直種植數量有限的酪梨，當時有一個聖塔芭芭拉的法官從墨西哥買到三棵酪梨樹[107]。半個世紀後，一個來自威斯康辛州的高中輟學生，被一本雜誌上的酪梨樹圖片迷住了，他拿出所有積蓄（加上姊姊的慷慨借款），在洛杉磯郡拉哈布拉高地（La Habra Heights）附近買下一小塊地。這個外行人不曾接受任何特殊訓練，便把幾個原有的酪梨種籽品種嫁接在一起，形成新的樹種，剛好大幅改進這種水果的風味與韌性。那個單一品種可追溯到生長七十六年[108]，死於二〇〇二年的某棵樹，如今占北美地區食用全部酪梨的九五%[109]，這些都要拜威斯康辛州的年輕人魯道夫・哈斯（Rudolph Hass）的運氣與獨創性所賜。

哈斯酪梨回到在墨西哥的祖居地，不過它偏好里約格蘭河以南的生長條件，意謂有好長一段時間，能享受到這個甜美混種食物的墨西哥人遠比美國人多。在一九七〇年到一九九九年間，美國是世界上第二大酪梨生產國，平均每年生產超過十五萬噸酪梨，不過墨西哥每年的平均產

---

104 https://www.washingtonpost.com/news/wonk/wp/2015/01/22/the-sudden-rise-of-the-avocado-americas-new-favorite-fruit/?noredirect=on&utm_term=.d19eda06a6c9.

105 譯注：表示驚訝的口頭禪。

106 http://ucavo.ucr.edu/General/EarlyHistory.html 和 https://www.californiaavocado.com/avocado101/the-california-difference/avocado-history.

107 https://www.californiaavocado.com/avocado101/the-california-difference/avocado-history.

108 https://www.washingtonpost.com/news/wonk/wp/2015/01/22/the-sudden-rise-of-the-avocado-americas-new-favorite-fruit/?noredirect=on&utm_term=.d19eda06a6c9.

109 http://www.fao.org/faostat/en/#data/QC/visualize.

出是五十三萬噸，讓美國相形見絀[110]。儘管美國近年來新發現對酪梨的熱愛，但國內產能其實是與時**俱減**的；例如，二〇一七年種植的酪梨數量是十三萬兩千噸，經過長期盤踞第二名後，這一次美國滑落到世界第十名[111]。美國的供給並未跟上我們的口味，不過進口酪梨趕上來了。

牽起美國與酪梨之間紅線的真相要回溯到NAFTA。在有貿易協定前的日子裡，美國曾嚴格限制墨西哥水果進口，不過新的夥伴關係開啟從一九九〇年代後期開始緩慢地計畫性放寬貿易障礙，並在二〇〇七年以完全移除關稅和配額告終[112]。貿易限制放寬幾乎剛好與酪梨在美國大受歡迎的時間一致；貿易障礙愈去除，酪梨的知名度和需求就愈上揚。雖然二〇〇〇年美國吃掉的十億顆酪梨中，只有四〇%是在墨西哥、多明尼加、哥倫比亞及祕魯等地種植，但是到了二〇一五年，吃掉四十億顆以上的酪梨中，有八五%是進口的[113]。

對墨西哥水果的政策改變，記載在厚重協定書裡的一個小小附錄，帶來的後續影響難以盡述。今天美國**到處**都可以看得到酪梨，從漢堡王（Burger King）的華堡到曼哈頓的豪華餐廳，從新潮的冰淇淋店到花俏的美妝磨砂膏。產業團體估計，光是超級盃星期天那天，全美就把近一億四千萬磅酪梨打成醬[114]。沒有任何菜餚比酪梨吐司更能成為千禧世代的同義詞，這大部分要感謝澳洲百萬富翁提姆．古爾納（Tim Gurner）在《六十分鐘》節目受訪時的提議，他說這個世代愛吃這種昂貴又流行的早午餐，是造成他們住宅自有率低落的元凶，這段話在網路上爆紅，引發嘲諷聲[115]。總體來看，一般美國人現在平均每年要吃掉七磅以上酪梨[116]，換算起來是近二十顆普通大小的哈斯酪梨，比不到二十年前吃的量超出三倍之多[117]，今天相較於食用櫻桃、覆盆子或梨子，有較高比例的美國人會經常吃酪梨[118]。事實上，這種奶油般綠色橢圓形水果已經盛行到甚至引發酪梨疲勞現象，刺激引領時尚的網民反彈，認為這個一度炙手可熱的水果時尚性已經「落漆」了[119]。

從核心來看，酪梨在美國文化的迅速崛起，只是一個過去上演幾百次故事的現代加速版。巧

---

110 出處同上。

111 https://www.washingtonpost.com/news/wonk/wp/2015/01/22/the-sudden-rise-of-the-avocado-americas-new-favorite-fruit/?noredirect=on&utm_term=.d19eda06a6c9.

112 https://www.washingtonpost.com/news/wonk/wp/2015/01/22/the-sudden-rise-of-the-avocado-americas-new-favorite-fruit/?noredirect=on&utm_term=.d19eda06a6c9.

113 https://www.wfla.com/news/we-eat-how-much-super-bowl-food-by-the-numbers_20180312042532911/1030557478.

114 https://www.washingtonpost.com/news/food/wp/2017/05/15/dont-mess-with-millennials-avocado-toast-the-internet-fires-back-at-a-millionaire/?noredirect=on&utm_term=.c0787cde0926.

115 https://www.smithsonianmag.com/science-nature/holy-guacamole-how-hass-avocado-conquered-world-180964250/.

116 https://www.agmrc.org/commodities-products/fruits/avocados.

117 https://www.pma.com/content/articles/2017/05/top-20-fruits-and-vegetables-sold-in-the-us.

118 https://www.theguardian.com/fashion/2015/oct/05/the-avocado-is-overcado-how-culture-caught-up-with-fashion.

119 https://www.telegraph.co.uk/culture/books/3671962/John-McCain-Extraordinary-foresight-made-Winston-Churchill-great.html.

克力、咖啡及茶葉曾是奢侈的進口品；鳳梨、孜然、茴香、是拉差香甜辣椒醬（Sriracha）在美國歷史上的不同時刻，也曾是名稱帶有異國情調的奇珍異品。重點是這是更多關於貿易的故事，更勝過明確指涉貿易**協定**；我們已經從諸如越南這類沒有正式自由貿易協定的國家接納（也定期進口）大量的食物與商品。也值得注意的是，這些都不曾像許多製造業被全球化傷害那樣摧毀美國農業。大致上說來，美國農民可以接觸到九成五住在海外的全球顧客，因而獲益良多。

貿易的多樣性豐富我們的生活

貿易是被埋沒的英雄，它開創的多樣性界定我們的文化，多樣性不只展現在吃的食物，也展現在使用的產品、駕駛的車輛、享受的娛樂及從事的工作上。找時間到當地雜貨店，試著用當初葉爾欽也一定用過的角度來觀看：巴西堅果旁擺著中國核桃，隔壁是來自印度的腰果；祕魯的紅蘿蔔與墨西哥的花椰菜並排；紐西蘭的羊肉和加拿大的鮭魚；來自世界各地每個角落的香料。唯有在開放的全球化經濟下，才可能存在這種選擇性；無論貿易因為引進外國競爭者的削價競爭，而為產業帶來什麼傷害，我們的貨架和熟食店櫃台供貨充足，也必須是這個計算式的一部分才對。這是富饒之夢、財貨民主化之夢、自由選擇之夢、新奇之夢融為一體，雖然遺憾的是，我們知道並非全美各地的每個人都能美夢成真。不過無論好壞，如今正是這些夢，而非其他事物，定義了美國的生活。

邱吉爾是深諳這些觀念的人，當年輕的他在一戰爆發前夕擔任英國海軍大臣時，主要關心的是確保英國軍艦能擋住德國艦隊的砲火。魚雷的出現已經讓船隻以攻擊性和防禦性鋼鐵的形式增加船隻重量，因此速度變得珍貴無比。邱吉爾面臨一個選擇，是否繼續採用燃煤方式讓國家的船艦運轉（英國的煤礦產量極豐），還是要改用燃油，可以持續較久、較快產生蒸氣、製造較少的煙霧，讓船艦得以同時快速加速，又較不會被遠處的敵艦看到——唯一的問題是英國根本不產油。邱吉爾決定讓皇家海軍從國產煤改成進口油，當時廣遭包括軍事將領在內的批評；英國有很多人無法想像拿國家的自給自足來交換一個客觀上較好的選擇。可是邱吉爾說服了國會，不久後所有新英國船艦都改用進口燃油，這個決定有助於確保一戰期間，協約國的優勢凌駕於德國之上。

邱吉爾、葉爾欽及塔可沙拉帶給我們同樣的教訓：如果你想要居於領先地位，享有成就、多樣性、實力和美好生活，就必須把眼光放遠，超越國界。你必須進口，融合多元文化的最佳元素，能產生力量與復原力，是任何國家無論多麼自給自足或意志堅強，都難以希冀能自立達成的。

儘管一個純美國製塔可沙拉的概念——愛荷華州玉米、蒙大拿州牛肉、加州番茄，諸如此類，帶著朦朧的愛國情操，但是就和燃油的英國戰艦勝過燃煤一樣，最後得到的塔可沙拉就是較好的版本，因為裡面有羅馬尼亞玉米、墨西哥番茄、祕魯洋蔥等，對所有人來說，比另一種做法更供應無虞、更便宜也更可靠。我們已經把來自全世界最好也最有彈性的材料混合在一起，如此一來，人人才能享有做選擇時所需的自由與多樣性，歸根結柢，還有什麼能比這個更美國化？

第五章

美國街上大多不是美國車？

——混淆國際界線的供應鏈

現在談過番茄、洋蔥、酪梨和萵苣，是時候把注意力轉向檸檬了。不，不是那種黃色水果，在下一章才會談到黃色水果。我講的不是柑橘類，而是雪鐵龍（Citroëns，還有福特、雪佛蘭及克萊斯勒）。在一九六〇年代以前出生的人，大概都還能清楚記得各式各樣的檸檬車；年輕一點的讀者可能會自言自語地問道：「他是哪一個世界的人？在講什麼啊？」向不知情的人說一下，檸檬車就是從經銷商的停車場被踢出來、滿是製造瑕疵、根本就不中用的新車，在一九七〇年代中期，這是出奇普遍的現象，今天看來非常不可思議。

沒有人確切知道美國為什麼開始稱呼瑕疵車是**檸檬**，不過可以回溯至二十世紀初期的英國俚語（還有買到一個絕對讓你滿嘴酸味東西的體驗）。我夠年長，還能記得檸檬車是生活現實的那個年代，那是你絕望的造訪經銷商時，希望自己千萬不要踩到的地雷。如果你是不幸的買家，剛好買到檸檬車，就會記憶深刻：引擎開始冒煙；車子在回家的半路上拋錨；沒過幾天零件就壞了。我曾擁有一輛一九六五年的別克（Buick）雲雀（Skylark）敞篷車，引擎熄火後，還會噴氣好幾分鐘，發出一些砰砰聲，才終於在尖銳聲中停下來。車體顏色是「霧色香檳金」，朋友會很不慈悲地竊笑說，我的車肯定是**霧濛濛的**。父親的一九五七年福特水星（Mercury）旅行車也沒有好到哪裡。有好長一段時間，你對這樣的情況束手無策，只能吞下損失，當作自己運氣不好。

解救方法在一九七五年到來，當時傑拉德·福特（Gerald Ford）總統簽署《馬格努森－莫斯保固法》（Magnuson-Moss Warranty Act），這是第一個所謂的「檸檬法」，允許消費者如果買到無法撐過賣方保證期的車輛時，可以尋求法律救濟。康乃狄克州是第一個在一九八二年通過檸檬法的州，把標準提得更高，今天全美五十州都有一個正式通過的法律版本，保護運氣不好的買家免於進退不得的窘境。不過檸檬法只是提供一個管道，讓不開心的汽車買主可以把錢拿回來，對於改進汽車品質毫無助益。畢竟我們要知道，大部分檸檬車都是原本聲譽卓著的汽車製造商生產出差錯的結果，並非故意欺騙消費者。檸檬車為什麼現在會變成過去式？如果我告訴你，這個問題的答案是兩字箴言——**貿易**，你會驚訝嗎？還是不會？

外國汽車製造商加入市場，讓一切改頭換面

據信第一個將汽車輸入美國的外國車商是福斯，在一九四九年，二戰結束不過四年，把金龜車（Beetle）帶進美國，那一年總共賣掉兩輛車（沒錯，就是**兩輛**）[120]。一九五〇年代初期，來自英國的新進者加入行列，如捷豹（Jaguar）、奧斯汀希利（Austin-Healey）及MG，然後豐田和日產才在一九五〇年代初期，悄悄初次跨越海洋[121]。金龜車的運氣在一九五五年開始翻轉，當時美國福斯汽車集團（Volkswagen Group of America）成立，北美總部最早坐落於紐澤西州，幫助這家德國車商從一九四九年賣出兩輛到一九五七年賣出大約五萬輛[122]。當父親賣掉那輛受詛

120 https://www.wardsauto.com/news-analysis/foreign-invasion-imports-transplants-change-auto-industry-forever.
121 出處同上。
122 出處同上：https://www.google.com/url?q=https://auto.howstuffworks.com/1945-1959-volkswagen-beetle4.htm&sa=D&ust=1548700540670000&usg=AFQjCNFNkDclMIdZ79MCdUeQHDE2DvjWyg.

咒的水星旅行車，買了一九六一年的紅色福斯廂型車——想像電影《小太陽的願望》（*Little Miss Sunshine*）裡那輛家庭房車，它是我們在路上僅見的外國車，不過便宜、省油，而且空間比原有的水星旅行車還大。它沒有油表，這代表我們必須把里程數記錄在黏在儀表板的卡片上，才能知道何時需要加油！

所幸美國車商後來採用迷你廂型車的概念，以此為基礎進行改良，成為傳統車款。不過大多數時候，大部分美國人當時還是堅持購買美國車。一九六〇年，「三大」汽車製造商（通用汽車、福特汽車及克萊斯勒）占了大約九成市占率，這個數字甚至還不包括其他本國企業，如美國汽車公司（American Motors Corporation），到了一九七〇年，數字稍稍下滑八二%。今天，這個比例已經一路下滑到四〇%以上[123]。

真正消滅檸檬車的不是法律，而是激烈程度升高的外國競爭和先進的製造技術，兩者都是一九七〇年代在美國扎根。阻隔海外競爭者的那些年，已經讓美國汽車製造商變得怠惰，不到日本人與德國人登堂入室，不會有誘因控制成本或改良品質。已故友人保羅·柏格莫澤（Paul Bergmoser）曾擔任福特汽車和克萊斯勒總裁，他告訴我，美國汽車業高層對市場掌控度極具信心，毫無顧慮地邀請日本汽車公司高層參觀裝配線，一點都不擔心外國競爭者會侵蝕顧客群！

當然這種態度很短視近利，也傷害美國消費者，讓他們這麼多年來無法享受到開放競爭，以鼓舞創新帶來的益處。

第一章曾討論日本汽車製造商的到來，如何讓市場改頭換面，並刺激底特律加把勁追上腳步。那個十年才過了一半，本田、豐田、日產、馬自達及速霸陸在美國汽車買主心目中，已經和品質牢牢掛鉤。可是這些進口品真正具有革新性的地方不在於車款本身，而是組裝方法，運用精密工程，加上機器人輔助，持續不懈地專注於品質。這些汽車製造商也賦權工人，灌注如**kaizen**觀念，這是「改善」的日文發音，是鼓勵員工提供建議，讓製造流程變得更好的原則。安燈繩（andon cords）是形似在公車上會拉的停車吊繩，讓員工在發現有地方出錯時，有權停下裝配線。混合式生產線也使得在美國營運的日本製造商，得以在同一條裝配線上生產不同車款，從而更有彈性、更快速回應消費者需求。到今天，福特和通用製造廠裡有很多裝配線因為缺乏這種能力，已經棄置不用，事實上這是很多工廠關門和有這麼多閒置廠房存在的主因。

由於那些年的貿易政策開放進口品湧入美國市場競爭，又因為美國人很快發現日本和德國等國家已經開發出更吸引人的車輛，因此跟上腳步的唯一方法就是仿效對方。底特律的製造能力很快及時變得更成熟也更自動化，只是進入一九九〇年代還在努力追趕中。這個過程使美國汽車製

123 https://www.epi.org/publication/the-decline-and-resurgence-of-the-u-s-auto-industry/.

造商犧牲就業，不過卻帶來更高品質、更可靠的本國車，也終於讓檸檬車成為遙遠的記憶。轉型讓許多被新製造方法拋棄的工人與他們的家庭蒙受極大痛苦，但極可能因為被迫創新，變得更強大，而拯救美國汽車工業和靠它支撐的就業，免於被海外競爭者完全接管的命運。

我們很容易忘記今天的汽車有多麼令人感到驚奇。這些年來，來自日本、德國、南韓、英國、美國及其他國家的汽車製造商爭前恐後地爭取顧客，他們發現競爭讓大家都變得更好，安全與效能達到過去無法想像的境界。現在的汽車通常可以行駛超過十萬英里。大多數美國人想到進出口品，第一個浮現腦海的產品恐怕就是汽車，它們剛好也是完美的示範，證明國際貿易能帶來更好的商品。我們擁有更好、更安全、更耐用的汽車，這一路走來辛苦坎坷，不知何時「美國車」的概念在途中消失了。

世間已無純正美國車

福特野馬（Mustang）、雪佛蘭科爾維特（Corvette）、凱迪拉克（Cadillac）艾爾多拉多（Eldorado）。在二十世紀的美國，你很難指出比這些全美國製經典車款更具指標性的生活象徵。汽車不只在美國文化裡占據核心位置，更帶著徹頭徹尾的浪漫情懷。數十年來的電影、音樂、文學及藝術助長美國人對車子的痴迷，是「昭昭天命」（Manifest Destiny）[124]的現代化身、特有的國民野心紀念碑、對探險的熱愛，以及大多數美國人嚮往一路通行的自由。我們有多愛自己的車子？但是如果要你猜猜二〇一八年可以買到美國製成分最高，也就是國產零件、勞工及裝配所占比例最高的車款，你會白費力氣地說是福特和雪佛蘭。根據美國國家公路交通安全管理局（National Highway Transportation Safety Administration, NHTSA，這是法律規定要負責公告美國製汽車年度評比的聯邦機構），二〇一八年最國產的美國車其實是本田奧德賽[125]。

沒錯，本田奧德賽！它在阿拉巴馬州林肯（Lincoln）的心臟地帶組裝，採用美國製引擎和傳動系統，車子裡的美國成分估計有七五%，在二〇一八年高居榜首，技術上來說是這樣，由於法律的一個古怪規定，政府把美國**與加拿大**都判定在美國製的範圍內，這也許顯示供應鏈和製造流程是無縫接軌的。零組件在兩國之間自由流動，連政府都分不出什麼零件來自哪裡，別忘了，從底特律走到安大略甚至不用一萬步。往下看這份清單，就會看到排名在前的還有六輛本田車款，包括 Civic、Pilot 及 Acura MDX，然後才會看到一輛德國車——賓士（Mercedes-Benz）C 系列 Sedan。之後才會在這份二〇一八年最美國製汽車清單中，看到第一個「美國」選手：沒錯，就是

---

124 譯注：又譯為天定命運論，是指十九世紀時美國被賦予向西擴張至橫跨北美大陸為天命所定的理論，因此對外擴張領土是合理的。

125 https://www.nhtsa.gov/sites/nhtsa.dot.gov/files/documents/2018_aala_percent_09102018.pdf.

雪佛蘭科爾維特，美國製成分的比例相當高，有六七％[126]。繼續往下看，情節大致相同，你會再找到更多的本田、豐田、現代汽車（Hyundai）、日產及賓士車輛，偶爾才會看到福特或別克。

事實上，緊接在奧德賽後的本田 Ridgeline 於二〇一七年底特律汽車展（Detroit Auto Show）上，被提名為貨卡類北美年度風雲車。和奧德賽一樣，Ridgeline 也是在南加州設計，阿拉巴馬州組裝，引擎與傳動系統都是在美國採購，而工程與測試（又稱為「研發」）則是在俄亥俄州雷蒙德（Raymond）的本田北美研發中心進行，該中心聘僱一千六百位當地人。Ridgeline 不像福特 F 系列賣得那麼好，可是就算在貨卡車這個超級美國化的圈子裡，也非常融入其中，還名列前茅。我們以為的「美國製」汽車，和真的用美製零件在本地生產的車輛有出入的原因，出自現代經濟裡一個最常被忽略，卻也最關鍵重要的因素，就是全球供應鏈。

供應鏈的核心就是一個產品在被製造時走過的路徑，是由原物料、自然資源、零件、材料、勞工，以及成為完成品準備上市前的所有停靠站共同組成的網絡。這些供應鏈愈來愈常被稱為「價值鏈」，反映出內含研發、工程和其他非實體因素的事實。對本田 Ridgeline 這樣的卡車、iPhone 這類電子產品，以及你可能會使用的其他複合產品來說，更是如此。我擔任美國進出口銀行董事長時，會提供融資幫助美國飛機銷售給衣索比亞航空（Ethiopian Airlines）或肯亞航空

126 出處同上。

製造商	品牌	產品線	五六七節認證標章上的車款	美國／加拿大成分比例
本田技研工業	本田	奧德賽	多功能休旅車	75%
本田技研工業	本田	Ridgeline AWD	卡車	75%
本田技研工業	本田	Ridgeline FWD	卡車	75%
本田技研工業	Acura	MDX AWD	多功能休旅車	70%
本田技研工業	Acura	MDX 2WD	多功能休旅車	70%
本田技研工業	Acura	TLX AWD	轎車	70%
本田技研工業	本田	Civic 2D	轎車	70%
本田技研工業	本田	Civic 2D	轎車	70%
本田技研工業	本田	Civic 2D	轎車	70%
本田技研工業	本田	Pilot	多功能休旅車	70%
本田技研工業	本田	Pilot	多功能休旅車	70%
美國賓士	賓士	C 系列 Sedan（C300/C300-4M）	轎車	70%
通用汽車	雪佛蘭	科爾維特	轎車	67%
通用汽車	雪佛蘭	Volt	轎車	66%
本田技研工業	Acura	RDX AWD	多功能休旅車	65%
本田技研工業	Acura	RDX FWD	多功能休旅車	65%
本田技研工業	Acura	TLX AWD A-Spec	轎車	65%
本田技研工業	Acura	TLX FWD	轎車	65%
本田技研工業	Acura	TLX FWD	轎車	65%
本田技研工業	Acura	TLX FWD A-Spec	轎車	65%
福特汽車公司	福特	F150	卡車	65%

根據美國交通局，沒有什麼比這張清單上的汽車更美國車的。

（Kenya Airways），這引起一個常見誤解，以為我們的金援只是在幫全球上最大企業之一的波音創造工作機會，可是一架飛機並不是在芝加哥總部辦公室或西雅圖郊區的一家工廠裡即可快速完整製造。波音得仰賴全美各州超過一萬三千家供應商，才能製造出產品，而這些供應商有很多是小企業，又要靠著波音的大訂單，才能於所在地區聘僱員工，成長茁壯[127]。

一架飛機的供應鏈包含數千個環節，坐落於紐約州普萊恩維尤〔Plainview；考克斯公司（Cox & Company）製造電子融冰設備〕、奧勒岡州麥克明維爾〔McMinnville；美捷特聚合材料（Meggitt Polymers）製造輪艙用的橡皮墊〕、密蘇里州聖查爾斯〔St. Charles；一家我曾造訪的工廠LMI航太（LMI Aerospace）在這裡製造機翼〕，以及俄亥俄州坎頓〔Canton；坎頓落錘鍛造廠（Canton Drop Forge）鑄造起落架零件〕等地[128]。還有很多項目，例如用於強鹿（John Deere）曳引機外表的金屬零件，最後被組裝且賣出前，會在美國與墨西哥間往來多次。在我們生活的時代裡，從小孩玩具、「智慧」電視、汽車到飛機，有許多產品內含一天比一天變得更複雜的軟硬元件。懂得欣賞供應鏈，對於了解使用的東西到底從哪裡來是很重要的。

全球供應鏈混淆單一國家製造界線

全球供應鏈算不上是新觀念，最遠可以回溯至十八世紀，其中有些略為不可告人之處。最惡質的供應鏈恐怕要從西非人被綁架到美國，並且被迫在加勒比海農園種植甘蔗開始，這些糖接著經過液化變成糖蜜，被運送到新英格蘭的蒸餾廠製成蘭姆酒，然後再旅行到歐洲，交換其他商品，進而透過以物易物的方式交換西非奴隸，形成無窮循環。較不那麼邪惡的全球供應鏈，則在工業革命期間大行其道，當時因為汽船和其他運輸工具的進步，使得採用來自不同國家的組件變得可行也便宜許多，在一八四〇年到一九一〇年間，由於引進定期運輸航班讓貿易與運送更可靠，橫跨大西洋的貨運成本下降七成[129]。不過真正的突破是在更近期發生，二戰後的這段期間，科技、貿易協定與經濟整合匯聚一堂，使得全球供應鏈成為接近無縫接軌的主張。例如，波音七三七飛機不會**只**依賴當地的工具和遍及全美的模具工廠。由於便利的貿易與貨運，也可以從天津採購駕駛艙面板、向荷蘭購買電子線路，並從德國進口窗戶封條而省錢[130]。

當然，反之亦然：有為數眾多的產品，我們可能以為是「外國貨」——外國企業在外國販售，其實是用美國的零件、服務或自然資源製造的，這表示它們也有助於提供美國就業機會。

127 https://www.bizjournals.com/wichita/news/2017/04/14/boeing-s-2016-supplier-awards-list-includes-no.html.
128 http://www.airframer.com/aircraft_detail.html?model=B737.
129 https://www.theglobalist.com/a-brief-history-of-supply-chains/.
130 http://www.airframer.com/aircraft_detail.html?model=B737.

走過太陽纖維（Sun Fiber），這家聚脂纖維生產與回收商在南加州里奇堡（Richburg）創造超過三百個工作機會，而你恐怕不知道，它其實是一家更大型企業的子公司和供應商——中國浙江省的中國江南化纖有限公司[131]。喬治亞州西爾瓦尼亞（Sylvania）是約有兩千五百位居民的城鎮，也是SV Pittie紡織廠所在地，這家近期耗資七千萬美元建造的工廠，將及時為當地帶來兩百五十個工作[132]。「SV」是斯里維拉．皮蒂（ShriVallabh Pittie）集團的縮寫，這家有上百年歷史的紡織企業集團，位於印度拉賈斯坦邦（Rajasthan），由喬治亞州工廠供應勞工和棉製品。還有更多這類中小型本國企業主要擔任外國企業供應商的例子，他們對美國在地的實際影響，並不亞於對街的「美國」工廠或農場。

全球供應鏈無論從哪個方向不斷湧入，都已經成為一大堆產品的常規，包括看似簡單的物品在內。例如，一家美國鉛筆製造商為了維持低廉成本，使用巴西雪松、中國塗料及印度石墨是常有的事[133]。如果使用國際化零件是基本產品很有用的省錢因子，對更複雜的機械，如現代化汽車來說，更是極度不可或缺。有空看看汽車的車輛識別號碼（Vehicle Identification Number, VIN）板，就會知道我的意思，它通常位於儀表板內部、駕駛座那一側門框或引擎蓋下方。車輛識別號碼的第一個數字會告訴你，車子是在哪裡組裝的，如果看到的是一、四或五，表示是在美國建造。不過如果你剛好駕駛的是福特Fusion、GMC Terrain或林肯MKZ，看到的第一個數字大概會是三，這些車輛通常是在墨西哥組裝。福特 Focus 的車主可能會很驚訝在第一個數字的位置看到 W，這是因為該車款更常在德國建造（W 其實就是指「西德」，原來車輛識別號碼不像你以為的那麼頻繁更新）。福特 Edge 和雪佛蘭 Equinox 則是二開頭，以便讓你知道是在加拿大製造；凱迪拉克 CT6 以 L 做為第一碼，表示是在中國組裝[134]，這樣有概念了嗎？

福斯是第一家認知到全球化採購效益的汽車製造商，早在一九六一年便在墨西哥興建第一家裝配廠。沒過多久，幾乎每個主要競爭者都追隨福斯的腳步。隨著貿易流動增加、進口障礙下降，製造出更有效率、更高性能、更省成本汽車的競賽白熱化，由活動零件組成的奇特馬賽克拼圖於焉成形。像福特野馬這類典型的美國車，也開始使用來自中國的傳動系統。二〇一八年的別克 Cascada，表面上看來是由通用汽車德國子公司生產的美國車，但其實採用韓國的傳動系統和匈牙利的引擎[135]，組裝則是在菲律賓。截至二〇一八年為止，不止本田奧德賽是路上最

131 https://www.sccommerce.com/news/jn-fibers-inc-locating-facility-chester-county.
132 https://www.industryweek.com/expansion-management/indian-textile-manufacturer-opens-plant-georgia.
133 https://www.forbes.com/sites/jwebb/2016/03/30/trumps-war-on-the-american-supply-chain/#4cd138c1d7fd.
134 https://www.nhtsa.gov/sites/nhtsa.dot.gov/files/documents/2018_aala_percent_09102018.pdf.
135 出處同上。

「美國製」的汽車，從價值來計算，美國連續五年最大的汽車出口商不是別人，是BMW（別忘了，「B」是指巴伐利亞，而不是巴爾的摩），它在位於南卡羅萊納州格里爾（Greer）的一千一百五十英畝廠房裡製造買得到最好的德國休旅車[136]。沒錯，當德國公民想要買BMW休旅車，想像一下，如果他們發現必須從美國進口才買得到，會有多麼驚訝！而且不要忘了，只要汽車製造商採用來自中國的傳動系統或墨西哥的引擎，那些零件本身含有更小的元件是來自大量不同國家，也包括美國在內。

事實上，製造汽車的過程已經變得如此全球化，以至於就事論事，沒有國家能全憑一己之力生產有品質又實惠的汽車。在九一一恐怖攻擊後的那些日子裡，已經看到這個現實呈現的陰暗面，當時美國因為國家安全威脅而暫時封閉國界。由於無法輸入外國的引擎、傳動系統、避震器及數百個其他元件，不出三天就沒有一家製造商能組裝出一輛車。暫且放下美國汽車的自給自足和浪漫情懷不談，重點是要記得，畢竟是這些外國零件讓我們的車子更好、更便宜、更可靠。一輛真正的「全美國製」汽車是否**曾經**存在，也是值得商榷的事——T型車可能夠格，可是一戰後不久，最早的美國汽車製造商就已經開始在加拿大設廠[137]。

徹底全球化趨勢與反對全球化的原因

如你所料，汽車生產徹底全球化的本質，模糊以為的進口車和本國車界線。這個演進已經完全翻轉「購買國貨」的概念，不只是在汽車業，更是遍及日常所做範圍廣泛的購買。這很重要，因為購買國貨是許多美國家庭有意識努力堅守的觀念，一份《消費者報告》（*Consumer Reports*）進行的全國調查發現，有七八％的美國人如果知道某個產品是在美國製造，就更可能購買[138]。一位資深的歐巴馬政府官員曾對我說，他不只一次抱怨妻子喜歡買本田奧德賽，已經連續四次了，曾對妻子說：「妳為什麼不肯找一輛好一點的雪佛蘭或福特呢？」當我告訴他，交通部表示奧德賽是「最美國製」的車時，對方表示那天晚餐餐桌上有得看了。

這種購買國貨的愛國情操廣闊無邊，卻有可能失之淺薄，二〇一六年美國總統大選期間，全球化的課題尤為重要，美聯社（Associated Press）做的一份民調顯示，大多數美國人其實重視低價勝過「美國製」標籤。儘管有四分之三的人說想要購買國貨，但是該民調發現只有九％的人真的言行如一[139]。當被要求在一件八十五美元的美國製褲子和一件五十美元的外國製褲子之間做

---

136 https://www.greenvilleonline.com/story/money/2018/02/13/bmw-manufacturing-remains-leading-u-s-auto-exporter-despite-pros-2017-exports-decline-amid-overall-s/333490002/.

137 http://knowhow.napaonline.com/domestic-foreign-cars-whats-difference/.

138 https://www.consumerreports.org/cro/magazine/2013/02/made-in-america/index.htm.

139 https://www.chicagotribune.com/business/ct-americans-prices-vs-made-in-usa-20160414-story.html.

選擇時，無論所得水準，有三分之二的受訪者會篤定選擇較便宜的[140]。雖然我們明顯偏好省錢，但是想要買國貨的欲望仍然炙熱。這不只是個人的強烈傾向，也代表我們做為**造物**之國國家認同的重要部分。

連鉛筆都會全球採購，更別提汽車了，在這樣的時代裡，一項產品如何才能稱為真正的**美國製**呢？為了對此有所理解，我和美利堅大學（American University）科歌商學院國貿系主任法蘭克．杜波依斯（Frank DuBois）促膝一談。是什麼因素真正決定車輛裡的「美國屬性」？為了讓這個問題更明確清晰，杜波依斯教授在二〇一二年發展科歌美國製汽車指數（Kogod Made in America Auto Index），做為另一種排序。他的研究進一步證明，當我們在買車時，沒有人曾只買美國車。不管是柯歌指數或美國交通部排行榜，二〇一八年車款沒有一輛車的美國（或加拿大）成分超過七六％。杜波依斯預期，隨著愈來愈多的企業趁著中國、印度及泰國汽車零件生產與出口大幅成長之利，這個天花板還會進一步下降。沒錯，敬告好奇的讀者：所謂美國車裡**最不**「美國」的就是雪佛蘭 Spark，內含的美國或加拿大成分高達**一％**[141]！

看到這種情況，痛惜美國已經失去自力製造馬力強大汽車的能力是很自然的，我們再也沒有「單打獨鬥」的本錢，但我不是這麼看的。二〇一九年初，我造訪拉希尼（Rassini）這家汽車煞車製造商，也是很多「美國製」貨卡車裡可以找到加高彈簧的最大供應商。拉希尼的尖端營運讓我們向通用汽車及其他本國業者買的汽車更安全、更創新也更實惠。它們是美國車主的重大恩賜，就坐落在墨西哥普埃布拉（Puebla）。拉希尼是一個完美例子，說明儘管單打獨鬥讓我們想起當牛仔的舊日時光，但是在今天已經不如過往那麼有道理。對全球供應鏈的依賴，讓我們得以製造更好的東西，而且往往成本低廉許多。這種情況不只於鉛筆、汽車及飛機，也涵蓋大範圍的產品與服務。把電話客服中心搬遷到印度的爭議性趨勢大約在二〇〇〇年認真展開，也屬於這個現象的一環。這個改變讓企業能提供二十四小時服務，對橫跨數個時區的美國來說並不容易做到，當然也成為「外包」（outsourcing）的典型代表，這是企業為了省錢，而把美國工作機會輸出海外的非常不受歡迎做法。

從一家公司的角度來看，外包裝配線或客服中心的工作，和福特 EcoSport 使用在印度清奈（Chennai）製造的引擎沒兩樣。畢竟兩者都是轉移供應鏈，利用較便宜的外國零件或勞工。但換掉的不只是美國的鋼鐵或石墨，而是把居住在本國土地上的人民，換成半個地球以外的人。在製造優秀、實惠且廣泛供應給美國家庭的產品時，全球供應鏈向來很有幫助。可是企業在急

140 出處同上。

141 https://www.nhtsa.gov/sites/nhtsa.dot.gov/files/documents/2018_aala_percent_09102018.pdf.

於改善產品與提高利潤時，太常用對待零件的方式來對待勞工，認為沒有什麼是不可替換的。改變的步調太快也太駭人，把美國勞工替換成「其他」（也就是外國的）勞工，也加深美國人對全球化的恐懼與憎恨。

最後一點是助長美國政治左右兩翼如此強力反對全球化的原因。批評貿易的人當然絕對有權站在保護美國就業的立場，而把賓州赫爾希鎮（Hershey）和威斯康辛州希博伊根市（Sheboygan）的家庭，成功放在印度海得拉巴（Hyderabad）與中國深圳的家庭之前也無可批判。支持貿易的人會辯稱，這也是在保護美國就業，即使有時候這表示把低工資工作讓給其他國家，以便在本地培養不同類型、較高技能的工作。不幸的是，支持貿易的政治人物並非總能在這方面坦誠相告，當他們坦白時，通常也未能獲得認同。例如，柯林頓在一九九二年總統大選辯論上告知國人，平均來說十八歲的美國人「這輩子會換八次工作」，大眾其實並不怎麼想聽。

現實是就算我們想，也無法關閉全球經濟的水龍頭。今天幾乎每個美國產業已經和世界其他地方交纏到無法逆轉的地步。即便是福特、通用汽車及其他車商用在汽車車體的特殊黑色烤漆，也是從日本福島進口的——在二〇一一年核災後曾短暫停止進口。追求貿易保護主義，暫時保住美國汽車工人的工作並不難，如果我們做的只是驅逐每家外國企業，或對外來鋼鐵課徵高額關稅。可是深深仰賴外國鋼鐵以保持競爭力的是福特和雪佛蘭，而不是本田與日產，據信豐田

Camry（美國本世紀大半時間最暢銷的車款，在肯塔基州喬治城生產）比其他車款創造更多的美國裝配線就業機會。一份二〇一一年ABC新聞網（ABC News）的調查發現，每賣出一百輛Camry，創造二十個美國製造業工作，與之相較，福特Escape只有十三個[142]。整體看來，假使「外國」車商聘用大約十三萬名美國人，其中大部分集中在肯塔基州、俄亥俄州、密西根州、田納西州及北卡羅萊納州的社區[143]，限制進口或拒斥這個世界，能幫到他們什麼？

有如圓形行刑隊[144]的關稅

這把我們帶回關稅，它是美國貿易保護主義者兩百三十多年來的首選武器。你會想起在共和國早年，關稅其實是相當有效的手段，事實上考慮到基本上它是美國唯一的稅收來源，所以也是必要手段。回到漢密爾頓及其夥伴提出課徵關稅的理由時，對外國競爭豎立屏障其來有自：美國的產業還在萌芽期，好像繭裡的毛毛蟲，為了安全，因此需要與世界隔絕，直到強壯到足

142 https://abcnews.go.com/US/made-america-us-made-car-creates-jobs/story?id=13813091.

143 https://www.usatoday.com/story/money/cars/2017/07/11/foreign-automakers-american/467049001/.

144 譯注：原文為circular firing squad，即圍成一圈相互射殺，無人倖免，是指團體內部糾紛與互相指責的混亂狀況。

以獨立作戰為止。當然那時候製造的產品也沒有那麼複雜，所以可全部在本國採購，包括勞工在內。商品較簡單，而且生產過程中會交錯往來國界的也實屬罕見。但是在現代世界裡，成熟又高度競爭的美國產業需要長而精密複雜的全球供應鏈，很難想像關稅能在不傷害其他人的情況下，對某群美國勞工有所助益。

以川普總統在二〇一八年對鋼鐵課徵關稅為例，當時他宣稱高關稅能藉由讓美國企業買外國鋼鐵的代價變得較高昂，而「阻止企業裁員」[145]。他說得沒錯！關稅真的遏止鋼鐵公司裁員。二〇一八年十一月，印第安納州韋恩堡（Fort Wayne）的鋼鐵動力（Steel Dynamics）宣布將開始建造一座扁鋼軋鋼廠，預期可為美國西南部某地提供六百個新的工作機會。川普在那週稍後上推特歡呼道：「鋼鐵業工作正在回流美國，和我預測的一樣[146]。」不過川普並未預測到關稅對**其他**企業的衝擊，更具體地說是依賴全球供應鏈銷售，並聘僱美籍勞工的美國企業。

本國汽車業又成為這個情況下最顯眼的例子，為鋼鐵動力擴張開疆闢土的同樣一個進口障礙，也傷害通用汽車這類公司，主因是製造汽車用的原物料被課徵新關稅，生產成本增加十億美元[147]。二〇一八年六月，通用汽車警告川普政府這些關稅和勢必引發的貿易戰，將導致「較低的投資、較少的工作及較低的工資」[148]，這個預測被白宮首席貿易顧問彼得・納瓦羅（Peter Navarro）駁斥只是「煙霧彈」[149]。幾個月後的十一月二十六日，就在鋼鐵動力計畫興建新廠新聞曝光的同一天，警告成真了。通用汽車當天上午宣布將關閉四家美國工廠，並且裁撤一萬四千個美國工作，這是鋼鐵動力新廠預計創造鋼鐵業工作的近二十五倍[150]。影響通用汽車做出這個決定的因素當然有數個，關稅是其中之一。重要的是，從本質上來看，美國開啟這場貿易戰扼殺了一萬四千個工作，以交換可能增加的六百個工作，你算一算這是不是一個好主意。隔天，川普發出推文表示「對通用汽車非常失望」，而且將「考慮刪除對通用汽車的所有補貼」，這是很有意思的威脅，因為根本就沒有這樣的補貼存在[151]。

鋼鐵關稅的後果當然不僅及於鋼鐵動力和通用汽車。首先，六月就看到全美最大的釘子製造商資遣密蘇里州的六十名員工。夏天的貿易戰促使位於密爾瓦基的哈雷機車（Harley-Davidson）

---

145 川普在賓州蓋茨堡（Gettysburg）所說，https://www.youtube.com/watch?v=qShSxG-Jm3w.

146 https://twitter.com/realDonaldTrump/status/1067812811068383232?ref_src=twsrc%5Etfw%7Ctwcamp%5Etweetembed%7Ctwterm%5E1067812811068383232&ref_url=http%3A%2F%2Ffortune.com%2F2018%2F11%2F28%2Ftrump-steel-tariffs-gm%2F.

147 https://www.marketwatch.com/story/gm-slammed-by-tariffs-as-steel-and-aluminum-costs-soar-2018-07-25.

148 http://fortune.com/2018/06/29/gm-warns-trump-administration-tariffs-lead-lost-jobs-lower-wages/.

149 https://www.bloomberg.com/news/articles/2018-06-29/gm-warns-trump-tariffs-could-lead-the-carmaker-to-shrink-in-u-s.

150 http://fortune.com/2018/11/26/gm-slashes-jobs-cuts-production-car-models/.

151 http://fortune.com/2018/11/28/gm-plants-closing-trump-subsidies-threat/.

把工作轉移到海外，以便節省賣到歐洲的每輛機車飆高兩千兩百美元成本[152]。瑞典車商富豪汽車（Volvo）的母公司是一家中國企業，該公司在南卡羅萊納州里奇維爾（Ridgeville）的第一家美國製造廠開張後不久，就宣布川普的鋼鐵關稅會迫使公司違背在該地區創造四千個工作機會的承諾[153]。較小型的企業與供應商也受創很深，擁有一百八十年歷史、位於印第安納州傑斐遜維爾（Jeffersonville）的草皮維護設備製造商Brinly-Hardy，執行長珍．哈迪（Jane Hardy）告訴《華盛頓郵報》，她因為關稅被迫裁撤七十五名員工，宣稱公司和員工遭受「附帶損害」[154]。電視製造商元素電子（Element Electronics）因為「最近無預期對進口自中國的許多產品課徵新關稅」一緣故，關閉在南卡羅萊納州溫斯伯勒（Winnsboro）的一家工廠和一百二十六個工作[155]。有這麼多的公司，不管大小，已經受到關稅波及而宣布裁員並關廠，還有更多企業取消投資或擴張計畫、削減員工工時，或甚至讓部分勞工休無薪假，從密西根州的門鎖成型機業者、北卡羅萊納州的電動單車設計商，到佛羅里達礁島群的龍蝦漁夫[156]，為了受到關稅保護的美國十七萬名鋼鐵工人，共有六百五十萬個仰賴鋼鐵的美國工作受到傷害。

儘管不可能清點出因為關稅而流失或獲得的美國工作確實數量，但光是通用汽車的數字就顯示損失大幅超過獲得。不管有用與否，美國商會（U.S. Chamber of Commerce）估計川普政府在二〇一八年發起的貿易行動，最後會讓美國損失高達兩百六十萬個工作[157]。如果特別針對鋼鐵和鋁的關稅來看，估計值則有很大的變化：贊成自由貿易的顧問公司國際貿易夥伴（Trade Partnership Worldwide）經濟學家預期，這些關稅將造成四十七萬個工作的淨流失[158]；而抱持貿易保護主義的經濟政策研究所（Economic Policy Institute）經濟學家，則聲稱總損失只有五千個[159]。截至目前為止，沒有任何嚴肅的研究或推測認為關稅會導致美國就業淨**增加**，而這是川普總統的主張。這就是當代經濟的現實，今天生產大多數產品與服務的方式已經變得如此混雜，

---

152 http://fortune.com/2018/06/25/harley-davidson-trump-trade-war-eu/.

153 https://www.msnbc.com/stephanie-ruhle/watch/trump-tariffs-the-threat-to-new-jobs-at-volvo-factory-1260848707976或https://www.fastcompany.com/90180122/the-u-s-job-losses-from-trumps-tariffs-are-starting-to-pile-up.

154 https://www.washingtonpost.com/business/2018/07/30/after-trumps-farmer-bailout-manufacturers-ask-what-about-us/?utm_term=.65ed5ac92362.

155 https://www.businessinsider.com/trump-tariffs-trade-war-layoffs-business-losses-2018-8.

156 https://www.usatoday.com/story/news/politics/2018/08/08/trump-tariffs-companies-might-close-lay-off-american-workers-trade-war/929019002/、https://www.wsj.com/articles/we-are-at-the-limit-trumps-tariffs-turnsmall-businesses-upside-down-1533660467?redirect=amp及https://www.cnbc.com/2018/08/03/the-associated-press-florida-lobster-fishermen-fear-trade-war-amid-irma-recovery.html.

157 https://www.uschamber.com/tariffs.

158 https://www.businessinsider.com/trump-steel-aluminum-tariffs-on-canada-europe-mexico-will-hurt-us-jobs-2018-6.

159 https://www.epi.org/publication/estimates-of-jobs-lost-and-economic-harm-done-by-steel-and-aluminum-tariffs-are-wildly-exaggerated/.

以至於幾乎不可能課徵關稅而不引發遍及其他部分的意外後果。當我們以「美國優先」之名干擾全球供應鏈，就是放了一把很快就猛烈燃燒的野火，延燒到從未想過經濟會受波及的地方。我們也在冒險，讓人以為在美國這個地方做生意是不可靠也不可預測的。

凡此種種，對於「購買國貨」的未來代表什麼意義？首先，它意謂所有人都必須重新考慮定義「美國製」的假設。如果我們的選擇是支撐美國就業，就必須更努力思考構成現代產品這條鏈條上的所有環節，試駕本田奧德賽也許是一個好的起點。也不要再以為經濟是一場零和遊戲，競爭者的運勢受到打擊就自動當成是我們的勝利；簡單地讓英國船隊掉頭離開或對中國製鋼鐵設限，即可提振美國產業獲利的日子，也已經逝去了。

不知何時，經濟全球化改變計算式。我們當然還是會和其他國家競爭，可是也愈來愈仰賴它們的**成功**，以獲取自己的成功。其實這種交互依存性是全球化的主要論據，彼此的經濟命運相互交織，能促進穩定與和平。美國身為全球第二大出口國，將大幅得益於其他國家的成功，世界各地有愈多的人進入全球中產階級，就會向我們買得愈多，進而助長本國的就業成長與繁榮。儘管貿易向來基於一個前提，就是在最好的情況下，它是抬升所有船隻的浪潮，今天透過全球供應鏈，已經讓大家的船隻緊緊相繫。無論是改進汽車的品質與可負擔性，或是給我們較好寫的美國鉛筆，這樣的連結性已經證明是一種優勢。

第六章

一根十美元的香蕉

——廉價美味背後的陰影

你今天的早餐吃什麼？穀片，還是燕麥片？如果是的話，你可能會加上一些水果。不管你較喜歡莓果、香蕉或別的東西，我敢說國際貿易和今天視為理所當然的早餐點綴都有關係。**此話怎講？**你可能會這麼問，就讓我們看一看美國最重要水果的歷史吧！

當人們聽到**香蕉共和國**這個名詞時，曾經很清楚說的不是那家服飾店，會聯想的圖像大概是戴著太陽眼鏡，穿著全套軍裝的指揮官、不受法律管轄的熱帶島嶼、政治腐敗和混亂失序。不過這個用語可以回溯到一九〇一年。那年知名美國作家歐・亨利（O.

Henry）——我記得是在高中知道他的作品，出版《白菜與國王》（*Cabbages and Kings*），這本故事集裡有一篇名為「上將」（The Admiral）的故事，是關於一個虛構的中美洲國家安丘瑞亞（Anchuria），該國的經濟圍繞著單一作物為中心，取材自他在宏都拉斯生活六個月的經驗，描述安丘瑞亞是一個「小小的濱海香蕉共和國」，藉此杜撰出一個後來擁有自己生命的名詞。

與普遍盛行的看法相反，國家不會只因為混亂、風氣不正或本來就不穩定，而變成香蕉共和國。這個名詞具體指稱一個經濟體非常依賴單一出口，以至於被控制該作物的私人企業所箝制，結果就是一個國家的作物和種植的勞工廣泛受到剝削，陷入極端的所得不均。企業為了維持權力，把大筆金錢送給上位的企業領導者、政府官員、將軍等，而這些人反過來允許企業壓榨勞工階級，拿資助他們生活模式的賺錢作物為所欲為。技術上來說，這才是一個可以稱為香蕉共和國的國家。當歐亨利捏造這個名詞時，心裡有著一家非常具體的企業：聯合水果公司（United Fruit Company），多年後以金吉達（Chiquita）而為人所知。

一個世紀前，聯合水果公司是全球經濟的陰險代表。身為最早的成功跨國企業，它的起源可回溯到名叫麥納・基斯（Minor Keith）的紐約商人。基斯的家族從哥斯大黎加政府手上拿到一份合約，建造一條從首府聖荷西穿越一片凶險叢林，直抵東部港口城利蒙（Limón）的鐵路。工作環境艱苦嚴苛；據說當時有七百人參與建造，其中有很多是基斯從一座紐奧良監獄運來的囚犯，一路到了利蒙後，只有二十五人存活[160]。基斯想在準備工人的餐食上省事，所以沿著鐵道旁種植香蕉樹，可是後來哥斯大黎加經濟崩盤，政府再也無力付錢給基斯，鐵道的命運未卜。基斯接受總統普羅斯佩羅·費爾南德斯·奧雷亞穆諾（Próspero Fernández Oreamuno）的提議，把錢換成八十萬英畝的哥斯大黎加土地（全部免稅），再加上鐵路營運的九十九年租約。

基斯的團隊在一八九〇年完成鐵道鋪設，不令人意外的是乘客並未蜂擁而至，這條鐵路變成蚊子建設。不過基斯很快就發現，擁有一片廣闊無際的免稅香蕉園，加上一條空空如也的鐵路，可以把香蕉載運到沿海地區，這件事本身就是金雞母。基斯也許不是值得敬佩的人，可是沒有人能批評他的足智多謀，而且我應該在此指出，他打造一條鐵路來連接四周的自然資源，這個戰略和中國今天在非洲開發時用的是同一套劇本。只是當時並不引人注目，而且當然今非昔比。基斯分別開設三家專門從事香蕉出口的公司，營運版圖最後擴張到整個加勒比海沿岸；後來他的帝國和一家位於波士頓的進口商合作，成立聯合水果公司。這家公司擁有遍及該地區三百五十萬英畝土地，和康乃狄克州差不多大，把持廣大的無線電與鐵路網路，而且對哥倫比亞、宏都拉斯、牙買加、貝里斯（當時稱為英屬宏都拉斯），以及其他幾個國家最重要的商品

160 http://www.unitedfruit.org/keith.htm.

有幾近完全的控制權，在中美洲和加勒比海的政治圈影響力無遠弗屆。

聯合水果公司成為瓜地馬拉最大的地主，也在當地經營全國郵政服務業務。此外，還成為中美洲最大的雇主，不過今天這個頭銜已經被沃爾瑪（Walmart）拿走。當地人稱呼這家公司為「El Pulpo」，這不是西班牙文「果肉」的意思，而是西班牙文的「章魚」，是指該公司的觸角伸向中美洲每個角落。該公司只要進入一個新

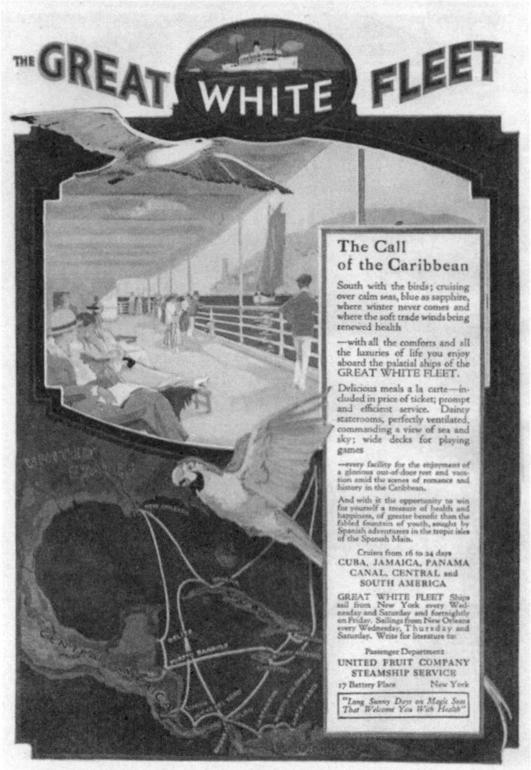

聯合水果公司的海報：非常直截了當。

市場，就會使出威脅、回扣、賄賂及各種不道德手段，讓總統與獨裁者都屈服在它的掌控下，並且毫不留情地殘忍剝削勞工。聯合水果公司最好的香蕉顧客，就是美國。

在香蕉成為美國最廣泛食用水果之前幾個世代[161]，少數聽聞過的人通常認為它是罕見又昂貴的珍品，是生長在異國的奇特作物。那時候長距離運輸大量新鮮水果幾乎是不可能的事，直到聯合水果公司打破現狀，找到做出冷凍火車廂與冷凍貨船的方法。運輸問題之所以變得重要，是因為和其他水果相比，香蕉很容易受損，需要人工採摘，而且很快就會腐壞。為了克服這些問題，該公司運用全球供應鏈的做法，而且往往手段冷酷，不但控制土地、勞工、火車、媒體及監督香蕉生產的政府，也組成一支名符其實的企業船隊，將產品安全快速送到美國。好像嫌殖民主義色彩不夠濃厚，這些船隊以「大白艦隊」（The Great White Fleet）為人所知。

香蕉對美國與拉丁美洲的影響

安德魯·普雷斯頓（Andrew Preston）的波士頓水果公司（Boston Fruit Company）已經和

161 https://www.vox.com/2016/3/29/11320900/banana-rise.

基斯的公司合併，組成聯合水果公司，他相信陌生的香蕉在美國大眾之間有潛力成為「比蘋果還受歡迎」的水果，而他說對了[162]。滿是冰塊的倉庫構成遍及全美的廣大網絡，得以在受損有限的情況下進行大範圍配送，同時不間斷的行銷攻勢主打兒童市場，穩固地灌輸香蕉有益健康的觀念。最重要的是，香蕉從抵達美國的那一天起就非常便宜，這是由於聯合水果公司牢牢掌握生產香蕉的工人和產

Little pitcher has big appetite?
MASHABANANA!
Bananas . . . wholesome—and then some!
I'm Chiquita Banana and I've come to say
That babies love bananas in a special way.
Mashed bananas are delicious
And they're sure to satisfy — aye!
Mothers everywhere have blessed 'em —
It's so easy to digest 'em!
Babies never have to bite 'em an'
You'll find they're full of vitamin
An' min'rals.
They're good for growing little leaguers
And presidents and gin'rals!
To be sung to the tune of Chiquita Banana
Banana-jelly sandwich. Such an easy way to make a youngster happy! Use apple jelly, or currant, or grape. Add the nourishing goodness of sliced banana for a simply super sandwich.
Banana milkshake. Drink this for quick energy! Just put a cut-up banana in your blender with a glass of cold milk. Or mash the banana with a fork and shake with cold milk. M-m-m!
UNITED FRUIT
COMPANY

地才有可能發生。我們能享有充足又便宜的水果，但這是有代價的，只是付出代價的不是美國。中美洲國家一個接著一個淪為香蕉共和國，走向動亂、政變、流血及受壓抑的經濟成長，美國卻比以往更喜愛這種水果，香蕉成為美國史上最成功的進口品。或許不該驚訝美國那些年和許多拉丁美洲國家相處不好，因為殖民主義的陰影深深籠罩著那裡。

香蕉對美國及拉丁美洲的影響大為不同，這是一股**並未**抬起所有船隻的浪潮，從藝術裡就可以找到證明。在美國，香蕉已經成為流行文化裡愉快作品的主題，從廣受歡迎的一九二三年新奇歌曲〈是的！我們沒有香蕉〉（Yes! We Have No Bananas），到哈利・貝拉方提（Harry Belafonte）於一九五六年演唱的〈香蕉船之歌（天亮了）〉（Banana Boat Song (Day-O)），後者源自聯合水果公司在牙買加當地工人喜歡哼唱的較嚴肅對唱民謠。

在低俗喜劇圈裡，香蕉皮成為最好用的道具，從喬治・蓋希文（George Gershwin）到關・史蒂芬妮（Gwen Stefani），音樂家都曾把香蕉納入流行歌曲，連安迪・沃荷（Andy Warhol）為《地下絲絨與尼可》（*The Velvet Underground & Nico*）專輯操刀的普普藝術香蕉圖片，仍是一直以來最具辨識度的唱片封面。巴西裔藝人卡門・米蘭達（Carmen Miranda）是一九四〇年代

162 Dan Koeppel, *Banana: The Fate of the Fruit That Changed the World* (New York: Hudson Street Press, 2007).

好萊塢的當紅巨星，最有名的就是為了巴斯比．貝克萊（Busby Berkeley）的音樂劇《大夥兒都在》（*The Gang's All Here*）戴上主要由香蕉組成的帽子，她在美國文化裡是很受歡迎的形象，以至於聯合水果公司在隔年就採用米蘭達戴著香蕉帽的卡通版本當成標誌。半個世紀後，該公司數度易主，為了紀念這個受米蘭達啟發的人物，公司更名為好幾個世代美國人熟知的「金吉達小姐」（Miss Chiquita）。

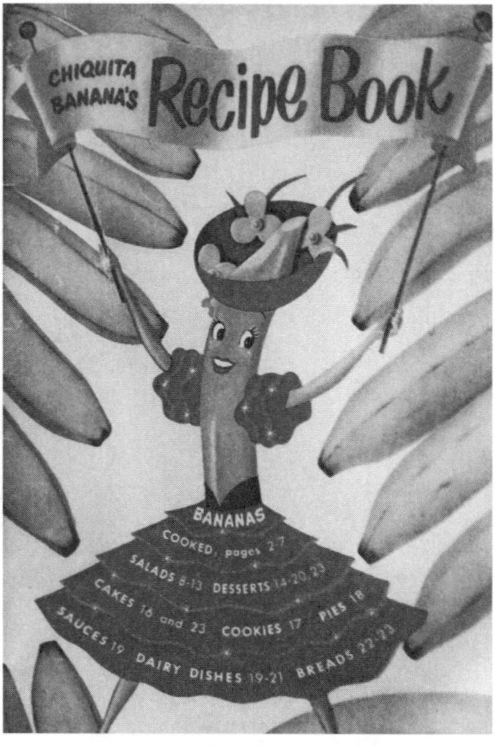

美國的「香蕉女郎」（Bananarama）初體驗。

儘管香蕉在這個將之狼吞虎嚥的國家已經成為最喜劇的符號，但在種植地引起的卻是更悲劇性的反應。贏得諾貝爾獎的哥倫比亞作家加布列・賈西亞・馬奎斯（Gabriel García Márquez），在備受讚譽的一九六七年小說《百年孤寂》（*One Hundred Years of Solitude*）中，有很大篇幅是以罷工的香蕉園工人被邪惡狠毒的美國水果公司屠殺為背景，這個情節根據的是真實生活裡的**香蕉工人大屠殺**（Masacre de las Bananeras）事件，一九二八年有數千名聯合水果公司工人在哥倫比亞謝納加（Ciénaga）罷工時遭殺害。另一個南美最受推崇的藝術家智利詩人巴勃羅・聶魯達（Pablo Neruda），則在一九五〇年的詩作〈聯合水果公司〉（La United Fruit Co.）裡，對香蕉產業的衝擊提出更嚴苛評價，以下是部分內容：

聯合水果公司
把最多汁的部分留給
自己，我的中部海岸，
美洲的纖纖細腰

它改掉這些國家的名字

香蕉共和國……
它禁止自由意志，
呈上帝國皇冠，
鼓勵嫉妒，引來
蒼蠅般的獨裁政府……

嗜血的蒼蠅
隨著水果公司而來，
蒐羅咖啡和水果
裝船入海，好似
盛滿金銀珠寶的托盤
從我們下沉的土地……

……殘骸蜷曲，失去了
名字，一個被拋棄的數字

一堆腐壞的水果
被丟在垃圾堆上[163]

我分享這個故事，並不是因為它能充分反映出全球貿易（顯然不行），而是因為了解並盡力解決貿易，有時也會留下的人類與民族悲劇，對我們來說至關重要。正視聯合水果公司的過往事蹟，不僅能幫助我們知道香蕉是怎麼上了早餐桌，更能迫使我們坦誠面對貿易可能做出取捨中最黑暗的一面，其中有些事實上真的非常可怕，而且已經留下永久傷痕。

今天反對全球貿易的人中，有些是老派的貿易保護主義分子，有些是想要引起憤怒的政客，有些則是各有自己原因的民族主義者。不過有非常多人是有良心又理性的異議分子，看到像這樣的故事，會表示這就是跨國企業涉入政府貿易政策**實際會發生**的狀況。他們說得沒錯，可是事情也沒有那麼簡單。唯有了解貿易的過去中最不堪入目的情節，包括香蕉和其他如大西洋奴隸貿易的故事，我們才能為全球經濟的未來擘畫出負責任的道路。這些故事提醒我們，在面對未來時，心中必須把人道與尊嚴放在第一位，本書稍後將詳細討論打造這樣未來的一些做法。

163 http://abm-enterprises.net/unitedfruit.html.

貿易帶來的便宜水果價格與平穩供貨

重點是要記得，你我也是這個故事的一部分，至少你是，如果你的家庭屬於這個月會買香蕉的九六％全美家庭。美國人最喜歡的水果走了一條令人遺憾的路上岸，但無可否認的是，它抵達美國後，幾乎馬上就和棒球或蘋果派一樣變得非常美國。不管是營養成分備受讚譽，還是當成甜點享受（感謝一個來自賓州拉特羅（Latrobe）的受訓藥劑師在一九〇四年發明香蕉船），香蕉已經如此根深柢固地融入生活，以至於有一份研究宣稱，如今美國人每年平均吃掉二十七磅香蕉，令人刮目相看，真是有夠香蕉啊！早上出門時抓一根香蕉當早餐、把它搗碎做嬰兒食品、在週末下午烤香蕉麵包，或是在麥當勞（McDonald's）點一杯草莓香蕉奶昔。只要去演講或講授有關貿易的課時，我喜歡隨身帶一根香蕉，不只因為它可以如此清楚地展現進口的衝擊，或是因為當我詢問在座者這週有誰吃過香蕉時，幾乎人人都會舉手的關係。我會這麼做，也是因為必須承認，還有什麼道具到處都買得到，而且一根只要十九美分？

談到香蕉在日常生活中扮演的角色，上述提到的最後一點最重要。不像許多已經陪伴我們超過一世紀的產品，香蕉從開始大量進口時就不貴，而且**愈來愈便宜**。根據美國勞工部指出，一九四七年香蕉在美國的平均價格是每磅十五美分[164]，大約相當於今天的一．七美元。當然，如果你今天花費一．七美元買到香蕉，就是被敲竹槓了，二〇一七年一磅香蕉只要五十六美分，與七十年前的價格相比還不到三分之一。要記得香蕉不像電腦或微波爐，可以為了降價，而隨著時間有所改進或增進生產效率[165]。事實上，如果有個來自一九五〇年代的消費者在二〇一八年走進美國任何一家喬氏超市（Trader Joe's），唯一不會被嚇到的，恐怕就是香蕉上的價格標籤寫著每根十九美分[166]。

這個無與倫比一致性的主因之一，在於香蕉本身具有無與倫比的一致性：除非你剛好跑到印尼小果園度假，否則這輩子吃過的每根香蕉，極有可能正是彼此的基因選殖。這是因為五十多年來，美國唯一可以吃到的香蕉品種是亮黃色的香芽蕉（Cavendish），除了較容易採摘包裝外，和大多數水果及花卉不同，採取無性生殖，所以從來沒有變化；也就是說，香芽蕉會以和所有祖先一模一樣的速度生長與成熟，而且吃起來也一模一樣，這個過程的可預測性有助於維持低

164 https://www.bls.gov/opub/mlr/2014/article/one-hundred-years-of-price-change-the-consumer-price-index-and-the-american-inflation-experience.htm.
165 https://www.statista.com/statistics/236880/retail-price-of-bananas-in-the-united-states/#0.
166 https://www.delish.com/food-news/a20139077/trader-joes-bananas-price/.

價。對於那些不相信每根香蕉都一模一樣的人，要知道你遇見的香蕉若有品質或外觀上的任何變化，都是肇因於採摘的時機、在貨架上停留的時間、溫度，以及其他被採下才出現的因素[167]。所有人都認為香蕉便宜理所當然，也覺得大街小巷都買得到香蕉是很正常的，這就是美國的生活現實。

不過，如果這不是真的呢？我們可以從香蕉得到最重要的學習是，倘若貿易政策剛好往另一個方向發展，這個世界會變成什麼模樣。如果發生什麼事中斷美國與瓜地馬拉、厄瓜多爾、哥倫

還剩很多庫存的香蕉。

比亞、哥斯大黎加或宏都拉斯的貿易關係，如今進口的香蕉幾乎全由這五個國家供應，美國的日常生活就會突然變得有點失色。只要有一個或多個中南美洲領導人認為美國在剝削他們，美國人的香蕉就會被奪走，順帶一提，川普也經常對其他國家做出同樣的指控。假設美國和哥倫比亞發生貿易爭端，開始互相對彼此的重要出口品課徵關稅，立即可見的效果就是美國進口的香蕉數量可能會下跌。由於供應稀少，價格會開始上漲一點，貿易戰的新聞提到香蕉需求增加，讓成本變得更高。許多美國人大概不會馬上注意到，可是隨著喬氏超市的十九美分香蕉慢慢地愈來愈接近一美元，有些家庭就會開始挑選其他較便宜的水果替代。

隨著時間過去，有穩定庫存的店家變少，價格持續上升，香蕉就會從生活裡謙卑而普及的日常必需品降級為特產，屬於木瓜和奇異果那種層次的水果。收入較低的家庭最後對香蕉失去興趣，不再把它當成主食，而其他香蕉出口國則有可能認為到其他地方做生意較好，也許是另一個對貿易友善一點的夥伴，如加拿大。聯合水果公司的繼任公司金吉達將被迫宣布對北卡羅萊納州夏洛特總部進行裁員，造成兩萬名員工的生計蒙受威脅（看看，進口**確實能**創造就業），位於加州的主要對手都樂食品公司（Dole Food Company）也會受害。不久後，隨著我們因應

167 https://www.vox.com/2016/3/29/11320900/banana-rise.

香蕉供應枯竭而調整飲食，美國最受歡迎的水果就會被打回原形，變成奢侈品。再也沒有歌曲、沒有香蕉船、沒有奶昔，也沒有營養午餐。我的朋友，你就是這樣落入一根香蕉十美元的處境。

美國本土柳橙面臨的危機

這些聽起來可能就像科幻小說，但事實是今天我們已經看到這個故事的變化版在上演。香蕉的早餐好夥伴柳橙已經成為美國的標誌性出口品超過一個世紀，儘管它和香蕉一樣並非美國本土作物，據信是哥倫布在一四九三年（並非一四九二年，他隔年又回去了）把第一顆柳橙種子帶到北美洲。可是今天這個佛羅里達州最具指標性的作物前途堪憂，從二〇〇五年開始，有一種柑橘疾病侵襲美國，造成柳橙果皮變綠，果肉變得完全不能吃。接下來十年，佛羅里達州果農的產量下跌一半以上[168]。由於美國柳橙的供應突然受限，佛羅里達州柳橙汁的價格大幅飆高，從每加侖四．五美元攀升到六．七一美元[169]。從這個世紀開始，柳橙的產量便直線下滑，價格一飛沖天，而疾病與天災也重挫佛羅里達州的農作物，光是艾瑪颶風就催毀二〇一七年半數的柳橙供應[170]。曾經引以為傲的佛羅里達州柳橙，正照著香蕉一根十美元的想像劇本演出。

這不表示美國人已經不喜歡柳橙了，巴西填補空缺，成為世上最大的生產國，也是最炙手可熱的出口國。事實上，巴西企業因為美國柳橙產業的衰弱而得利甚多，已經買下每家現存佛羅里達州柳橙汁主要業者的大量股份，以便壟斷「美國製」柳橙汁市場。美國最大的兩家柳橙公司——百事可樂旗下的純品康納（Tropicana）和可口可樂（Coca-Cola）擁有的美粒果（Minute Maid），已經把果汁與處理工廠拋售給巴西同業[171]。結果原本應該是佛羅里達州出產的柳橙汁，現在往往根本不是來自該地，而有愈來愈多來自巴西，使得有些公司悄悄地去除「佛羅里達州柳橙汁」標籤。由於百分百**正牌**佛羅里達州出產的柳橙汁，本地價格提高到每盒六美元或七美元，公司已經偷偷縮減包裝，在某些情況下，你在店內找到的一些包裝，容量被減少七盎司（約兩百零七毫升）[172]。佛羅里達州柳橙的出口也瀕臨消失邊緣。二〇一八年對中國、加拿大及歐洲開打的貿易戰，正在把一些最信賴的夥伴推向巴西柳橙產業的懷抱。在二〇一〇年到二〇一一年產季，美國出口的柳橙汁高達十五萬一千公噸，相當於裝滿三億三千五百萬個八盎司（約兩

---

168 https://www.nass.usda.gov/Statistics_by_State/Florida/Publications/Citrus/Citrus_Statistics/2016-17/fcs1617.pdf.

169 https://www.cnbc.com/2018/08/23/brazil-florida-orange-juice-tariff-trade-war.html.

170 http://citrusindustry.net/2017/09/11/what-is-happening-to-the-orange-juice-market/和https://www.zerohedge.com/news/2017-09-26/floridas-orange-growers-may-never-recover-hurricane-irma.

171 http://articles.orlandosentinel.com/1996-10-08/news/9610070991_1_coca-cola-juice-plant-citrus-products.

172 https://qz.com/1438762/us-orange-juice-companies-are-selling-juice-in-smaller-bottles-for-the-same-prices/.

百三十七毫升）玻璃杯，也就是可以讓美國人都人手一杯。可是在二〇一七年到二〇一八年的採收季，這個數字縮減到不到原來的三分之一，估計是四萬五千公噸[173]。

嚴格說來，並不是貿易政策導致佛羅里達州柳橙的衰敗。可是這個曾經興盛產業的命運，確實可以讓人一窺高度貿易障礙的世界會是什麼模樣。如果貿易爭端、配額或貿易戰阻止美國不再進口巴西柳橙，而佛羅里達州柳橙產業的走勢繼續不變，不難想見美國會成為一顆柳橙十美元的國度，或是坦白說連一顆柳橙都不會有；又如果國家繼續退回貿易保護主義，如今在川普總統主政下已經開始這麼做，就不只是最具指標性的國民水果會突然變得更昂貴，或完全消失在生活中，有一大堆在我們文化裡已經司空見慣到如今**看似**徹底美國化的產品（即便它們其實都要靠著進口），也將步上後塵。

我們已經討論，沒有進口零件的話，國產車會有多快停止生產。筆記型電腦和手機也一樣，幾乎不可能買到。願你能幸運找到電視、男性襯衫、芭比娃娃或美國國旗，這些幾乎全都要從海外輸入。嘉寶（Gerber）嬰兒食品、羅林斯（Rawlings）棒球、Converse 鞋款、Fender Stratocasters 電吉他，甚至 Levi's 牛仔褲，也都是完全在其他國家製造的指標性「美國」產品[174]。在一個高度貿易障礙的世界裡，它們若不是徹底從商店內消失，就只能以新的、超高標價的美製版本偶爾現身。

進口品是禁忌話題，我們從未有過關於進口的全國性對話。你知道嗎？政客**討厭**談論進口；已經對民眾洗腦，讓他們本於原則地覺得喜歡，並頌揚外國商品並非美國本色（除非你是菁英全球主義者）。畢竟，大家都知道便宜進口品傷害美國就業和美製品，沒錯吧？因此在頌揚貿易的好處時，與其吹捧進口商品的價值——香蕉不到二十五美分、全年供應的番茄，以及較便宜的衣服、玩具、電子商品等，政治人物寧願把焦點放在這個方程式遠遠更受歡迎的另一邊：出口，而人們無疑會把它與美國人的就業畫上等號。相信我，我懂得大家的心思。我花費八年時間在政府單位，擔任美國出口品的啦啦隊長和媒合者，分享成功故事是我最開心的事。可是**進口品**也經由更低的價格與遏制通貨膨脹來改善我們的生活，卻從來沒有人為了這件事發聲，我們對進口品的負面觀感只會隨著時間而更加根深柢固。

這已經在關於貿易的近期調查裡得到證明，相較於稅、移民或當代其他重要課題的民意調查，我們對貿易的看法總是相當波動。為什麼會這樣？我猜想，總體來說貿易較不被理解，所以我們較容易隨著轉瞬即逝的爭辯，和對剛好當時入主白宮者的感覺而搖擺。之前任職於皮

173 https://www.statista.com/statistics/297317/us-fruit-juice-exports/.

174 https://www.cheatsheet.com/money-career/made-america-iconic-american-products-arent-actually-made-us.html/或 https://www.businessinsider.com/basic-products-america-doesnt-make-2010-10#gerber-baby-food-2.

尤研究中心（Pew Research Center）的布魯斯．史杜基斯（Bruce Stokes）追蹤我們隨著時間在貿易態度上的變化，他在問卷的第一題，要求大家完成以下句子：「與別的國家進行貿易是……」，後面填上**好事**或**壞事**。在二〇一八年春天的調查裡，發現美國人選擇**好事**或**壞事**的比例是七四％比二一％——支持貿易的人比四年前躍升十三個百分點。蓋洛普的調查也支持這項發現，自從二〇一六年大選以來，喜歡貿易的共和黨與民主黨人逐漸成長。沒錯，這是真的，貿易在美國似乎變得更受歡迎了！可是詳細檢視我們的回答，顯示有為數不少的人在貿易對生活的**特定**影響上，抱持懷疑態度。

進口商品對生活潛移默化的影響

當問到貿易對美國就業的作用時，皮尤研究中心的調查裡，只有略微超過三分之一的人說它「創造」就業，另有三分之一的人說它「摧毀」就業，還有四分之一的人說**沒意見**。考慮到我們談論貿易的方式，有這麼大比例的人表示沒意見，也不應該感到太訝異，我猜選擇沒意見的那群人裡，也包括大部分的經濟學家！被問到貿易對工資的影響時，結果也一樣：不可思議，有三一％的美國人說貿易提高工資，三一％的人說貿易降低工資，而有三〇％的人說根本沒有影響，幾乎是三分天下！這兩題的非比尋常之處，在於僅僅從二〇一四年以來，大眾的**貿易支持度**就有這麼大的變化，猶記當時總統大選的特徵是，川普、希拉蕊及桑德斯都強力反對那時候的一個主要貿易課題《跨太平洋夥伴協定》。二〇一四年，有半數的美國人說「貿易摧毀就業」，只有二〇%的人說「貿易創造就業」，不過短短四年，美國人就平均分成兩派。對工資的看法也一樣：二〇一四年，相信貿易傷害工資者是相信貿易有幫助者的三倍，而四年後這個數字也是勢均力敵。

平均而言高於其他工作，可是我們對貿易影響就業與工資的看法，自然會依據它對個人好壞而定。不過，進口對消費者物價的影響呢？答案**是**非常清楚的。經濟學家不管貿易立場為何，都毫無異議地認為進口讓食衣住行各方面的成本降低。史杜基斯調查最有趣的發現就在這裡，當問到貿易使價格上升或下降時，略微超過三分之一的人（正確）回答降低價格，卻還有另外三分之一的人相信貿易不知怎麼地**提高**價格。如果說有一件事是經濟學家都會同意的，就是貿易會降低價格。然而，這個觀念卻未能進入大眾的腦海裡，只是因為沒有政治人物想被抓到他們說外國商品的好話。這不只是一種美國現象，皮尤研究中心調查在二十七個國家詢問同樣的問題，只有以色列和瑞典**這兩國**有超過半數的人相信貿易讓價格降低。不過還是有著一線曙光，即使答對這個問題的美國人人數不多，但是至少除了那兩國以外，美國還是領先其他國家。似乎不管你到什麼地方，願意解釋為什麼每天吃的香蕉只要十九美分而不是十美元的政治人物少如鳳毛麟角，對舶來品帶著一點仇外情緒幾乎是每個國家共有的特徵，這不是很諷刺嗎？

事實是你我不太可能生活在一根香蕉十美元的世界裡，無論川普多麼津津有味地享受自封的「關稅人」角色，他對貿易保護主義的保證肯定與當代美國主流意見相悖，根本不會有關稅男或關稅女前仆後繼地跟著他走上這條路。就算有人跟隨，如今認為關稅傷害經濟的美國人是相信關稅有幫助者的兩倍。無黨派的獨立選民是政治人物垂涎不已、亟欲爭取的陣營，據皮尤研究中心的調查，這些人以五六％對一六％的比例反對關稅；換句話說，選民知道關稅實際上是對**他們**課的稅。除了乳製品或鋼鐵這種偶爾的例外，事實是這場對抗美國貿易保護主義的戰爭很久以前就打過了，而在壓倒性勝利中，關稅敗得一塌塗地。幸好便宜的進口品留下來，廣為人們接受。

但是只因為從未看過十美元香蕉，並不表示自己應該置之不理。事實上，正是**因為**便宜的進口品廣為被人接受，我們在思考與做出貿易決策時，更必須說清楚。我們的食物、衣服和日常用品的價格，對生活品質有著無可否認的影響，唯有真心感謝貿易的貢獻，你才能體會香蕉、iPhone及許多其他產品對美國國家文化的重要性。我們往往不太注意自己購買的許多物品成本正在減少，就算注意到，經常也只會認為自己是精明的消費者。講到油價，我們會把它寫在廣告看板大小的招牌上，漲一毛錢就憂心忡忡，價格減少一點就歡欣鼓舞，而且要求政治人物為他們可能八竿子打不著的價格變動負責，可是似乎從來不把同樣的焦點放在購買的事物上，雖然自己應該注意。

試想在一九〇〇年，美國家庭的收入中有五七%花在食物和衣服上。到了一九五〇年，西方經濟開始整合不過幾年光景，這個數字就下滑到四二%。進入千禧年幾年後，數字已經只剩下十七%[175]。是什麼造成的？也許有好幾個因素發揮作用，包括自動化的興起。可是第一波貿易協定，如ＮＡＦＴＡ、中國加入世界貿易組織，以及世界上大部分地區廢除關稅，肯定也大有關係。不要搞錯了，食物和衣服的成本下降並非單純只是全球貿易的「好處」，它是貨真價實的革命。當美國人仍苦於工資停滯、健保成本過高、住宅危機及極端的所得不均，如果沒有進口品，想像一下生活會變得多辛苦。真的，若是沒有這些便宜的水果、蔬菜、Ｔ恤、棒球手套、後背包，以及其他充滿日常生活又容易為人忽略的物品，勞工家庭該何去何從？儘管出口占據政治人物對貿易最多的注意力，但是今天真正為身為美國人意義增添色彩的，卻是這些令人生畏的進口品，排名第一的就是香蕉。

175 https://www.theatlantic.com/business/archive/2012/04/how-america-spends-money-100-years-in-the-life-of-the-family-budget/255475/.

第七章
七四八個供應商孕育的 iPhone
——貿易赤字的誤導

番茄講了，檸檬講了，香蕉也講了，看來我們大可沿著生鮮蔬果區逐一繼續說？最值得講的就是蘋果了，畢竟統計上來看，你身旁咫尺內就有蘋果的機率接近五成[176]。不相信？請摸摸你的口袋。是的，正如檸檬可能是一輛車，蘋果也可以是一支手機，確切來說是 iPhone 手機。其實史蒂夫．賈伯斯（Steve Jobs）過去偶爾在位於奧勒岡州麥克明維爾的一座蘋果園內工作，大約是在與史蒂夫．沃茲尼克（Steve Wozniak）認識時，兩人一起發想，成立後來的蘋果電腦公司（Apple Computer Company）。賈伯斯甚至曾幫忙設計公司早期的商標，也就是艾薩克・牛頓（Issac Newton）爵士與即將受地心引力，落地砸到牛頓腦袋的那顆蘋果。若是想解釋貿易能如何協助傳播科技、激發創意，以及將人類進步的代價與好處散布全球，很少有比 iPhone 手機更適合當作範例的商品。

如果你願意，花一分鐘想想你的手機，不是要你盯著螢幕看，而是欣賞它所代表的一切。現代智慧型手機儼然像是自給自足的北歐式吃到飽自助餐，囊括人類一切需求與欲望，宇宙中從未看過可與之比擬的東西。手機已經和我們的日常生活緊密連結，以至於很容易被視為

176 https://www.statista.com/statistics/236550/percentage-of-us-population-that-own-a-iphone-smartphone/.

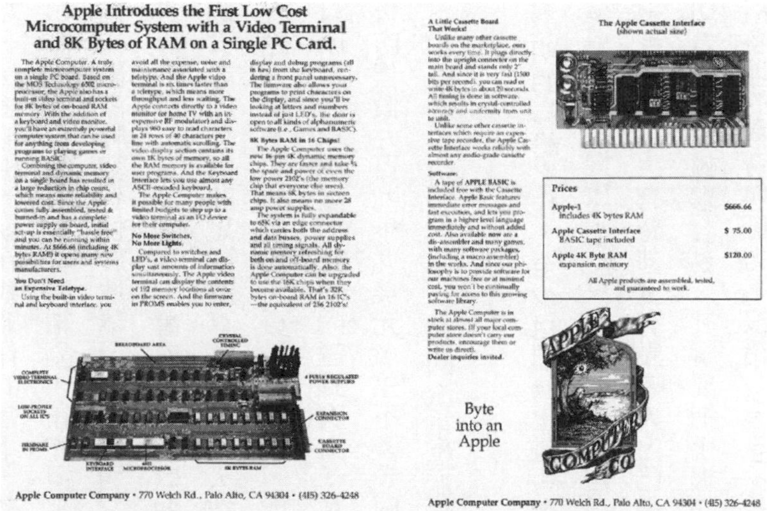

一九七六年的尖端科技。

理所當然，但是不妨暫退一步，正視現在要討論的重點，保證值得。就在我寫作的當下，外套口袋裡就有一個三乘六英寸的長方體，能隨時取用人類自古至今的所有智慧結晶。在你還來不及讀完這段句子前，我就已經透過手機，以文字、聲音或影像聯絡到位於地球另一端的朋友。手機是先進的相機與影像工作室，內建詳盡可互動式世界地圖，還能裝進上萬首最愛的歌曲，即使百老匯音樂也難不倒它！只要我想，還能用手機觀賞塞內加爾的足球賽直播；指向天空，手機就能告訴你現在看到的是什麼星座；我能請它幫我點一份美味的蒸餃、買一雙新鞋，或找到一位陌生駕駛願意開車載我到任何想去的地方，並且所有需求都能短時間內送到府上；甚至還有內建手電筒！我說過嗎？這種裝置在我家附近零售店售價九百九十九美元，差不多等同一張《布魯斯．史普林斯汀百老匯個人秀》（*Springsteen on Broadway*）入場券、一片新的汽車擋泥板，或是在克里夫蘭中等飯店住五晚的價格。

我想說的是，智慧型手機並非普通產品，而是人類發明的巔峰之作，至少目前為止是。智慧型手機問世不到十年，就已經改變人們搜尋知識、自我娛樂、追蹤健康、約會、與至親好友溝通、理財等行為模式。手機讓我們與世界連結或切斷連結，程度驚人，有時甚至有點嚇人，已經變成政治人物和我們溝通的主要管道。無論手機讓這一切看似多麼輕鬆容易，其實要把手機送到你的手上，必須動員世界六大洲的人群集思廣益、運用各地的物資與勞力。沒錯，iPhone 的故事正是藉由貿易才得以成真。我們口袋裡這些小小的長方體奇蹟（有時則是威脅），要不是全球經濟得以自由流動，根本無法存在。

整合全球各先進技術，開創巔峰之作的 iPhone

故事始於二〇〇四年的加州，賈伯斯首次同意蘋果進軍手機產業，當時手機產業雖然正蓬勃發展，卻苦於設計瑕疵等大大小小讓客戶頭痛的問題[177]。我也曾擁有一支古早手機，和鞋盒一樣大，重量也差不了多少！他們懷抱雄心壯志，計畫打造一項能同時當手機、電腦、相機及 iPod（也就是蘋果於二〇〇一年推出的熱門音樂播放裝置）的產品。要把這麼多的功能全部收入一台又小、又輕、搭載觸控式螢幕、可連接 Wi-Fi 的裝置中，而且定價還要在一般大眾可接受的價位。這樣的專案沒有前例可循，就連最異想天開的科幻小說裡都不曾出現這麼驚奇的產品。這項提議之大膽，就連蘋果的智囊團都不確定該如何著手進行，專案啟動初期，賈伯斯把員工分為兩組團隊：一組負責設計出能打電話的 iPod；另一組則負責想辦法把 Mac 電腦縮成手機大

177 https://www.theverge.com/2017/6/13/15782200/one-device-secret-history-iphone-brian-merchant-book-excerpt.

小[178]。最後縮小 Mac 電腦的團隊勝出，iPod 的招牌轉盤介面不太適用於操作手機，其中很大一部分原因是轉輪讓人聯想老舊的轉盤式電話。

打造如此精密的產品，不可能全部在加州或是任何單一地區完成。我們大多以為 iPhone 是美國設計、中國組裝，接著再以船運橫跨太平洋送回自己的手上，不過實情遠遠更複雜。從一開始，蘋果就仰賴人類史上全球價值鏈裡最重要的一個環節，來打造理想中的 iPhone。二〇一三年，攝影記者大衛．伯瑞達（David Berrada）與《外交政策》（*Foreign Policy*）編輯大衛．韋騰（David Wertime）合作，想畫出 iPhone 繞遍地球的生產線地圖。最後標出位於十幾個國家，共七百四十八個 iPhone 供應商，遍布澳洲、菲律賓、以色列、法國到巴西等國[179]。只要手腕輕輕一轉，就能讓螢幕從平行轉為垂直向的陀螺儀呢？這個技術則來自意法半導體（STMicroelectronics），該公司的總部位於瑞士日內瓦，生產設備則位於義大利與法國[180]。讓手機能理解並解讀你的動作，比如用於健身追蹤應用程式，或在閒置時能自動轉為省電模式的晶片呢？則是位於荷蘭的恩智浦（NXP）半導體製造商的智慧結晶[181]。為了造就近乎完美螢幕，使用的薄如紙片、抗光反射、抗刮痕的玻璃呢？這是康寧玻璃（Corning）的產品，該公司早在美國南北戰爭前成立，位於紐約州西部人口僅一萬一千人的小鎮裡[182]。要是少了一種稱為「鉭」的稀土元素，你的手機根本無法運作，這種金屬粉末能儲存極高電荷，是讓智慧型手機、平板電腦及其他現代裝置能順利運作的電路板中，不可或缺的原料。鉭取自稀少黝黑的鈳鉭鐵礦，通常是透過盧安達與剛果民主共和國的勞工，在血汗的工作環境中手工提煉。近年來，蘋果和其他公司受到愈來愈多的監督壓力，要求公司確保使用的鉭礦是取自符合基本人權標準的礦場[183]。雖然這方面還有許多改進空間，不過開採鉭礦的例子已經足以說明，貿易的道德面和經濟面可能多麼複雜。

我們知道透過影響供需，貿易讓許多產品更便宜耐用、更具創意或更容易取得。如前所述，貿易讓你我的衣服標價更低、創造更多耐久的汽車零件，還讓我們在冬天也吃得到藍莓。但是貿易對智慧型手機及其他裝置的影響卻更深遠：正是因為貿易結合各國的科技與資源，才讓這些產品化為**可能**。美製影音晶片、韓製電池、剛果礦產、日製鏡頭、德製加速度計—— iPhone 大概是人類史上至今為止最國際化的產品[184]。隨著貿易日益開放、便利，iPhone 也讓我們得以窺

178 出處同上。
179 https://appleinsider.com/articles/13/02/15/supply-chain-visualization-shows-how-apple-spans-and-impacts-the-globe.
180 https://financesonline.com/how-iphone-is-made/.
181 出處同上。
182 https://www.cultofmac.com/304120/corning-gorilla-glass-4/.
183 https://www.dailymail.co.uk/news/article-3280872/iPhone-mineral-miners-Africa-use-bare-hands-coltan.html.
184 https://www.lifewire.com/where-is-the-iphone-made-1999503.

見未來產品的可能發展。就許多層面來說，全球經濟目前仍處於學步階段，人類才剛開始體會，各國龍頭企業如果攜手合作，將能締造何等成就。事實上當來自數十國的幾千人，為了同一個目標貢獻一己之力，能夠成就什麼奇蹟仍是未知，在新興技術上尤其令人期待。

專欄作家湯瑪斯・佛里曼（Thomas Friedman）在著作《了解全球化——凌志汽車與橄欖樹》（*The Lexus and the Olive Tree*）中，辯證他幾年前曾在《紐約時報》提出的理論。該項理論俗稱「金色拱門理論」（Golden Arches Theory），用佛里曼的話來說，他認為「從來沒有兩個各自都有麥當勞的國家彼此開戰，因為他們都有自己的麥當勞[185]」。如同常說的，理論支撐不了多久就破功了。《了解全球化——凌志汽車與橄欖樹》在一九九九年四月出版，短短幾週後，熱愛快樂兒童餐的北約國家開始對南斯拉夫發動空襲，摧毀貝爾格勒（Belgrade）裡好幾家麥當勞，佛里曼的理論也壽終正寢。之後其他多場衝突也一再讓金色拱門理論站不住腳，一九八九年美國入侵巴拿馬，推翻曼紐・諾瑞嘉（Manuel Noriega）政權就是一個例子，一如二〇〇六年以色列與黎巴嫩開戰、二〇一四年俄羅斯進軍烏克蘭，這些衝突雙方的境內都各有好幾家麥當勞。

佛里曼最後更新理論，把麥當勞換成戴爾（Dell）這家總部設於德州的電腦公司。看來兩個國家口味一致、都愛國際化漢堡是不夠的，想真正維持和平，各國還得經營更密切的經濟關係才行。具體來說，戴爾理論（Dell Theory）主張，「只要兩國都是像戴爾這樣全球重要生產鏈的一部分，就不會彼此開戰，因為兩者都處於同一條生產鏈中[186]」；也就是說，真正讓國家站在同一陣線的，不是能否取得速食店、沃爾瑪等這樣的全球資本主義**產物**，而是能夠身為**投入**生產的其中一員，或是說能從中分一杯羹。當一國的經濟表現，有好一部分取決於身處另一國的勞工是否成功時，政府在破壞太「蘋」盛世前，無論是出兵開戰或激怒彼此，就會多思考一下，因為代價太高了。美國與中國經濟在價值鏈裡是如此緊密相扣，足以避免紛爭加劇，除了最近的口水戰外。相較之下，美國和其他國家，如土耳其，在價值鏈、觀光業、青年學子異地深造等方面的連結就沒有這麼深。如此一來，我相信美國與這些國家的關係就脆弱許多。全球價值鏈能幫助國家之間的關係不致脫序，但也能使開發中國家依賴大型外資公司，以致引發剝削。

沒有人知道佛里曼的戴爾理論長期來說能否成立，畢竟維持國際秩序，靠的不只是經濟。但隨著 **iPhone** 這樣的產品持續發展、進入你我生活之中，我們實在應該想想這些龐大的全球生產鏈，會如何影響自己與世界各地人群的關係。這是一把雙面刃，和他國經濟與共能確保邦誼穩固，但是同時一旦太依賴這樣的連結，就很可能忽略在一般情況下會出聲譴責的負面行為。綜

---

185 Thomas L. Friedman, "Foreign Affairs Big Mac I," *New York Times*, December 8, 1996.

186 佛里曼著，楊振富、潘勛譯，《世界是平的——把握這個趨勢，在二十一世紀才有競爭力》（*The World Is Flat*），雅言文化，二〇〇五年十一月。

觀歷史，美國對事件的反應不一，例如在人權議題上，如果加害方碰巧是我們高度依存的經濟體，對其政府的反應會大不相同。換一個方式來說，如果我要靠你賣石油給我，或是為我組裝電腦，較可能對雙方意見分歧處睜一隻眼、閉一隻眼。相較於全球價值鏈的正面成就，諸如少一點戰爭、促進經濟夥伴國家間的彼此了解和包容，前述的負面後果是否弊大於利，實在不好說，但在考量 iPhone 與貿易帶來的整體長期效應時，應該利弊併陳才對。

貿易赤字

iPhone 還能教我們另一件同樣重要的事，與貿易赤字有關。第三章已談過一些與貿易赤字相關的迷思，你也許還記得，在判斷一段貿易關係是否健康時，重要性大概與拿來預測天氣差不多。還是為各位快速溫習一下，兩國之間的貿易餘額計算方法，也就是以 A 國賣到 B 國的貨品與服務之價值，減去 B 國賣到 A 國的貨品與服務之價值。買入比賣出多的國家，就會對賣出比買入多的國家有**雙邊貿易赤字**。舉例來說，我對理髮師奧瑪有貿易赤字，因為一再向他購買理髮服務，而他卻**從未**向我買過什麼，我們對此都能接受！當然，光看赤字也無法知道任一方的財務狀況。同理，美國在二〇一八年對中國有三千七百八十億美元的貿易赤字，也完全不足以拿來判定美國經濟的強弱。

但是除了理髮的例子外，還有許多原因造成貿易赤字無法做為判斷經濟體質的可靠依據。其一是因為赤字很容易被其他因素扭曲，不再只是單純的進出口數字。例如，美元升值或貶值時，貿易餘額也會跟著波動，若是美元升值，則美國出口較貴，外國進口則較便宜。所以雖然購自海外的商品數量不變，一旦美元升值，美國就會進口增加，出口減少，導致貿易赤字「惡化」。但這是壞事嗎？事實上任何匯差、通貨膨脹，或一國人民儲蓄與投資的變動，都會影響貿易盈餘和赤字。所以對中國的三千七百八十億美元貿易赤字不僅不適合拿來衡量美國經濟的強弱，更是不準確的數字，不應該據此做出糟糕的政策決定。

iPhone 之旅還能說明貿易赤字的另一個缺點，讓它在當作貿易政策論據時更顯可笑。雖然 iPhone 是在美國發明設計，由中非的礦產驅動，並依賴歐洲與亞洲科技才能運作，但是卻被分類為百分之百的中國出口產品。為了便於計算貿易赤字，即便一百家 iPhone 供應商中有九十九家位於聖路易斯市中心，卻只有最後一家為 iPhone「大變身」的那個供應商所在國家才算生產國。由於 iPhone 絕大多數都是在中國完成最後組裝，所以瑞士陀螺儀、荷蘭動態偵測晶片、日本視網膜螢幕，以及美國玻璃的價值，全都被算入中國經濟。這種計算方式這麼誤導人，是因為 iPhone 的組裝大多由全球最大的電子代工廠——台灣鴻海負責，估計只占一支 iPhone 製造成本的三%至六%；換句話說，每支 iPhone X 製造成本中，組裝只占八至二十美元[187]。

川普和其他人煞有其事地大談美國對中國的鉅額貿易赤字，稱為美國經濟衰退的凶手。這種說法並不成立，前面已談過幾個原因。但還有一點值得注意的是，川普說法背後的邏輯，彷彿美國對中國有三千七百八十億美元赤字，就是美國每年捧著三千七百八十億美元送給中國一樣，好像艾德・麥瑪漢（Ed McMahon）會寫一張前所未見的超大支票，送到習近平門口似的。這並不是我胡亂瞎想的，川普總統先前在談到對中貿易赤字時，曾在推特上寫道：「每年……中國靠著美國狠賺近三千億美元[188]。」他再次踩到同一個誤區，這麼說就好比宣稱你家附近的加油站「靠你狠賺二十美元」，卻絲毫不提你也因此在汽車油箱中加了價值二十美元的汽油。

若再套用 iPhone 的狀況（說到**套**，iPhone 的保護套也大多是新加坡製[189]），這種說法就更顯荒謬。iPhone 不同的機型、記憶體容量及功能之間的價差極大，姑且先假設一支基本款 iPhone 手機零售價大約為九百九十九美元。據估計，二〇一七年美國國內售出六千九百萬支 iPhone[190]。由於計算貿易赤字時，進口價值算的是工廠製造成本，而不是零售價，因此計算美國對中國貿易赤字裡，iPhone 大約占了一百六十億美元。我們不知道詳細數字，那是蘋果的機密，可能較高，也可能較低，取決於每年出售所有手機的實際平均價格。我們只知道一定是落在上百億美元之間，因為手機是從中國出口到美國，所以這些全被算入美國對中國的三千七百八十億美元貿易赤字。

當然，上述尚未考量到，每當一支 iPhone 手機以九百九十九美元出售給美國顧客時，並非所有的錢都直接匯到北京。根據國際資訊供應商 IHS Markit 估計，每賣出一支 iPhone X，有一百一十美元進三星（Samsung）口袋，也就是製造 iPhone 螢幕的南韓大企業集團（身為 Galaxy 系列生產者的它們，恰好也是蘋果在智慧型手機市場上的主要競爭對手[191]）。另外，四十四・四五美元則流向 iPhone 記憶體晶片供應商：日本東芝，以及南韓 SK 海力士（SK Hynix）[192]。至於中國的零件與勞工，只賺進八・四六美元[193]。還有一些流向新加坡、巴西和義

---

187 https://www.reuters.com/article/us-usa-trade-china-apple/designed-in-california-made-in-china-how-the-iphone-skews-u-s-trade-deficit-idUSKBN1GX1GZ與https://www.statista.com/chart/5952/iphone-manufacturing-costs/.

188 https://twitter.com/realdonaldtrump/status/952070502618234 93.

189 https://financesonline.com/how-iphone-is-made/.

190 https://www.businessinsider.com/apple-iphone-sales-region-china-chart-2017-3.

191 https://www.reuters.com/article/us-usa-trade-china-apple/designed-in-california-made-in-china-how-the-iphone-skews-u-s-trade-deficit-idUSKBN1GX1GZ.

192 出處同上。

193 http://theconversation.com/we-estimate-china-only-makes-8-46-from-an-iphone-and-thats-why-trumps-trade-war-is-futile-99258.

大利，一些流向紐約的康寧公司，而大部分資金都流入位於加州庫比蒂諾（Cupertino）的蘋果總部。iPhone 也許能算是進口自中國的產品，但是美國人為此掏出的鈔票，最後並未離家太遠，所以追根究柢，是美國對中國的貿易赤字經過人工而大幅放大，一切只因為中國是某個產品在全球生產鏈裡的最後一站。

假朋友，真敵人

許多人急於將中國視為貿易壞蛋，但它的角色其實更接近無名英雄，至少在 iPhone 的例子裡是如此。川普總統不斷呼籲蘋果將 iPhone 的所有生產移回美國，例如二〇一九年一月，他在白宮玫瑰園對記者說：「別忘了，蘋果在中國生產產品。我告訴我的朋友提姆·庫克（Tim Cook），我很喜歡他，你在美國生產產品，興建那些又大又漂亮、延伸到天邊的廠房，在美國設廠吧[194]！」當然美國任何一位政治人物都可能抱持同樣的立場；畢竟在美國興建更多工

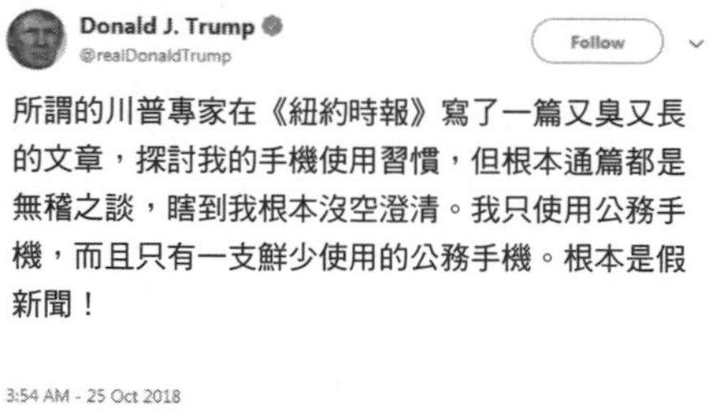
Donald J. Trump
@realDonaldTrump
Follow
所謂的川普專家在《紐約時報》寫了一篇又臭又長的文章，探討我的手機使用習慣，但根本通篇都是無稽之談，瞎到我根本沒空澄清。我只使用公務手機，而且只有一支鮮少使用的公務手機。根本是假新聞！
3:54 AM - 25 Oct 2018

聽到他說什麼了嗎？

廠，就意謂更多的工作機會。也許對於蘋果將裝配線移回美國國內，川普有其他利益考量，或許這麼一來 iPhone 會更安全？《紐約時報》在二〇一八年十月報導中提到，川普的助手一再警告，中國情報組織會固定監聽他在 iPhone 上的私人電話內容[195]。川普倒是完全否認該篇報導，而中國外交部發言人則發表聲明，表示該篇報導是「假新聞」（此舉倒是正中討厭《紐約時報》的川普下懷），同時以揶揄口吻對美國總統說：「如果擔心蘋果手機通話被竊聽，可以改用華為手機[196]。」

其實，蘋果**確實**曾一度要在美國製造產品。二〇一二年，川普總統的好友庫克宣布，公司將在德州奧斯汀打造 Mac Pro 電腦產線[197]。看似美國電子製造業的轉捩點，但是蘋果隨後發現，國內供應商無法足量提供組裝電腦所需的客製化小螺絲，計畫因而完全行不通。由於螺絲短缺，必須向中國訂購零件；測試與銷售首台德州製造的 Mac 電腦計畫延期數個月，給「美國製」電腦大夢大潑冷水，至今未平。

194 https://mashable.com/article/trump-to-apple-iphone-us-china/#n3dplXpziqq6.
195 https://www.nytimes.com/2018/10/24/us/politics/trump-phone-security.html.
196 https://www.businessinsider.com/trump-iphone-tapped-report-china-russia-huawei-phones-2018-10.
197 https://www.nytimes.com/2019/01/28/technology/iphones-apple-china-made.html.

事實上，就算當初有小螺絲可用，蘋果依然無法把所有組裝工作都移回美國，只要想做出一支多數美國人都買得起的 iPhone 就不可能。因為說到 iPhone 這樣的產品，中國並沒有從美國這裡「狠賺一筆」，差得遠了，對方做的是與美國和全世界分攤 iPhone 的製造成本，並為世界各地消費者降低售價。中國幫忙拉低部分成本，換得一堆城內低薪的生產工作，以及前面提到的一支手機賺八．四六美元。中國沒有賺到什麼利潤，因為大多流回美國了。所以如果蘋果堅持把組裝工作全搬回國內，美國賺取的好處並不多。當然每支手機的八．四六美元會變成付給美國，而不是中國工廠勞工，但是因為這裡薪資水準高多了，所以無法付給太多人。要僱用支撐裝配線運作所需的美國員工，蘋果勢必要提高 iPhone 價格，導致銷量下滑，因為消費者轉而購買更便宜的替代品，公司因而更難以照顧美國員工。

此外，美國根本沒有精良的現代化電子製造基礎建設，就算過去有過，也早在數十年前退出電子組裝戰場，讓給亞洲了，除非砸下大筆投資與時間，才可能從頭重建產業，跟上時代。勞動成本、多數電子零件都是亞洲製造、高效率與彈性的中國工廠，以及中國壓倒性數量的工程師大軍，考量上述所有變因，在美國製造一支 iPhone 的成本預計為七十三美元，是八美元的中國製 iPhone 的九倍以上[198]，完全行不通。

把 iPhone 和其他科技製造工作搬回美國，還有另一個困難就是**製造商**，我指的不是世界各地的蘋果，而是負責實際生產的廠商，他們也反對。威斯康辛州的好民不久前才首當其衝，親眼見識要吸引電子製造廠商來美國得付出多少代價，而下場並不算好。二〇一七年，川普總統與當時的州長史考特・沃克（Scott Walker）有意說服負責多數 iPhone 組裝工作的鴻海落腳獾州（威斯康辛州的別稱）。當然這家台灣公司不太情願，原因概如上述，要一家電子製造大廠到勞工薪資較高、對勞工相對友善、多數所需零件又遠在半個地球外的國家設廠，實在沒有什麼道理。但是沃克不計代價，執意落實計畫，最後終於成功把鴻海吸引到威斯康辛州，背後付出的卻是破紀錄的財務優惠與各種補貼措施。

將工作遷移回美國所付出的代價

二〇一七年七月，沃克來到白宮，站在川普身旁宣布這項消息，九月正式簽字，價值數十億美元的補貼措施合約生效，鴻海立刻成為美國史上接受政府補貼金額最高的外國公司[199]。川普來

198 https://www.businessinsider.com/you-simply-must-read-this-article-that-explains-why-apple-makes-iphones-in-china-and-why-the-us-is-screwed-2012-1.

199 https://www.washingtonpost.com/news/wonk/wp/2017/09/18/scott-walker-signs-3-billion-foxconn-deal-in-wisconsin/?noredirect=on&utmterm=.62263b16dd33.

到拉辛郡（Racine County）與沃克及當時的眾議院議長暨該州議員保羅．萊恩（Paul Ryan）並肩為造價一百億美元的平板螢幕新工廠破土，規模估計比十個足球場還大。如你所想，當時一片歡騰，榮景未到，大家已經忙著搶先慶祝。「坦白說，他們原本沒有要來美國。」川普在宣布儀式上頗正確地如此形容鴻海，「我實在不想說，但如果不是我當選，他們才不會在這裡[200]。」之後沃克也在推特上高調放話：「鴻海要為威斯康辛州帶來一萬三千個高科技工作機會，這是本州史上最大的徵才公告[201]！」一座嶄新的高級工廠、上千個美國製造業職缺，哪裡會出錯呢？

答案是可多了。沃克祭出超慷慨的減稅措施、貸款、地產稅減免、補助款，以及各

二〇一八年六月：川普總統來到威斯康辛州芒特普林森（Mount Pleasant），參加鴻海建廠破土儀式。
左起：威州首位鴻海員工──梅鐸（C. P. Murdoch）、州長沃克、川普、鴻海董事長郭台銘、眾議院議長萊恩。

種政府補貼等，砸了四十八**億**美元威斯康辛州納稅人的錢，只為留住鴻海[202]。政府提供製造公司的稅率本來就很低了，製造利潤完全免稅。想說服鴻海來威斯康辛州，還得再加把勁，威斯康辛州好民每年必須簽署兩億美元的支票送給鴻海，連續十五年[203]。該計畫預期可在威斯康辛州東南部創造三千個工作機會，未來有天「可望」增加到一萬三千個[204]。但是就算姑且把後者當作確定事實，為了保住這一萬三千個工作機會必須付出四十八億美元，換算下來，等於一個工作要價近三十七萬美元。威斯康辛州無黨派立場的立法財政署負責代表州議會分析該計畫案，估計納稅人**至少**要等到二〇四二年，也就是這起投資案成交後四分之一個世紀後，才能開始享受利潤[205]。為了挪出空間給鴻海使用，威斯康辛州正試圖說服數十位屋主把房屋與農場賣給政府，用

---

200 https://www.theguardian.com/cities/2018/jul/02/its-a-huge-subsidy-the-48bn-gamble-to-lure-foxconn-to-america.

201 https://twitter.com/scottwalker/status/890328411863994371.

202 https://subsidytracker.goodjobsfirst.org/prog.php?parent=foxconn-technology-group-hon-hai-precisi.

203 https://www.jsonline.com/story/news/politics/2017/07/28/foxconn-could-get-up-200-million-cash-year-state-residents-up-15-years/519687001/.

204 https://www.washingtonpost.com/news/wonk/wp/2017/09/18/scott-walker-signs-3-billion-foxconn-deal-in-wisconsin/?noredirect=on&utmterm=.62263b16dd33.

205 https://twitter.com/DPAQreport/status/895389440838946817.

的是（有的人說濫用）徵收手段[206]。喬・楊納傑克（Joe Janacek）在拉辛郡自宅居住三十年；金・馬宏尼（Kim Mahoney）與詹姆斯・馬宏尼（James Mahoney）才剛建好夢想家園，鴻海就來了，強取土地行動已經變成不斷上演的噩夢[207]。

鴻海實驗的結果還有待觀察，新廠會不會實現諾言，帶來一波波的工作與經濟發展機會，改造停滯不前的城鎮，為美國電子製造業開拓康莊大道？抑或是從敲定交易後便逐一浮現的問題會一波未平、一波又起？納稅人的負擔之重前所未見。私人財產被奪走。保護密西根湖的空汙法與環保法案也被繞過，沃克州長授予特權，准許鴻海每天自五大湖取用七百萬加侖湖水，已經違反八位州長在二〇〇八年簽下的協定[208]。簡言之，威斯康辛州端出諸多籌碼，只求這家台灣公司確實值得賭一把。

為美國內陸地區帶來更多製造業工作機會無疑是一件好事，政治人物無不巴望能如此立功。不過從鴻海的例子就知道，事情往往沒有那麼簡單。二〇一八年夏天，工廠光榮破土那天，當地失業率不過三%[209]，拉辛郡的困境並非工作機會不夠，而是多年來薪資凍漲。所以即便一萬三千個工廠工作機會確實兌現，依然不確定當地勞工能否賺更多錢。另外，還有自動化的問題，這在電子製造業和其他許多產業都極為盛行，包含鴻海在亞洲的多家工廠在內。這些工作能維持多久？更不用說，經驗顯示，鴻海這類公司的承諾最後往往是雷聲大、雨點小。其實早在二〇一三年，鴻海便曾宣布計畫在賓州中部興建要價三千萬美元的科技工廠，預計可僱用五百名當地員工。剪綵儀式辦了，預估數字做了，當地房價攀升，結果最後計畫卻無疾而終[210]。

無法複製中國條件所形成的困境

二〇一八年十一月，沃克州長落以一個百分點之差，失去第三任連任機會，你大概能猜到鴻海成為選戰中的主要議題。兩個月後，該公司宣布無法達成二〇一八年的僱員目標：原本承諾年底前將開出一千零四十個工作機會，最後卻只僱用一百七十八人[211]。只要計畫照表推行，鴻海仍有資格申請數十億美元的補貼，鴻海通知威斯康辛州經濟發展公司（Wisconsin Economic

206 http://www.milwaukeeindependent.com/syndicated/eminent-domain-state-interests-helped-foxconn-seize-land-private-gain/.

207 https://beltmag.com/blighted-by-foxconn/.

208 https://www.chicagotribune.com/news/local/breaking/ct-met-foxconn-lake-michigan-water-20180305-story.html.

209 https://www.theguardian.com/cities/2018/jul/02/its-a-huge-subsidy-the-48bn-gamble-to-lure-foxconn-to-america.

210 https://www.washingtonpost.com/business/economy/how-foxconns-broken-pledges-in-pennsylvania-cast-doubt-on-trumps-jobs-plan/2017/03/03/0189f3de-ee3a-11e6-9973-c5efb7ccfb0dstory.html?noredirect=on&utm%20_term=.358ddf00dec.

211 http://www.milwaukeeindependent.com/curated/unable-reach-job-creation-goals-foxconn-fails-qualify-first-round-tax-credits/.

Development Corporation），表示「調整徵才時程[212]」。二〇一九年一月三十日，鴻海發言人提到公司正在重新考慮在威斯康辛州興建製造廠的計畫，可能會把該地轉為研發中心使用，而不是裝配廠[213]。鴻海發言人向路透社（Reuters）提到僱用美國勞工為高科技螢幕工廠效勞，會產生昂貴勞工動成本，他表示：「電視市場這部分，我們在美國無立足之地……我們拼不過其他人。」並語焉不詳地補充道：「我們在威斯康辛州要做的不是設廠，工廠這個詞彙不能形容我們在威斯康辛州的投資[214]。」

只有時間能證實這句話對拉辛郡來說究竟是什麼意思，但是至少顯然可知，祭出大筆減稅措施吸引電子製造商來，可能不是為威斯康辛州打造長期良好經濟體質的最佳策略。下一章會提及，另一個可能較值得投資的產業，正好是沃克州長任內預算刪減得一塌糊塗的產業——公立大學系統，該產業的強弱會直接影響服務業輸出、就業機會及州預算。分享這個故事，並非意在抨擊認為鴻海計畫能帶來經濟勝利（或至少政治勝利）的領導者，而是因為這個故事恰好能解釋為何在中國製造 iPhone 對美國來說是好事。認清這個事實也許痛苦，但事實就是中國在當今條件下能快速、廉價又有效率地製造出大量電子產品，而美國不能。

中國能興建、啟用新廠，或視所需調整舊廠，速度之快讓美國人眼花撩亂。中國積極的工廠勞工與工程師讓美國人才相形見絀，而且勞雇規範比美國來得少，能快速招募上萬人工作。土地便宜又多，零組件就在附近，供應鏈早就完備運作中，政府補貼大方並不斷增加，上述都還沒有算進我們不愛談論的那些「優點」。許多中國工廠勞工在惡劣環境裡連續工作十六個小時，時薪不到一美元。為了將工時提高到極限，有些人住在工廠宿舍，小小一間房間內擠滿十幾張床鋪[215]。

美國無法複製這些條件，也絕不願意這麼做。一路走來，美國的價值觀形塑國家薪資、勞動權益、環保等諸多議題的相關法律規範，即便每個領域都還有亟待改進之處，仍應引以為傲。我們也該承認，為了過去設定的這些標準，很可能要永遠放棄在某些產業的競爭力。威斯康辛州鴻海計畫這樣的案子有時成功、有時失敗，但是長期來說，早就知道美國永遠無法把電子製造業從亞洲拉回國內。當然我們也該坦承面對背後的原因，並看清他國是基於什麼條件，才讓美國能以如此低廉價格享受手上的 iPhone 和其他裝置。也應該記得在這件事上，中國不是敵人，事實上他們讓這些產品得以問世，也沒有撈走多少利益。所以 iPhone 的教訓非常清楚，如果美國人只能用自家生產的東西，能用的實在所剩不多。

---

212 出處同上。

213 https://www.reuters.com/article/us-foxconn-wisconsin-exclusive-idUSKCN1PO0FV.

214 出處同上。

215 https://www.businessinsider.com/you-simply-must-read-this-article-that-explains-why-apple-makes-iphones-in-china-and-why-the-us-is-screwed-2012-1.

第八章

百萬個外國學生

——世界共通的國際標準

二十二年前，地球最絕望危險的土地上，展開人類史上最血腥的衝突。一九八三年，努巴山蔭下，尼羅河支流間，第二次蘇丹內戰奪走兩百萬條生命，一百多萬人流離失所，慘絕人寰的擄掠、奴役與屠殺行動就此展開。美國媒體鮮少報導非洲大地上的戰事，也許你曾聽過這場戰爭後續引發的一些悲劇。現代史上最令人髮指的人道危機案——達佛（Darfur）種族滅絕，就是其中一例。戰爭中失去雙親、從小被洗腦的孤兒童兵重建人生的奮鬥，在後來問世的影片《蘇丹的失落男孩》（*Lost Boys of Sudan*）與戴夫．艾格斯（Dave

Eggers）的著作《什麼是什麼》（*What Is the What*）中都有記載。蘇丹政府由獨裁者奧瑪爾・巴席爾（Omar al-Bashir，後來終於在二〇一九年被罷黜）把持，放任戰爭一再掠奪人民。代表國內少數族裔與宗教的反抗軍為蘇丹人民解放軍（Sudan People's Liberation Army），則以約翰・加朗（John Garang）為首。半個地球外，美國一小群來自兩黨的議員多年來不斷找尋機會，努力突破該區現況，二十年來一直想促成和平談判，最後終於在戰事中找到一線機會：加朗手上恰好擁有美國最重要的出口產品。

加朗是丁卡（Dinka）族裔，出生貧困，十歲時父母雙亡，日後成為反抗軍首領。但在身陷血腥內戰前，他先去了愛荷華州，在格林內爾學院（Grinnell College）攻讀學士學位，隨後取得愛荷華州立大學（Iowa State University）農業經濟博士學位[216]。加朗在愛荷華州與同學布萊恩・德希瓦（Brian D'Silva）成為好友，德希瓦因此想更了解加朗家鄉的困境，畢業後甚至一同飛回蘇丹，在一所大學短暫任教[217]。數十年後，德希瓦已成美國政府顧問，注意南蘇丹地區發展，並加入國會小組，與幾位議員共同合作，努力呼籲大眾關注蘇丹內戰。多虧當年與加朗的同窗情

216 https://www.washingtontimes.com/news/2012/aug/19/armed-with-us-education-many-leaders-take-on-world/.

217 https://www.reuters.com/article/us-south-sudan-midwives/special-report-the-wonks-who-sold-washington-on-south-sudan-idUSBRE86A0GC20120711.

誼和私交，他幫忙安排以加朗為首的反抗勢力到華府進行正式拜會，之後說服加朗接待美國國會議員法蘭克・沃爾夫（Frank Wolf）與唐納德・佩恩（Donald Payne）到訪南蘇丹[218]。他們成功說服老布希總統帶領美國介入當地情勢，終結戰爭。簡言之，二〇〇五年美國官員成功協調衝突雙方簽訂和平協議，大致平息危機，促使該地在二〇一一年獨立公投後成立南蘇丹共和國，成為全球最年輕的新國家[219]。

加朗擁有的美國出口產品，是我認為美國最重要的產品——教育。若非加朗對美國人態度開放又有交情，天知道第二次蘇丹內戰要打多久。但我們確知的是，多虧他曾接觸美國，開啟邁向和平的契機。沒錯，外籍生在美國的大學機構學習，也算是出口，精確來說是出口**服務**。德國人購買美國產休旅車時，是把錢送進美國經濟，換取實體商品；同理，當美國學生來美國麻省理工學院（Massachusetts Institute of Technology, MIT）就讀，將學費送進美國經濟，換取非實體的利益：教育服務。雖然教育出口的帳面價值（二〇一八年約四百二十億美元[220]）與電子機械或飛機出口等產業創造的價值相比，只是杯水車薪，但輸出美國教育的實質所得**實際上**是不可估量的。

美國教育對國際學生帶來的啟發與影響

放眼世界，有無數重要領袖都因曾在美國攻讀學位，與美國建立良好關係，加朗只是其中一例。二〇一九年，日本、以色列、哥倫比亞、肯亞及新加坡國家領袖都曾在美國就讀，還有多位影響力深遠的前領袖，如巴基斯坦前總理班娜姬．布托（Benazir Bhutto）、菲律賓總統柯拉蓉．艾奎諾（Corazon Aquino）、南韓首任總統李承晚，以及以色列總理戈爾達．梅爾（Golda Meir）等。二〇一一年希臘政府展開激烈的權力爭奪戰，兩大陣營分別是總理喬治．巴本德里歐（George Papandreou），以及反對黨領袖安東尼斯．薩瑪拉斯（Antonis Samaras），兩人近四十年前在西麻薩諸塞州安默斯特學院（Amherst College）曾是室友。如果他們畢業後往前開二十分鐘車程，還可能遇上約旦國王阿布杜拉二世（King Abullah II），當時他還是知名的迪爾費德學院（Deerfield Academy）高中生。根據美國國務院估計，目前全球約有近三百位國家領袖都曾在美求學，還沒有算入受過美國教育的議員、政策制定者、社會領袖、藝術家等諸多影

218 出處同上。

219 https://www.theatlantic.com/international/archive/2011/07/us-played-key-role-in-southern-sudans-long-journey-to-independence/241660/.

220 https://www.brookings.edu/blog/brown-center-chalkboard/2017/01/31/sealing-the-border-could-block-one-of-americas-crucial-exports-education/，另參考二〇一八年古德曼的數據。

響力深遠，只不過碰巧沒有擔任國家領導人的大人物[221]。

當然，這些連結並非總能為學生的母國與美國締造良好外交關係，許多日後惡名昭彰的人都曾在美國體育場上台領取學位。希臘拌嘴領袖二人組及摩納哥阿爾貝二世親王（Prince Alberto II）當年就讀的安默斯特學院，也是肯亞現任總統烏胡魯・甘耶達（Uhuru Kenyatta）的母校，甘耶達日後因涉嫌侵害人權遭海牙國際刑事法院（International Criminal Court）傳喚出庭。然而整體來說，每年歡迎數十萬年輕外籍生進入美國教育系統，有助建立管道輸出美國價值，與世界為友。這是我在擔任美國進出口銀行董事長時的親身觀察。曾經留美的外國官員總是較積極與美國公司做生意。而且並不限於總統、總理、國王與王妃，世代以來，來自各地的平民百姓到美國追求知識、結交朋友、體驗美國文化後，返鄉與社區鄰里分享美國生活，促進他們對美國的了解。

即便難以量化，對美國建立在世界舞台上的影響力極為重要，再怎麼強調也不為過。美國促成國際事件，從來無法單憑軍事力量或經濟實力，而是需要政治社會學中所謂的**軟實力**，也就是一國不需透過侵犯恫嚇任何人，就能主導國際事件朝向對其有利方向發展的能力（與現任政府不同的一條路線）。美國軟實力持續默默發揮影響，促進全民利益。一九八九年，中國抗議青年到天安門廣場要求國家進行民主改革時，北京中央美術學院學生打造一座三十英尺高的自由女神像，並稱為**民主女神**，爭取大眾支持改革。世界各地親眼看著軍人摧毀學生雕像作品的人，都知道做為美國標誌的自由女神代表什麼。軟實力是葉爾欽在休士頓被存貨充足的超市震懾，決定飛回家鄉解散蘇聯；是金正日對好萊塢電影的痴迷，以及兒子金正恩對美國籃球明星的崇拜[222]；是一九七八年成千上萬困在柏林圍牆另一邊的東德人民，大排長龍等著購買Levi's牛仔褲[223]。任何一種文化元素，無論是漢堡、流行歌曲、酷炫車款或一段共同的經驗，只要足以帶來熟悉感，並提升美國在他國人民心中的聲望，就是軟實力。

很少有其他軟實力工具比美國教育更有效，外籍生來此想要了解美國，而教育在他們心中深植對美國的尊敬與肯定。這項出口為美國在世界各地帶來大量而長期的外交與經濟紅利。一般常說美國產品是因為品質良好而廣受歡迎，但大家沒說的是，文化價值也是美國產品受歡迎的原因之一。若無接觸，就不會產生這樣的價值，讓百事可樂、洋基隊棒球帽、碧昂絲（Beyoncé）的女中音歌喉，或自由女神像，無論在世界各個角落都廣為人知。

---

221 https://www.washingtontimes.com/news/2012/aug/19/armed-with-us-education-many-leaders-take-on-world/.

222 https://www.npr.org/2018/12/21/679291823/north-korea-promotes-basketball-as-an-important-project.

223 https://www.nytimes.com/1978/11/30/archives/east-germans-line-up-to-buy-a-pair-of-levis-local-venture.html.

外籍學生逐年減少的現狀與造成損失

二〇一七至二〇一八學年，美國大學國際學生註冊人數創下史上新高，將近一百一十萬人，比排行榜上第二名的英國多出兩倍以上[224]。除了前面提到各項較抽象的長期好處外，美國國務院估計，國際學生每年為美國經濟注入四百二十億美元、創造四十五萬個工作機會[225]。正是這些學生大多自力負擔學費，又不符合經濟補助申請資格〔國際教育學會（Institute of International Education）估計，高達八成二的外籍學生靠家中供給或自己打工賺取學費[226]〕，學校才能提供美國學生更大方的補助與貸款；也就是每出現一位能負擔全額學費的學生，來自低收入家庭的本國學生就更有機會獲得補助，順利進入大學就讀。我的朋友唐娜・夏拉拉（Donna Shalala）議員曾擔任邁阿密大學（University of Miami）校長，她告訴我：「大學預算靠著國際學生支撐。」紐約大學（New York University）前校長約翰・薩克斯頓（John Sexton）更直言：「付得出全額學費的國際學生是高等教育的毒品。」

然而不幸的是，最近這個領域在美國社會中發展方向錯誤，雖然仍有無數國際學生在美國求學，但每年新報到的學生人數卻來到谷底。經歷多年快速發展後，二〇一八年美國大學部國際學生註冊人數連續兩年下滑[227]。二〇一六至二〇一七學年下降幾個百分點後，隔年降幅擴大為兩倍[228]。川普總統上任，技術工作簽證一再刪減、移民法規緊縮，還有後續煽動人心的「美國優先」口號，至少都該為國際學生申請人數驟減負起部分責任[229]。不過國際教育學會執行長艾倫・古德曼（Allan Goodman）告訴我，問題加劇的背後有許多因素，包括學費不斷上漲，以及校園裡一再發生槍擊悲劇，永無寧日。他提到最根本的原因，就是競爭。

美國對國際學生漸失吸引力的同時，澳洲、加拿大及歐洲大學積極爭相補位。趁著美國本土主義抬頭時，加拿大提供國際學生永久居留資格，只要畢業後留下來工作一年即可，相較之下，在美國往往要花上十年以上才可能取得同樣的資格[230]。目前留學海外的中國與印度學生裡有半數在美國，基於美國的教育品質，決定把學費和精力花在這裡[231]。事實上如今在中國任教的老師，

224 https://www.voanews.com/usa/us-losing-its-luster-foreign-students/4656132.html.

225 出處同上。

226 出處同上。

227 https://www.reuters.com/article/us-usa-immigration-students/fewer-foreign-students-coming-to-united-states-for-second-year-in-row-survey-idUSKCN1NI0EN.

228 出處同上。

229 出處同上。

230 https://www.voanews.com/usa/us-losing-its-luster-foreign-students/4656132.html.

231 出處同上。

擁有美國博士學位者比在美國本土還多。但是美國領導階層敵意相待，以短期簽證或公民身分留在美國工作、生活的機會又愈來愈少時，全球最優秀的學生還會繼續選擇美國多久？

在眾多問題中，教育也許看似九牛一毛，但是如果持續流失國際學生，可能會對美國經濟、創新能力及世界地位造成深遠影響。能肯定的是，目前美國仍擁有全球最頂尖的大學機構，光論品質，永遠有優勢。但教育機構的經營基礎脆弱，愈來愈仰賴能負擔全額學費的學生持續就讀。一旦財源枯竭，美國校園教育品質將會下降，教室裡學生背景與觀點的多元性也會受影響，而這正是大學生涯多采多姿的來源。缺乏受過良好教育的移民，也會削弱美國勞動力，他們將轉往多倫多、巴黎、倫敦及柏林生活，並貢獻創意。天曉得有多少國家的人民與未來領袖，包括下一個加朗在內，將不再崇敬美國，或是與美國人民締結友誼。

好消息是，想皆大歡喜的代價並不算高。不過要扭轉近期趨勢，有賴我們認真看待教育，不只當它是內政，而是重要的美國**出口產品**。推銷美國高等教育應該與推銷美製工程機械製品和飛機一樣積極，畢竟利潤高得多，而且品質世界第一。校方早有充足的財務動機吸引更多外國青年學子；美國學生也一樣，無論他們是否意識到，拉攏更多國際生同學在財務與教育上都有好處。事實上，這個議題對於**全體**美國人都有切身利益，無論過去、現在或未來有什麼教育計畫。每當我們傳授價值、提升信譽，並與世界為友，特別是與他國青年建立友誼時，國家便能獲益。每隔一陣子，了解美國的青年年長後，便會成為締造和平、民主、繁榮或其他共享價值的關鍵盟友。

逐年下降的國際訪美旅遊人數隱憂

教育不是唯一能雙倍回報，為美國建立國際聲譽的出口黑馬。事實上為美國經濟帶來〇．五兆美元以上的收入、創造五百多萬個就業機會的第一大出口服務業是旅遊業[232]。二〇一七年，估計有七千七百萬名外國旅客到美國度假，將近美國總人口的四分之一[233]。每年到法國和西班牙的旅客人數雖然比美國稍多，但旅客在美國消費卻是這些國家的**三倍**，這也許和迪士尼世界（Disney World）門票價格相較於羅浮宮門票或奔牛節第一排位置的價差有關[234]。

旅遊業為旅客和美國留下的關聯，也許不如教育那麼持久與有意義，但絕對是一門賺錢生意。旅遊業仍是相對年輕的產業，海外旅遊蓬勃發展，至少以美國而言，是在二戰塵埃落定、

232 https://www.wttc.org/-/media/files/reports/economic-impact-research/countries-2018/unitedstates2018.pdf.
233 https://www.worldatlas.com/articles/10-most-visited-countries-in-the-world.html.
234 https://www.e-unwto.org/doi/pdf/10.18111/9789284419876.

航空交通成為主流後才得以開始的。雖然康尼島（Coney Island）的障礙賽公園與加州迪士尼樂園年年吸引當地家庭造訪，但是直到一九七一年奧蘭多迪士尼世界開幕，美國人才體悟國際旅遊的真正潛力：這是一門龐大的生意，真的**很大**。占地三十九平方英里的迪士尼世界，面積接近曼哈頓的兩倍大，總共僱用七萬四千名員工，差不多和新墨西哥州聖塔菲（Santa Fe）全部的勞動人口一樣多[235]。每年超過六百萬名國際旅客湧入，不但讓迪士尼世界成為全球最熱門度假村，更化腐朽為神奇地把奧蘭多城推上全美年訪遊客人數最多的冠軍寶座[236]。

無論旅客中意的是迪士尼夢幻王國、時代廣場、大峽谷，還是拉斯維加斯賭城大道，訪美旅客或是「來購買美國出口之歡娛美國體驗」的外國旅客，都幫忙提升美國經濟與國際形象。但是一如留美國際學生人數自二〇一七年開始下降，同一時期的旅遊業也走向下坡。放眼全球，國際旅遊正蓬勃發展，歐洲、東南亞、澳洲與加拿大都歡迎大量國際旅客到來。另一方面，美國則是已開發

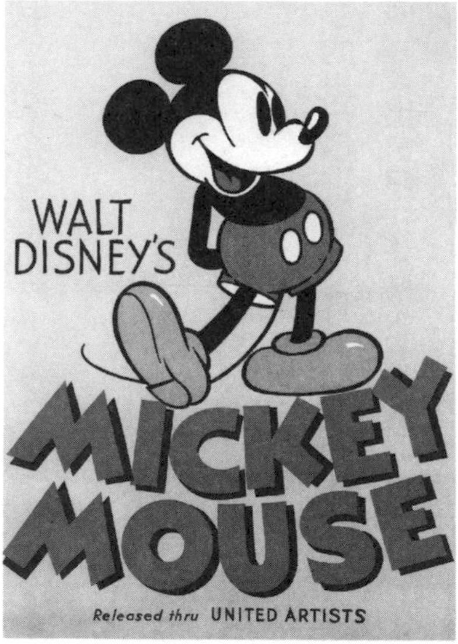

威震四海的老鼠。

國家中唯二近年旅客人數下降的國家，另一國則是近來發生軍事叛變、鎮壓和動亂紛擾的土耳其[237]。情勢不妙。

事實上美國旅遊協會（United States Travel Association）指出，美國的國際旅客數量自二〇一六年開始驟降，損失三百二十二億美元的旅遊消費與十萬個工作機會，把這想成我們拱手讓給其他國家的出口銷售機會吧[238]！尤其考量美元從二〇一七年貶值，這個趨勢就更讓人擔憂了。美元便宜的情況下，旅遊人數應該**增加**，因為外國旅客能換到更好的匯率。但是即便旅遊業成長率在全球平均達八%，美國卻下降六%以上，只能祈禱哪天能止跌回升了。

235 https://www.bls.gov/news.release/metro.t01.htm.

236 https://www.prnewswire.com/news-releases/a-new-record-for-us-travel-orlando-first-to-surpass-70-million-annual-visitors-300646729.html.

237 https://www.forbes.com/sites/lealane/2018/08/07/share-of-u-s-international-travel-drops-sharply-the-trump-slump/#746e5884d303.

238 https://www.thedailybeast.com/the-trump-slump-hits-us-tourism 與 https://www.forbes.com/sites/lealane/2018/08/07/share-of-u-s-international-travel-drops-sharply-the-trump-slump/#746e5884d303.

種種作為造成多數國家對美國的印象低落

提到自由貿易的「障礙」，通常是指對進口貨品課徵關稅或配額限制。不過教育與旅遊業這樣的出口服務也各有障礙，世代以來，美國持續吸引留學生和觀光客前來，不只是因為美國學校聲名遠播、景點風光明媚，也是因為努力打造歡迎所有人來訪的形象。所以二〇一六年底有什麼變化，導致教育與旅遊出口有所改變？這裡一樣沒必要拐彎抹角，主要都是川普總統的緣故。請看下頁表格，二〇一六年、二〇一七年及二〇一八年間，二十五國人民對美國印象良好的人數比例。

不太好看，美國形象重創最深的是墨西哥，也就是美國的第二大出口夥伴、第一大觀光客來源國。雖然皮尤研究中心無法在中國這個青年學子留美主要來源國進行調查，但是光看英國與加拿大大學激增的中國學生人數，再加上川普在二〇一八年對北京展開貿易戰，大概也足以佐證。美國失去的信任和善意，實際上就是一種**非關稅障礙**，阻礙美國維持一貫的教育與旅遊出口量。川普政府還有其他的非關稅障礙，阻礙美國關鍵產業的發展，包括如下（但不限於）：

對美國印象良好之比例

川普上任第二年，全球看待美國印象的變化不大，但與歐巴馬時代相比，
多數國家結果明顯有落差

	歐巴馬任期末 *（%）	2017 年（%）	2018 年（%）
墨西哥	66	30	32
荷蘭	65	37	34
德國	57	35	30
加拿大	65	43	39
瑞典	69	45	44
法國	63	46	38
義大利	72	61	52
印尼	62	48	42
巴西	73	50	55
西班牙	59	31	42
英國	61	50	50
阿根廷	43	35	32
菲律賓	92	78	83
澳洲	60	48	54
日本	72	57	67
突尼西亞	42	27	37
南韓	84	75	80
波蘭	74	73	70
奈及利亞	66	69	62
南非	60	53	57
希臘	38	43	36
匈牙利	62	63	63
以色列	81	81	83
肯亞	63	54	70
俄羅斯	15	41	26

* 歐巴馬任內數據取各國於二〇一四年至二〇一六年間最近期可取得的紀錄。

來源：全球態度調查（Global Attitudes Survey），二〇一八年春天。Q17a.

皮尤研究中心

來自俄羅斯（與肯亞）的愛。

- 針對穆斯林國家下達「旅遊禁令」，勸阻或甚至直接限制學生或旅客到美國。
- 一再稱呼墨西哥與中美洲移民為「強暴犯」、「殺人犯」等，並拆散南方邊界尋求庇護的家庭，為美國建立冷酷、種族歧視的國家形象。
- 據稱曾與議員開會討論移民政策時，稱海地和其他非洲國家為「屎坑國家」，至於政策內容……前述已提。
- 促成政府停擺，建立國家動盪混亂的國際形象。
- 宣布美國退出《巴黎氣候協定》（Paris Climate Agreement）這個全世界各國都簽署加入的協定，讓人覺得美國根本不在乎人類共享的地球。

諸如此類。條列上述事項不是為了炮轟川普，只是想點出看似與貿易政策毫無關係的決定，可能在意料外的情況下影響美國出口，進而拖垮國家繁榮。第三章曾談過，出口服務對美國經濟至關重要，而且是美國向來表現傑出的領域。多年來，已成功突破許多傳統障礙，是時候設法快速擊潰這些非傳統障礙了，如果做不到，就可能競爭失利，無法主導最大出口服務的戰場。

留意與國際度量規格不一致造成的落差

除了該加把勁吸引觀光客與頒發學位給國際學生外，想確保未來持續和世界接軌，還有另一個該注意的度量。美國未來能否成功，不僅仰賴學士、碩士及博士等教育程度，還得注意華氏溫度與攝氏溫度。除去貝里斯、巴哈馬、開曼群島及帛琉，全世界只剩美國使用華氏單位表達溫度。除去賴比瑞亞與緬甸，全世界也只剩下美國尚未加入使用公制單位的行列。美國不用趕著改用攝氏溫度計，也不用把手邊的碼尺、英里路標與十二磅重的保齡球，改成公制量尺、公里路標及五．四四三一一公斤重的保齡球，不過確實應該認真思考美國在某些領域上和世界不同步的問題，包括重量、長度等這類最基本的東西。

畢竟若是拿到外國創新科技產品時，無法插上美國插座，有什麼好處可言？如果螺絲尺寸不同，又要怎麼把家具賣到其他的國家？這是我在美國進出口銀行時遇到的問題，當時要幫助美國企業競標薩哈拉沙漠以南地區的電力基礎建設案，這是屬於歐巴馬政府的電力非洲倡議（Power Africa Initiative）部分內容，但是問題來了，美國的交流電頻率是六十赫茲（電壓一百二十伏特），但多數非洲國家的交流電頻率卻是五十赫茲（電壓兩百二十伏特）。美國公司能販售傳輸線和其他零件，但是由於電力規格不同，導致難以積極出口產品到這些區域。未來總有一天必須解決這類不一致的問題，配合改用國際規格，或是鼓勵世界各國配合美國。

放眼貿易未來的同時，也該開始承認數百年來定義貿易的戰局勝負大致已定。關稅仍是你我生活的一部分，也許總會偶爾現身。但是各地祭出高關稅，阻礙貿易自由流通的時代已經結束了。儘管有川普總統的貿易戰，但關稅已逐漸成為古早時代的遺跡。現代貿易協定相繼排除全球各地剩餘的低關稅措施，欲善用全球經濟每分利益的政府也已將注意力轉向其他阻撓國際貿易通行無礙的問題。下一個戰場是調和標準，也就是有意做生意的友善國家間僅存的貿易摩擦來源。

美國在標準一致化上經驗豐富，因為那是當時必須做的，或在某些例子裡是現今依然在做的事：協調各州間的貿易標準。聯邦成立之初，各州依然保有各自對麵包、農產品及其他糧食作物的度量標準，導致跨州交易麻煩又冗贅。跨州貿易障礙有時源自刻意，例如多虧標準不一致，德州牧場可免於和芝加哥牛肉競爭，然而有時僅是國家法規的繁複又不一致。這就是多年來，美國烘焙食品包裝都要蓋上「維吉尼亞農業部登記」（Reg. Penn. Dept. Agr），確認產品符合標準，有資格在全美最嚴格的維吉尼亞州販售[239]；也是紐約州計程車送我到紐澤西州紐華克機場後，回程不能順道載客跨越州界返回的原因。

雖然現在憲法明令禁止各州歧視來自別州的事業，但是大家依然偶爾能找到辦法，利用標準來阻撓對手。各州試圖禁止居民透過網路購買各種商品，從隱形眼鏡、棺材到葡萄酒，應有盡有，藉此保護在地生產者[240]。有時他們宣稱這些保護主義標準是基於「道德考量」，以免出庭結果不利，例如加州葡萄酒商便曾控告紐約州與密西根州法禁止當地居民直接進口酒精。這些州政府並非真的想要減少飲酒行為，畢竟當地酒商銷售自州生產的酒，稅金進入州政府口袋，他們毫無意見，只想阻止每個月葡萄酒俱樂部郵購商和其他課不到稅的線上酒商[241]，而設下自州規範就有機會堵住這些商人的酒瓶。二〇一九年六月，最高法院在田納州西葡萄酒與烈酒零售協會訴湯瑪斯（Tennessee Wine and Spirits Retailers Association v. Thomas）案件中，判決這類手法敗訴，但卻不太能阻止各州發揮創意，繼續以標準來守住底線。

對外貿易調和相關國際標準與法規

儘管國內標準大多都已一致化，但對外貿易又是另一回事，在美國協商《跨大西洋貿易及投資夥伴協議》時，也就是曾有望與歐洲簽訂，卻被川普總統擋下的那份貿易協定就遇上棘手難題。以雞肉為例。美國使用氯水清洗雞肉，殺死沙門氏菌；但歐洲法律卻禁止使用氯水清洗。

---

239 https://www.agriculture.pa.gov/pages/default.aspx.

240 Larry Downes, *The Laws of Disruption: Harnessing the New Forces That Govern Life and Business in the Digital Age*, pp. 57-58.

241 出處同上。

美國農業部立場堅定地相信，以氯水清洗雞肉既安全又有效，確實美國生雞肉含有沙門氏菌的案例只有二%，相較之下，歐洲的比例則高達十五%至二〇%[242]。然而歐洲立法者認為，准許用氯水清洗雞肉會讓雞農疏於維持衛生標準，反正就算未能防止感染，之後也能以藥劑清洗[243]。這個哲學辯論至今仍未解決，也不是美國與外國朋友洽談貿易路上的唯一阻礙，基因改造食品（Genetically Modified Organism, GMO）之爭就是另一個鬧得雞飛狗跳的例子。

調和國際法規的好處，不只有利美國雞農跨海賺錢，更能讓美國在世界上堅守價值，不是為了霸凌他人、自視高人一等，或強迫他國接受美國價值，而是單純因為若是美國不設立標準，別人也會做。美國的醫療健康標準有科學做基礎，大可放心向貿易夥伴推行這套標準，或是做為前提，要求有意和美國做生意的潛在合作對象配合。聯邦航空總署（Federal Aviation Administration）訂立全球航空安全規範，如果失去制定權會危害自身安全！相較之下，勞動、環境及人權法規奠基於堅定價值多過科學論據，但是仍應全力爭取機會，在這些議題上依據美國價值來制定國際規範，以免被其他巨頭搶先依照他們的利益為全球立法。數位服務與準則也是如此，若是無法順利取得主導權，導致5G世紀同時有美國準則、歐洲準則和中國準則，發展將會大打折扣。美國是世界上少數擁有足夠經濟實力，能大規模提升或降低標準的國家，必須坦承面對這樣高度伴隨而來的責任。不在全球經濟市場上推行美國價值，等於接受由中國或其他強權國家置入它們的價值，也許看似霸道，但事實就是如此，不容否認。

隨著科技不斷發展，世界只會愈來愈需要美國主導制定國際標準。日常購買的產品、享用的服務及所做的決策中，人工智慧和其他創新科技日益普遍，美國必須站出來制定可靠標準，這是為了自己，也是為了全世界。在英尺對公尺、華氏對攝氏上，美國還能應付與世界的不同調，但是在數位經濟時代的普遍標準上卻不能。在這個電話、電視、健康追蹤裝置、「智慧」冰箱等設備無不蒐集個人資料的時代，誰要挺身而出，為5G世代設定標準保障個人隱私？在這個家庭安全系統、嬰兒監視器都連通網路的世界，誰要設定國際規範保護數位安全？在這個氣候變遷開始重創社會，導致極端氣候加劇、農務規律失常，引發資源稀少化、危及整體企業的時代，堅守負責任的經濟實務規範，又是誰的道德責任？

在捍衛數位隱私權上，美國已經落後，目前歐洲顯得更有決心。如前所述，美國**是世界上唯一一個**不參與《巴黎氣候協定》，無意減低碳排放的國家。即便如此，我依然相信美國是全球

242 https://www.thegrocer.co.uk/buying-and-supplying/food-safety/chlorinated-chicken-explained-why-do-the-americans-treat-their-poultry-with-chlorine/555618.article.

243 出處同上。

唯一有能力提升國際標準、促進各國規範一致化的國家，美國的全球影響力與經濟實力還足以勝任這個角色，若是不挺身而出，再也沒有其他國家具備足夠聲量捍衛法治、隱私、透明度及安全，更不用提消費者與勞工權益、環境保護、性別和人權等價值。也許永遠無法要求世界配合美國使用英寸、英里等度量，但是美國價值必須成為國際標準。

第九章

風靡世界的《冰與火之歌》

——七千七百億美元的無形出口

近年來，美國人關心北韓、阿富汗與伊朗等動盪地區的情勢。但自二〇一一年，更多人的目光轉向另一個地方發生的紛擾和暴力事件，在那裡，刺殺、戰爭及政權更迭等都是家常便飯。沒錯，我就是在說維斯特洛（Westeros），這是喬治・馬汀（George R. R. Martin）的著作《冰與火之歌》（*A Song of Ice and Fire*），以及後續HBO熱門改編劇作《冰與火之歌：權力遊戲》中那塊政治動盪的大陸。如果你碰巧是全美僅存尚未看過《冰與火之歌：權力遊戲》的十二人之一，別擔心，那不是本章的必修預習。即便幼龍、披頭散髮的異鬼，以及八十幾位角色間的爾虞我詐不合你的口味，還是能理解貿易如何為我們帶來讓人欲罷不能的影集，無論你追的是哪部劇。

一如《雙峰》（*Twin Peaks*）、《LOST檔案》（*Lost*）與《週六夜現場》（*Saturday Night Live*），《冰與火之歌：權力遊戲》也是「準時收看」時代的作品，就是俗稱的「茶水間影劇」（你可能常和同事聚在飲水機旁討論昨晚劇情，因而得名）。當然，這是串流隨選視訊出現、人人桌上都有瓶裝礦泉水前的流行。雖然現在隨時想追愛劇就追，電視台週日夜間時段依然是許多美國人的一週大事，二〇一九年五月，《冰與火之歌：權力遊戲》結局播出後，出現至少**七百九十萬**篇討論文章！面對接下來一整週上班，這類影集帶來一小時美好的自由與解脫，少有其他事能媲美。觀眾窩在沙發上，屏息看著維斯特洛的最新發展，這時候的他們大概不怎麼會想到貿易，當然鐵群島（Iron Islands）嚴苛的保護主義，以及七大王國（Seven Kingdoms）對厄斯索斯（Essos）因此產生的雙邊貿易赤字除外。

不過也許觀眾是該想想貿易！畢竟正如教育與旅遊業，許多方面來說，娛樂產業是美國最重要的進口**與**出口項目之一，更撐起國內龐大的就業市場。電視劇、電影、書籍、遊戲等從其他國家來到美國的娛樂管道，打開你我視野，帶來娛樂與滿足，更讓我們接觸其他文化的創意，拉近和其他國家人民的距離。反面來說，海外消費的美國娛樂業則讓地球村裡的其他人更熟悉美國，希望也因而欣賞美國。多虧娛樂，美國賺進大筆鈔票。

近年來，尤其在Netflix等全球串流視訊產業蓬勃發展下，哪部電視劇與電影能開拍的決定權，已經轉移至**國際**市場。當然這在財務上也合理，看得到美國媒體作品的海外消費者愈多，好萊塢拍攝影視節目時，就會愈把國際觀眾放在心上。全球史上票房最高的前十五部電影中，只有五部是二〇一五年以前的作品，二〇一八年的《復仇者聯盟三：無限之戰》（*Avengers: Infinity War*）與《侏羅紀世界：殞落國度》（*Jurassic World: Fallen Kingdom*）等強片，票房收入超過三分之二都來自海外市場[244]。小螢幕市場趨勢也一樣，如HBO鉅額投資國際行銷與授權，確保世界各地的電視觀眾都能收看《冰與火之歌：權力遊戲》等節目。《冰與火之歌：權力遊戲》第五季於二〇一五年首播時，全球有一百七十國同步播出[245]。

---

244 https://www.boxofficemojo.com/alltime/world/.

245 https://www.telegraph.co.uk/culture/tvandradio/game-of-thrones/11464580/Game-of-Thrones-simultaneous-world-broadcast-why-is-the-UK-missing-out.html.

熱門戲劇中所有跨越國界的元素都是出口

我對《冰與火之歌：權力遊戲》感興趣，不僅因為該劇廣受喜愛且全面深入美國文化，更因為它是貨真價實的全球製造作品。它好比影劇界的 iPhone，如果不是貿易能在多國間自由流通，這部作品根本不可能存在。該劇出自兩位美國製作人之手，大衛．班尼歐夫（David Benioff）與丹尼爾．布瑞特．威斯（Daniel Brett Weiss），改編自美國作家馬汀著作，也許因為他的中間名縮寫與科幻文學傳奇作家約翰．托爾金（J.R.R. Tolkien）一樣，馬汀常被誤以為是英國人。

事實上整部作品常被誤認為英國作品，也許和角色的口音有關，劇中從英國約克郡（Yorkshire）勞工階級口音到「高尚」倫敦口音無一不缺[246]。為何火龍肆虐的奇幻王國居民清一色帶著英國各地口音？這個問題就留待其他作者寫書探討。全劇八季，六十位主要角色中（如果你看過本劇，應該知道六十位算很少），四十六人確實是英國演員，但核心角色有愛爾蘭人五位；德國人、荷蘭人、美國人各兩位；丹麥人、挪威人與西班牙人各一位[247]。拍攝地點多在克羅埃西亞、西班牙、北愛爾蘭、冰島、摩洛哥及馬爾他[248]。劇組人員則大多是美國人。視覺效果大部分出於一家德國公司；另外，加拿大、愛爾蘭、英國和美國工作室也各出一點力[249]。配樂（包括磅礴浮誇的招牌主題曲在內）則是由德籍伊朗裔艾美獎得獎主作曲家譜寫而成。總結來說，維斯特洛大陸上雖然只有七大王國，把《冰與火之歌：權力遊戲》搬上螢光幕動員的國家卻遠遠不只如此。

所以一切與貿易有什麼關係？有很多，仔細想想劇作中所有跨越國界的元素，實際上都是出口。德國工程師賣特效專業、英國演員賣陰鬱眼神、馬爾他觀光局處賣陽光最充足的崖邊外景地點，都是出口到美國的服務。當然美國也回過頭來透過網絡向全球輸出當紅影集。這些出口撐起海內外龐大的就業生態系，不只美豔女星艾蜜莉亞・克拉克（Emilia Clarke），還包括幕後工作人員、場景設計師、研究人員、平面設計師、電工、伙食管理者、司機、髮型設計師、剪輯等工作。《冰與火之歌：權力遊戲》和其他熱門影集創造的國際收入，也讓 HBO 等娛樂公司有能力資助其他較不賺錢但創意十足的說故事者，以及規模龐大的卡司與劇組。

不用說，在邊界封閉、貿易政策訴諸民族主義的世界裡，以上沒有一件事能辦到。如果彼

246 https://mashable.com/2017/11/29/game-of-thrones-accents-guide-british/#hgbwfcw4imqS.

247 IMDB.com.

248 https://www.boredpanda.com/game-of-thrones-real-life-locations/?utm_source=google&utm_medium=organic&utm_campaign=organic與https://www.skyscanner.net/news/38-amazing-game-thrones-locations-pictures.

249 http://www.emmys.com/shows/game-thrones與https://web.archive.org/web/20140820004621/http://mackevision.com/123live-user-data/userdata/6084/public/DOWNLOADS_DE/HOME/20140710_GOT_Nominierung_de.pdf.

得・汀克萊傑（Peter Dinklage）無法自由穿梭各國找工作，他飾演的提利昂・蘭尼斯特（Tyrion Lannister）就不可能有辦法離開奴隸灣（Slaver's Bay），到龍石島（Dragonstone）找工作。貿易政策愈有利於汲取其他國家的創意與資源，我們的產品就會愈創新；同樣地，我們和世界連結愈緊密，娛樂產業也會愈蓬勃。關稅與限額對全球娛樂產業的影響，也許和它對鋼鐵的影響不盡相同，但是這些障礙絕對會拖慢文化貿易與許多其他產業的發展。

中國影劇事業如日中天，八十六億美元的市場從二〇一一年到二〇一八年整整擴張四倍[250]。雖然該市場針對可在中國電影院上映的外來影片數量實施限額管制，一年只有三十四部電影能成功通關，且製片公司只能分得票房收入的四分之一[251]，但是中國依然遙遙領先他國，成為美國電影最龐大的出口市場[252]。獲准進入中國的美國電影數量也是談判來的，最近一次協議是二〇一二年副總統喬・拜登（Joe Biden）與習近平的談話成果，時間就在湖人隊（Lakers）和太陽隊（Suns）於洛杉磯跳球開球前不久[253]。中國拒絕妥協二十年後，拜登終於說服習近平將外國片限額數量從一年二十部提高到三十四部，分給美國片商的發行費用抽成也將近翻倍，從一三%增加到二五%。我們只能祈禱這個龐大商機不會毀在對中貿易戰裡[254]！

娛樂產業貿易對日常生活的影響

中國的妥協看似理所當然，因為所有參與者都賺到更多，包括國內最大發行商——國有企業中國電影集團。但對文化依然堅守高度審查和政府監督的國家來說，決定讓人民接觸更多洋片並不是一件小事。也許是更擁抱全球化趨勢，中國在對川普政府談判中釋出意願，進一步放寬限額量，諸多協議在貿易戰解凍後開始逐一兌現[255]。二〇一八年中國電影票房前十名裡就有五部美國強片[256]，北京電影學院副院長坦言，開放更多好萊塢電影進入中國，「應是雙方皆能同意之事[257]」。中國立場軟化，是真心想對世界更開放，還是因為中國企業開始大舉投資好萊塢電影工作室[258]？我們無法判定，但無論如何這對美國電影產業及其支撐的諸多工作而言都是好消息，更

---

250 https://www.reuters.com/article/us-usa-trade-china-movies/hollywoods-china-dreams-get-tangled-in-trade-talks-idUSKCN1IK0W0 與 https://variety.com/2017/biz/asia/u-s-and-china-struggle-over-film-quotas-1201979720/.

251 https://www.reuters.com/article/us-usa-trade-china-movies/hollywoods-china-dreams-get-tangled-in-trade-talks-idUSKCN1IK0W0.

252 https://variety.com/2017/biz/asia/u-s-and-china-struggle-over-film-quotas-1201979720/.

253 https://variety.com/2017/biz/asia/u-s-and-china-struggle-over-film-quotas-1201979720/ 與 https://www.reuters.com/article/idUS220962646620120220.

254 https://www.reuter.com/article/idUS220962646620120220.

255 https://www.reuters.com/article/us-usa-trade-china-movies/hollywoods-china-dreams-get-tangled-in-trade-talks-idUSKCN1IK0W0.

256 https://www.boxofficemojo.com/intl/china/yearly/?yr= 2018&p=.htm.

257 https://www.reuters.com/article/us-usa-trade-china-movies/hollywoods-china-dreams-get-tangled-in-trade-talks-idUSKCN1IK0W0.

258 https://variety.com/2017/biz/asia/u-s-and-china-struggle-over-film-quotas-1201979720/.

建立促進中美兩國人民彼此了解的重要管道。

拜美國媒體向世界各地出口大受歡迎所賜，文化上承受貿易赤字的機率微乎其微，當然貿易赤字也不代表什麼。美國媒體與娛樂產業規模在二〇一九年預計將超過七千七百億美元，是全球第二大媒體娛樂大國——中國的四倍[259]。全球娛樂市場大餅，美國就占了三分之一，其中兩千億美元是出口至海外市場，若再算入相關版權，則總銷售額已超越航空機械、化學藥品等重要美國出口產業[260]。更棒的是這些出口帶來的國內工作機會，平均薪資為九萬三千美元，是全美平均年薪的一．四倍[261]。

上述數字非常可觀，但是說到娛樂產業貿易對日常生活的影響，重點在於進口。美國史上多部最受歡迎的電視節目，其實都是外國節目的進口翻拍版本。從小收看《一家子》（*All in the Family*）長大的觀眾，大概從未想過該影集與討人厭的超級保守派主人翁阿爾奇．邦克（Archie Bunker），其實改編自英國情境喜劇《至死不渝》（*Till Death Us Do Part*）。也沒有幾個人知道在《桑福德與兒子》（*Sanford and Son*）出現前，曾有《斯特普托與兒子》（*Steptoe and Son*）這部源自英國，為美國觀眾改編上演的影集。近期一點的例子，則有跨海購入版權後改編的《我們的辦公室》（*The Office*）與《紙牌屋》（*House of Cards*）、英國劇改編的《同志亦凡人》（*Queer as Folk*）、以色列劇改編的《反恐危機》、哥倫比亞劇改編的《醜女貝蒂》（*Ugly Betty*）等。近年最熱門的實境節目大多來自荷蘭〔如《倖存者》（*Survivor*）、《老大哥》（*Big Brother*）與《誰敢來挑戰》（*Fear Factor*）〕，以及英國〔如《美國偶像》（*American Idol*）、《與星共舞》（*Dancing with the Stars*）和《廚神當道》（*MasterChef*）〕。福斯電視台（Fox）在二〇一九年當紅節目《蒙面歌手》（*The Masked Singer*）吸引一千多萬人收看，如果你也看過這個怪奇節目，請感謝（或責怪）南韓。

簡單來說，若不是國家間的自由貿易流動，美國生活將會索然無味許多。一如我們的味蕾有賴世界各地美食開發洗禮（很多已「美國化」以符合你我口味），我們的休閒時間也會因為文化輸入而增色不少。如果讓人捨不得轉台的電視劇、情境喜劇，或過癮又罪惡的實境秀不符合你對文化的定義，也別擔心，還是要感謝貿易讓你得以享受最愛的國外作者與劇作家作品，透過國際授權和出版協議，這些作品得以進入美國。無論偏好哪種娛樂形式，都要感謝貿易讓你的休閒時光更加美好。

---

259 https://www.trade.gov/press/press-releases/2017/new-international-trade-administration-report-indicates-steady-growth-for-the-us-media-and-entertainment-industry-along-with-barriers-to-international-exports-licensing-062917.asp.

260 出處同上。

261 出處同上。

異軍突起的電玩遊戲

娛樂產業內，電玩遊戲產業正大放異彩。一九七〇年代早期首批單機遊戲機出現時，很少有人能預料到它們不只是一時新奇風潮或年輕人的玩意兒，更不用說一千四百億美元的產業規模了[262]。雖然遊戲街機在一九八〇年代初期確實成為美國青少年重要文化，但是由八位元外星人、像素化乒乓球拍，或走到哪吃到哪的圓起司人孕育出重要經濟命脈，依然看似天方夜譚。畢竟這些遊戲不過就是哄小孩的把戲罷了，不是嗎？

錯了，到了一九八二年，雖然少有美國人察覺，但是街機遊戲產業創造的利潤早已超越電影院與流行音樂的利潤**總和**[263]。遊戲機占據街角的速度比小精靈吞食心愛的白色豆豆還快，隨著體積較小的遊戲機進入家庭市場，新一代娛樂巨獸也加入戰場。或者該說若是當初市場沒有在短短數年間崩盤，曾有機會殺出一條血路。遊

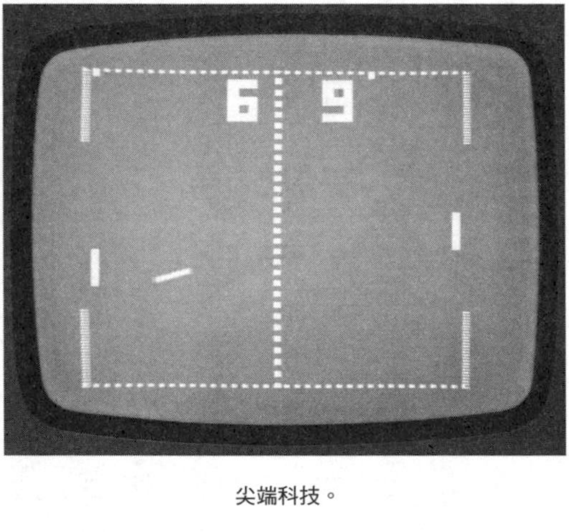

尖端科技。

戲產業瞬間異軍突起，帶動無數遊戲新系統問世，讓消費者看得眼花撩亂，不少產品因而失敗。其中多起商業災難後來成為都市傳說，最讓人印象深刻的，莫過於雅達利（Atari）以一九八二年暢銷電影《E.T.外星人》（*E.T. the Extra-Terrestrial*）為背景推出的電玩。開發人員接獲命令，必須在六週內從頭開始打造遊戲，以便趕上佳節促銷潮。最後產品成為許多人回首笑談的「史上最爛遊戲」，因為實在太怪、太不討喜了，最後上千盒賣不出去的遊戲卡匣在一九八三年全被倒入新墨西哥掩埋場丟棄[264]。在許多人的眼中，這起電玩悲歌不過是都市傳奇，直到三十年後掩埋場重新開挖，上千盒未拆封的卡匣重見天日，才搖身變為收藏家爭相競逐的值錢寶藏[265]。

一九八三年，電玩在美國已成為規模三十二億美元的產業。一九八五年卻一舉蒸發**九七%**，萎縮到只有一億美元，全體市場危在旦夕[266]。其實整體產業差不多玩完了，好在有貿易相救。一

262 https://www.bloomberg.com/news/articles/2019-01-23/peak-video-game-top-analyst-sees-industry-slumping-in-2019.

263 Everett M. Rogers and Judith K. Larsen, *Silicon Valley Fever: Growth of High-Technology Culture* (New York: Basic Books, 1984), p. 263, https://books.google.com/books?id=frYrAAAAYAAJ.

264 https://www.cbc.ca/news/world/atari-games-buried-in-landfill-net-37k-on-ebay-1.2837083與https://www.bugsplat.com/blog/video-games/great-video-game-crash-1983/.

265 https://web.archive.org/web/20140426232656/http://www.npr.org/templates/story/story.php?storyId=307031037.

266 https://www.bugsplat.com/articles/video-games/great-video-game-crash-1983.

如同期美國搖搖欲墜的汽車業，全賴傑出的日本競爭對手注入強心劑，美國的遊戲產業也多虧類似經驗，才得以保住一命。不過救命恩人不是遠從日本抵達美國領土、做工精良的日產或豐田，而是頭戴紅色鴨舌帽、留著小鬍子的義大利水電工。

任天堂紙牌公司（Nintendo Playing Card Company）轉做電玩遊戲、航向大西洋開拓市場時，已是擁有百年歷史的老品牌。該公司的經典遊戲機（一九八五年在美國發行，外型單調無趣的灰盒子）與遊戲程式品質，將美國遊戲產業拉回正軌，從此一路長紅。早期遊戲中的樸素主角，是任天堂美國分部總裁荒川實在西雅圖倉庫開發另一款遊戲《大金剛》（*Donkey Kong*），因為遲繳房租，遭到房東瑪利歐・西

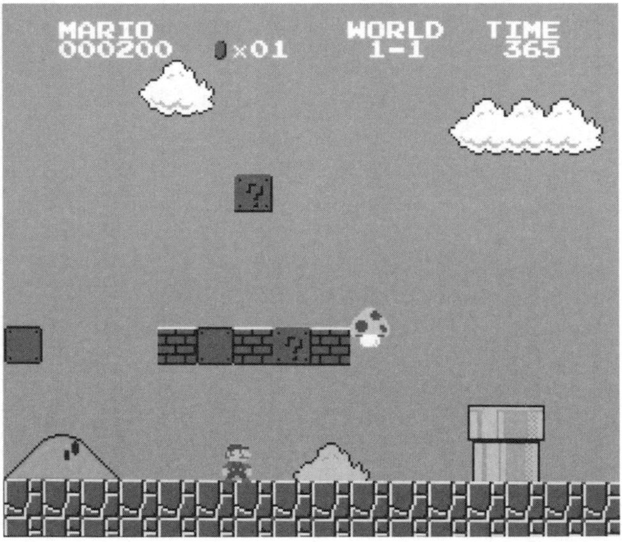

螢幕裡的浣熊耳，市場上的產業巨亨。

加利（Mario Segale）大聲喝斥時，靈光乍現而來。開發團隊覺得這位精力充沛的急性子美國人與他的誇張手勢實在太有趣，決定以他來為旗下第一位美國電玩英雄命名，於是瑪利歐誕生了（雖然正牌瑪利歐先生連一毛權利金也沒分到）[267]。

直到今日，瑪利歐依然是全美文化中數一數二的標誌性角色。三千多萬台第一代任天堂遊戲機進入美國家家戶戶，瑪利歐、路易吉、《薩爾達傳說》（*The Legend of Zelda*）及其他形形色色的爆紅遊戲，為美國家庭帶來歡笑[268]。一如日本汽車業崛起不但沒有把福特與通用汽車推入絕境，而是激發它們進步，任天堂的到來也為遊戲產業掀起復興潮流，替美國遊戲開發商擴張市場大餅。隨後幾年，任天堂的挑戰者出現，包括另一家日本公司索尼（Sony），也就是熱門的PlayStation 遊戲機開發商，還有美國主要對手微軟（Microsoft），後者的 Xbox 從二〇〇〇年代初期開始成為熱銷榜冠軍。

雖然遊戲市場利潤依然大多流入日本公司，美國遊戲業之所以能蓬勃發展，仍要感謝這

267 https://archive.seattletimes.com/archive/?date=19930617&slug=1706910 與 https://www.nytimes.com/2018/11/02/obituaries/mario-segale-dies-super-mario.html.

268 https://www.webcitation.org/5nXieXX2B?url=http://www.nintendo.co.jp/ir/library/historical_data/pdf/consolidated_sales_e0912.pdf.

些成功的進口產品。二〇一八年前五大熱銷電玩中，有四個都是美國公司推出、美國公司主導或完全由美國設計製造，另一個遊戲《極地戰嚎五》（*Far Cry 5*），則是由位於加拿大的法國公司設計開發[269]。紐約州R星工作室（Rockstar）、馬里蘭州貝塞斯達遊戲工作室（Bethesda Game Studios）、加州動視公司（Activision），以及華盛頓州維爾福工作室（Valve）各自把熱門遊戲推銷到世界各地，因而得以支撐美國持續擴張的產業生態鏈與諸多薪酬優渥的工作機會。

隨著虛擬實境（Virtual Reality, VR）、擴增實境（Augmented Reality, AR）、人工智慧等新興科技不斷發展，電玩產業可望成為美國未來最創新、最有利可圖的出口產業。競爭力強大、俗稱「電競」的多玩家遊戲，現在已獨立發展成規模數十億美元的全球產業，且未來兩年內託《要塞英雄》（*Fortnite*）、《鬥陣特攻》（*Overwatch*）等遊戲的福，預計將成長翻倍[270]。可口可樂、卡夫（Kraft）、賓士、英特爾（Intel）及康卡斯特（Comcast）等公司提供可觀資金，贊助電競比賽或明星電競玩家[271]。現在平常每天連線亞馬遜旗下平台Twitch，觀賞自己最愛玩家參與電競比賽實況轉播的平均人數，已經超越CNN與MSNBC的收看人數[272]。你沒看錯，電玩產業已一路演化，從分散注意力的小玩意兒、在地社交活動到連結國際網絡，最後成為搭載尖端科技的商業巨獸，坐擁龐大收視人口與企業廣告曝光機會，很快就能和主要運動聯盟相互抗衡。

以一個曾被當作小孩遊戲的產業，這樣的轉變簡直就是麻雀變鳳凰，正是因為頂尖人才、創意、產品及使用者，在全球貿易網絡下得以互相連結，才造就今日盛況。

頻道與載體的演進，擴大消費媒體和娛樂節目

一九五〇年代時若想找樂子，你可以在家裡的黑白電視機上收看艾德．蘇利文（Ed Sullivan）的節目或連續劇《獨行俠》（*The Lone Ranger*）、播放納京高（Nat King Cole）或帕蒂．佩奇（Patti Page）的唱片，或是去電影院觀看《日落大道》（*Sunset Boulevard*）、《彗星美人》（*All About Eve*）午後場。到了一九九〇年，就完全是另一回事。電視變成彩色螢幕且能收看有線頻道，成為布魯斯．史普林斯汀（Bruce Springsteen）口中讓人印象深刻的「五十七台頻道卻什麼也沒

---

269 https://www.fool.com/investing/2018/12/30/the-10-best-selling-video-games-of-2018.aspx.

270 https://www.axios.com/business-of-sports-sunday-night-live-1548439232-c18393d4-8b82-4124-9f47-fc2e84992190.html?utm_source=newsletter&utm_medium=email&utm_campaign=newsletter_axiosdeepdives&stream=top.

271 https://www.egencyglobal.com/2018/04/13/the-lucrative-esports-business-is-attracting-big-name-sponsors/.

272 https://www.businessinsider.com/twitch-is-bigger-than-cnn-msnbc-2018-2.

有」。離家後，你能把瑪丹娜（Madonna）和麥可．傑克森（Michael Jackson）裝進隨身聽或隨身CD播放器，隨身帶著走。想看最愛的電影《印地安瓊斯》（*Indiana Jones*）或《小美人魚》（*The Little Mermaid*），也用不著出門，它們能從出租店跟你回家。到了二〇一〇年，五十七台頻道已暴增為五百台，TiVO和其他隨選服務帶來更多自由，隨時都能依興趣收看超高解析度影片（遇到廣告還能快轉）。CD已經正式絕種，完全被能儲存上萬首歌曲的iPod與手機取代。有了Netflix等熱門影視服務，只要在電視或筆記型電腦上按一下，就能觀賞二〇一〇年熱門電影，如《王者之聲：宣戰時刻》（*The King's Speech*）或《社群網戰》（*The Social Network*）等。

這些演進其實都徹底改變我們消費媒體與娛樂節目的方式。一九五〇年後四十年間的革新，和一九九〇年後二十年間的轉變一樣深刻，又與二〇一〇年後十年間的躍進程度相當，也就是說改革的腳步愈來愈快了。改變加速影響的當然不只娛樂業，更顛覆我們蒐集新聞，還有和全球各地人群連結的方式。二〇一〇年，在中東與北非爭取民主的抗議人士，透過社群媒體直接和全世界分享自己的故事（後續引發一連串後來世人熟知的阿拉伯之春（Arab Spring）事件），瞬間翻轉政府和人民間的權力關係，永遠改變公民參與的方式。

現在什麼都能透過直播與世界各地即時分享，包括你自己。取用娛樂、新聞，或你選擇的其他媒體平台，基本上已變成綜合而立即的事。這一切神奇地創造出數不盡的選擇，讓我們能根據個人偏好，量身打造自己的媒體宇宙。但是與此同時，無限客製化的資訊世界對文化與民主將帶來什麼影響，也成為嚴肅的課題。我們可能不會太擔心 Netflix 蒐集記錄使用者喜好，推薦可能會喜歡的新影劇，但是你我都知道，同樣的手段在 YouTube 等平台上被拿來做黑暗的用途，引誘脆弱的使用者觀看愈來愈邪惡的影片，如危險的陰謀論或暴力宣傳內容。這已經明顯影響你我的安全，並撕裂公民社會，最好祈禱我們能在下一波創新改革碾壓前（可能下週就來了），想出該怎麼應對。

促進文化交流，拉近彼此之間的距離

下一波改革也許不會被電視廣播宣傳，但肯定會在你我手邊那副智慧太陽眼鏡上透過 5G 網絡串流。還不曉得 AI、VR 及天曉得還有什麼其他英文縮寫科技，會把我們帶往哪裡。唯一確定的是，短短幾年內，今日的劃時代科技很快就會淪為如 Betamax 錄影帶或車載電話那樣的古董。如果你邊讀邊想：「**很好，但這些改革應該和科技較相關，而不是貿易吧？**」我的回答是：差別何在？未來定義你我創造與消費媒體的創新科技，肯定全球互動無縫接軌，它們就和 iPhone 一樣，複雜程度絕對不是任何一個國家能獨立生產或保持成本效益的。現在早已如此，埃及的觀眾在日製裝置上透過美國串流服務，觀賞英國節目裡愛爾蘭演員的演出；塞內加爾與澳洲的青少年在加拿大開發者製作的法國電玩中一較高下。在娛樂這件事上，國界早已不復存在，而且科技愈發達，這些邊界愈模糊。

現代貿易協議的重點，已從降低實體貨物的關稅與限額，轉為促進服務交換順暢無礙，政策制定者也因此開始認真思考，未來的媒體將如何被製造與體驗。舉例來說，《跨太平洋夥伴協定》計畫將消除電影、音樂、影片、遊戲、電子書及軟體等在跨越國境時遇到的差別關稅[273]，也有條文旨在調和十二個簽署國的數位標準，以免裝置生產公司必須依照各國客製硬體，才能確保科技應用順利，消費者也不必再買轉接頭[274]。此外，TPP讓高速網路更普遍、提升數位隱私保障，以及促進國際授權與數位發行更順暢[275]。當然以上沒有一條條文嘉惠美國人和美國公司，別忘了川普總統讓美國退出協定。但是我們能從中窺見未來貿易協定該如何更適度地回應當代媒體、娛樂，還有現今以服務業為主的經濟現況。

在老布希總統時代擔任美國貿易代表的卡拉·希爾斯（Carla Hills），負責主導美國的《北美自由貿易協定》談判，她曾說過，貿易協議的重點其實在於仍未問世的產品上。她說得沒錯，今日疏通的途徑將有利明日科技變得人人更可負擔、取用更容易、整合更完善，終至更成功。排行榜金曲與電視節目能立刻深入外國，以南韓饒舌歌手暨製作人PSY為例，他在二〇一二年七月發行第六張專輯時，美國人根本沒聽過這號人物，但是到了年底，他演唱的歌曲《江南style》已成為YouTube史上第一支衝破十億點閱率的影片，更受邀到時代廣場跨年夜為上百萬人現場演出。

正是因為只有文化能以這樣的速度和強度席捲全球，娛樂業現在已成為貿易政策中的一大重點。你我肩上負有特殊使命，要確保美國娛樂能在全球自由流通，並盡可能讓外國娛樂也能輕鬆進入美國，同時促進國際合作。這不只是為了替美國創造更多財富與就業機會，也不是因為跨國合作下，娛樂業能做出像《冰與火之歌：權力遊戲》這麼傑出的作品，為你我生活帶來多一點樂趣，而是因為正如貿易在高等教育和旅遊業扮演的角色，文化交流是促進我們「了解世界」的關鍵。他人認識美國，不是透過我們做的產品，而是我們愛的東西，反之亦然。目光放遠，除了國內生產毛額、就業機會、地緣政治等因素外，你會發現這才是貿易的真諦。除了各項經濟利益外，貿易最有利的論據是那一部部影集、一樣樣產品、一碗碗塔可沙拉，已悄悄連結你我、溫暖你我，拉近你我與世界各地人群間的距離。

273 https://blog.trade.gov/2016/11/02/tpps-impact-on-the-media-and-entertainment-industry/.
274 出處同上。
275 出處同上。

Part III

貿易的未來

本篇要談論那些貿易最迫切的問題、過去不曾獲得正視的問題、目前妨礙貿易為更多人做更多好事的問題，以及必須解決的即將到來問題。只要我們對貿易的了解愈樸實真切，就愈有能力針對貿易討論，不讓貿易政策成為政客操作濫用的工具，以更誠實坦率的態度討論貿易懸而未決的問題，對每個人都有好處。

第十章

贏家與輸家

——解決貿易帶來的現有難題

我盡力以客觀角度來談論貿易的好壞，不過接下來你會發現對於這個主題，我並未真的保持中立，這是因為我很清楚，只要以人道又負責任的態度來處理，貿易能成為世界上一股強大的良善力量。我見過貿易如何豐富你我生活，以出乎意料的方式達成深遠效果。我有幸到訪上百個海內外社區，與勞工和企業家直接面談，親眼見證貿易為他們與家人帶來的寶貴機會。看過所有貿易能帶來的好處後，很難不為它創造的機會感到興奮。

不過這不是本章要談的，我們反而要來談談貿易最迫切的問題、那些過去不曾獲得正視的問題、那些目前妨礙貿易為更多人做更多好事的問題，以及那些我們必須解決即將到來的問題。

我也親眼看過不少這類問題，就在國家貿易談判、各個企業與社區無不抓緊全球化經濟帶來的機會時，被大家遺忘的那些社區裡。他們的故事應該被世人聽見，而我們往前推進貿易發展時，也必須納入他們的未來。

事實上，以更誠實坦率地態度討論貿易懸而未決的問題，對**每個人**都有好處。不用說，這些問題多年來已被批評人士炮轟許久。不過即便是最堅定的貿易支持者，也能從開放、毫不保留地面對貿易的瑕疵中獲得許多好處。如果他們能提出強力論據（我相信他們一定可以），證實貿易對你我的生活絕對利多於弊，就更應該拿出自信參與這個討論。畢竟一旦得以看清貿易的所有缺點，並想清楚該如何補救，貿易能就獲得更廣大的支持，更有效地服務人群。坦率面對問題，最有益的不是貿易的支持或反對陣營，抱走最大獎的其實是世界各地的市井小民。

順道一提，這個最大獎正是我撰寫本書的初衷。一如其他議題，我們對貿易的了解愈樸實真切，就愈有能力針對貿易討論、辯論，甚至投票。事實上，正是因為缺乏對貿易的了解，才會讓貿易政策近幾年成為政客操作濫用的工具。所以如果讀完本書後，你覺得自己對貿易的了解多一點，得利的不只自己，還有國家：你為全國人口中的一小部分打了預防針，面對利用貿易議題為己圖利的空談人士就此免疫，不再受到矇騙。目前討論的眾多議題中，無論你批判哪一部分，都是在幫助強化美國的整體貿易說詞，這是好事。我嚴正發誓，撰寫本書的目的是追求透明度，該如何解決貿易的問題與抓緊貿易帶來的機會，由你自己決定，前提是先讓我們針對何謂貿易的問題與機會取得共識。

貿易贏家與輸家問題一直存在

好在貿易的問題核心並不難理解。其實很簡單，簡單到美國的領導人一開始就掌握了，早在《北美自由貿易協定》引發紛爭、全球貿易組織遭受抗議，以及經濟開始大幅全球化發展前就已經明白。你懂，我也懂。過去都說過十幾次了，**貿易有贏家也有輸家**，贏家數量遠比輸家多。當然不是只有貿易會產生贏家與輸家，保護主義（也就是主動**迴避**貿易）也會創造贏家與輸家。但是這並未改變事實：貿易傷害部分人民，忽略這個事實或一心期盼它自行消失，是不負責任、不道德，並且終究只會帶來反效果的行為，即便對貿易最死忠的支持者也是如此。除非我們面對這件事實，並嘗試加以實際緩解，否則永遠無法提出能嘉惠全部的人，也順道拉其他人一把的貿易政策，更無法達成所有人都能接受的共識。如果無法走到這一步，有心人士即可繼續危言聳聽，濫用跟不上全球經濟腳步者心中的怨恨。

想了解「贏家與輸家」問題的癥結所在，還有為什麼這麼難以解決，不妨稍微暫且轉移話題，談談一個基本的政治經濟理論。我們知道資本體系帶來破壞，頻繁地迫使我們的經濟與人民順應時代變遷。貿易活動成長和全球化趨勢促使調整變得更迫切，但是其他事件也會造成推力。舉例來說，軋棉機或蒸汽船的發明、工業革命吹起號角，或是自動化生產崛起等事件，都迫使我們改變做法，以保持國家生產力與繁榮。我的家族事業以郵購起家，也曾與西爾斯（Sears）和蒙哥馬利華德（Montgomery Ward）一起破壞傳統零售商的做法。等亞馬遜等線上零售商出現後，換成我們被新模式破壞生意，永遠都有贏家與輸家！每當經濟發生改變，無論起因是否來自貿易，就會有些勞工因而受害，有些因而得利。

我們知道因貿易而起，或純粹因此加速發生的改變，會如何影響勞工：美國製鞋工廠倒閉，因為大家改買更便宜的亞洲製鞋；《北美自由貿易協定》生效後，部分美國汽車業工作轉移到墨西哥。但是同樣地，非因貿易造成的改變也會傷害勞工。電燈創造經濟光明，蠟燭工人卻只能黯然承受後果；滾輪行李箱取代機場與火車站的行李員和搬運工；線上訂票、訂房網站出現後，旅行社幾乎絕跡。未來有一天，隨著交通工具日益複雜，所謂汽車修理將不僅限於修補凹痕，更包括軟體程式除錯，你懂我的意思。重點就是這些經濟革命都無可避免，雖然整體而言有益社會，但必定有人受害。

該如何處理受害者，涉及美國兩個相互牴觸的基本看法[276]。第一個是美國資本家的最愛，也是美國史上影響最深遠的原則：自由市場經濟！對於變動經濟中的贏家與輸家，純自由市場理論認為，政府不應干涉市場，補償因變動而受害的族群。因為市場決定拋下他們，其中擁有技能和資源者自然會在新經濟裡找到自己的角色。第二個理論的名氣小得多，還有一個令人聞之卻步的名字：「福利經濟的補償理論」，根據這個理論，在採取行動改善經濟時，如採用自動化系統來打造更好、更便宜的汽車，或簽訂貿易協定開放便宜玩具進口，這些行動不應讓某群人承受特別高的代價。基本上，該理論的概念是因為這些行動為美國整體社會節省很多錢，政府應該將一部分省下的錢，用來幫助因為市場改變而受影響的人，不放任他們承受主要衝擊。你可以想像，上述兩種思維完全彼此矛盾，但其實沒有必要。我們能找到中間地帶，既呼籲個人為自己負責，又承認大家應該一起面對。

甘迺迪推動貿易調整協助彌補輸家的努力

害怕這些政治理論會太過艱澀嗎？別怕，接下來要輕鬆一下，談談十九世紀的英國穀物法條！一九三九年，英國經濟學家尼古拉斯・卡爾多（Nicholas Kaldor）注意到，自由市場原則為那些被經濟改變甩在後頭的人所做不多，比起「向更好的工作邁進」，更多人「陷入窮困潦倒」。卡爾多開始考慮補償措施，研究昔日英國如何處理玉米關稅，一百多年前英國用該方法限制外國穀物進口英國，保護國內農夫生計。一八四五年，不列顛群島（British Isles）爆發前所未見的大規模飢荒——今日稱為「愛爾蘭馬鈴薯飢荒」（Irish Potato Famine），政府只好撤銷關稅，以免國人餓肚子。

如你所料，這項貿易政策的轉變中也有贏家與輸家！進口穀糧大幅降低英國家庭的伙食費，但是本來就為可憐收成煩惱的偏鄉農夫，面對外來競爭突然出現，這下子更是雪上加霜。多虧卡爾多回顧這段歷史事件，因而首度提出進口食品不應傷害任何人的理念。撤銷關稅後，英國消費者得到的財務好處遠多過農夫的財物損失。所以如果政府能從新政策為消費者節省的錢裡，取出一小部分放回農民的口袋，結果就是每個人都獲益了。補償理論由此而生，再也沒有人必須當輸家了！當然，除了愛爾蘭以外，它被英國政府棄而不顧，獨自面對悲慘結局。

我簡化這段歷史與大家分享，因為這正是甘迺迪總統希望在美國貿易的輸家與贏家困境中採用的解決思維。一九六二年，世界走出讓民族主義陷入存在危機的大戰還不滿二十年，就連一

276 參見 https://repository.law.umich.edu/cgi/viewcontent.cgi?article=1818&context=mjil.

向主張孤立主義的美國都體悟到與友好國家財富命運相連的深刻價值所在。美國創造國際機構來連結各國，共同促進經濟發展，包括世界銀行、國際貨幣基金、關稅暨貿易總協定、經濟合作暨發展組織等。

由於某個不友善（或有人主張是「邪惡」）帝國陰魂不散，在東歐與亞洲國家影響力漸增，甘迺迪總統計畫把貿易打造為西方世界的武器，在經濟戰場上征服蘇聯。然而若想用自由貿易拯救世界，他要先說服美國和盟邦撤除分化彼此的關稅。但是甘迺迪也研究過卡爾多的主張與那些玉米關稅，畢竟他的父親幾年前曾是美國駐英國代表，年輕的甘迺迪曾修習英國歷史，知道大幅修改美國的貿易政策，將使美國勞工受害，而他想確保國家經濟轉變時，不會拋下任何人。

一九六二年一月二十五日，甘迺迪向美國國會遞出國家大膽新貿易政策的藍圖。詳述強化與世界經濟互動的諸多好處後，他在該報告最後一段為美國提出一項全新概念——貿易調整協助，精簡扼要地指出：

> 吾人另建議於新貿易政策中納入此一必要措施，為面對外來競爭失利的企業、農人、勞工，協助其努力調整適應。如避免高關稅有益國家政策思維，則面對相應競爭而受害者不應獨自承受全面衝擊。經濟調整之負擔應為聯邦政府的責任[277]。

在我聽來是一個合理的概念，若是當初決意貫徹，今天的貿易討論內容必定非常不同。貿易調整協助的概念很簡單：如果降低關稅帶來廣泛獲利與部分損失，能用其中的部分獲利來補償損失。甘迺迪分別為因貿易受害的勞工規劃三大支柱，受害農夫與企業則另有三大支柱[278]。針對失業員工，貿易調整協助直接提供政府補償，一年給付大約原薪水的三分之二（六十歲以上者補償期間更長）。貿易調整協助並提供由政府贊助的職業訓練課程，幫助習得新技能。此外，如果他們無法在原居住地附近找到工作，政府也會補助搬遷成本。

針對受害企業和農夫，政府提供免費技術協助與諮詢服務，幫助他們面對外來競爭。實施現代化和多角化經營者，提供稅務減免做為鼓勵。此外，也提供貸款與貸款保證，協助營運調整。也許是擔心自由市場狂熱者勢必反對，甘迺迪盡全力不讓他們有任何機會，向美國國會保證貿易調整協助「無法也不會成為政府家父長主義式的補助措施……而是給予美國時間發揮行動力、適應力及韌性[279]」。在這個人工智慧和自動化加速實現的時代，時間的重要性與日俱增，我們正需要甘迺迪，他在哪裡？

277 *Public Papers of the Presidents of the United States: John F. Kennedy*, 1962, p. 76, https://books.google.com/books?id=L7raAwAAQBAJ.

278 出處同上。

279 出處同上。

甘迺迪把概念包裝得不錯，足以說服一些共和黨員公開跨黨派支持貿易調整協助，其中關鍵人物包括前總統德懷特．艾森豪（Dwight Eisenhower），他遊說自家黨員一起支持該法案[280]。為了說服不同意者貿易調整協助確實可行，甘迺迪巧妙地表示：「這個詞語著重於『調整』，而不是『協助』[281]。」雖然計畫最後順利通過，許多擁護自由市場的共和黨員依舊不為所動，認為貿易調整協助就是政府干預經濟[282]。他們的反對多少可預期，且將在自由市場主義追隨者間世代流傳，在之後貿易調整協助每五年不等之間需要再次授權時，就會重新掀起一波對抗。

舉例來說，二〇〇二年，奧克拉荷馬州共和黨參議員唐．尼柯爾斯（Don Nickles）形容貿易調整協助「頗有社會主義色彩」，而新罕布夏州共和黨參議員朱德．克雷格（Judd Gregg）則稱貿易調整協助為「潛藏爆炸性風險的社會主義概念」[283]。相當了不起的說法，畢竟貿易調整協助都實行四十多年了，也沒看見在毀滅西方資本主義上有多少進展。

政府補助失業勞工帶來的疑慮

雖然被形容得煞有其事，但實際上貿易調整協助登場之姿弱得可憐，以緩步啟程形容還算客氣了。甘迺迪提出、在美國國會通過的版本，在適用範圍上極度保守，以至於在貿易調整協助上路七年內，沒有一件申請案順利得到補償，連**一個人也沒有**幫到[284]！而後一九七四年的大規模強化版本終於提出修正，兩年後貿易調整協助總算服務到一小群人，協助六萬兩千名因為貿易法規鬆綁而生計受到影響的勞工[285]。到了一九八〇年代初期，關稅持續削減，貿易調整協助已為全美超過五十萬名失業勞工提供直接補助、職業訓練及其他支援措施[286]。在柯林頓催促下，該計畫於一九九三年再次更新內容，針對因為《北美自由貿易協定》受影響的勞工提供協助[287]。柯林頓當時提出的補償規模其實更高，但是遭遇跨黨派的強力反對而被擋下。

到了二〇一四年，已有兩百二十萬名美國人申請貿易調整協助補助，以適應因貿易帶來的損

---

280 https://library.cqpress.com/cqalmanac/document.php?id=cqal62-1326212.

281 *Public Papers of the Presidents of the United States: John F. Kennedy, 1962*, p. 76, https://books.google.com/books?id=L7raAwAAQBAJ.

282 https://library.cqpress.com/cqalmanac/document.php?id=cqal62-1326212.

283 https://www.govinfo.gov/content/pkg/CREC-2002-05-16/pdf/CREC-2002-05-16-senate.pdf.

284 Katherine Baicker and M. Marit Rehavi, "Policy Watch: Trade Adjustment Assistance," *The Journal of Economic Perspectives* 18, no. 2 (Spring 2004): 239–55.

285 出處同上。

286 出處同上。

287 出處同上。

失[288]。由此可主張（很多人已試著提出）該計畫施行還算有效率。二〇一四年，申請獲得貿易調整協助補助的失業勞工中，有四分之三的人在六個月內順利找到新工作，其中又有九成在六個月後依然保有該份工作[289]。這個數字不容小覷，尤其申請補助者裡有超過半數只有高中以下的學歷，且平均年齡為五十歲，根據歷史資料，這群人在被裁員後特別難以轉換跑道[290]。根據紐約聯邦儲備銀行的班・海曼（Ben Hyman）研究，貿易調整協助在二十年間提高補助受益人的收入，而且計畫財務自給自足。他發現與未申請者相比，獲得補助的勞工在十年內的收入多了五萬美元。雖然被指控為具爆炸性的社會主義概念，但貿易調整協助無疑向來為立意良好的政策，為受美國貿易政策所害的人口討公道。不過即便確實幫助一些員工重新站穩腳步，該政策距離成功還有一段距離，我們知道全美仍有非常多失業勞工再也未能得到第二次機會。

雖然自由市場擁護者中，確實有派系高聲反對政府介入，將資源重新分配給受貿易政策所害的族群，但是貿易調整協助引發的批評確實其來有自，並非全是意識形態。一方面，該計畫適用範圍遠遠不及所有可能受貿易所害的人數，計畫規模實在不夠大，財源也不夠多，無法全面因應挑戰。透過貿易調整協助成功找到新工作的勞工，薪水大多比原工作低，一般來說，他們後來的薪資都只有原薪資的八成[291]。許多失業員工則是根本沒聽過貿易調整協助，申請者中也只有三分之一確實得利於職業訓練課程。此外，這些訓練課程經費也嚴重不足[292]。

一項右派批評說法認為，貿易調整協助這麼發放款項，實際上是**降低**被裁員勞工趕快尋找新工作的動力，值得一提的是，貿易調整協助補助比一般性失業補助多了一點。甚至批評者很快發現並指出，每年都有很多美國人因為不可抗力的因素失業，為什麼只有貿易政策受害者得到特別待遇，自動化或消費者口味改變而失業的員工怎麼就沒有呢？針對這一點，有些人主張因為貿易而失業者是政策決策的後果，而不是市場的自然發展，所以政府自然該承擔一些責任，以求公正。

貿易調整協助也許獲得一定程度的跨黨派支持，但支持力道可說「只有廣度，沒有深度」。雖然尚未被全面淘汰，不過經費也一直不太充裕。計畫確實為**一些**被全球經濟拋下的美國人提供**一定**程度的協助。然而，該計畫真能有效率地解決推行之初想要解決的問題嗎？實在很難找到人真心同意。如果想找到熱切支持該計畫的人就更難了，勞工領袖理查·楚卡（Richard

---

288 https://obamawhitehouse.archives.gov/blog/2015/06/11/trade-adjustment-assistance-what-you-need-know.

289 出處同上。

290 https://www.usatoday.com/story/opinion/2015/06/24/trade-adjustment-assistance-labor-editorials-debates/29246193/.

291 https://www.demos.org/sites/default/files/publications/Broken_Buffer_FINAL.pdf.

292 出處同上。

Trumka）曾向我形容該計畫是「鍍金的棺材」。貿易調整協助要是經費充足，也許會更受歡迎，但從這幾年間政治領袖可有可無的支持態度看來，短期內是不會有答案了。不過貿易調整協助已是美國有史以來唯一為受貿易受害者討公道所做的嘗試，情況不言而喻。自從甘迺迪總統首次提出這個概念，早已超過半個世紀，而美國在這段時間內完全無法提出更好的做法，反倒企圖視而不見。

回首從制高點俯瞰歷史經驗，會發現以半吊子政策補償貿易中的輸家，或是乾脆忽略他們，顯然已讓美國付出慘痛代價。川普於二〇一六年總統競選期間，訴求為全美「遭遺忘的男男女女」打抱不平，讓多年來我們視而不見、任其累積的痛苦與憎恨浮上檯面。在當地工廠停工已久的中西部地區，「增加貿易調整協助經費」向來不是有說服力的競選口號。在地居民不只是失去工作，而是生活型態已然改變，光是提供暫時性勞動津貼與短期職訓，根本無法補償整體社區因為時代更迭、科技進步及貿易政策，而失去的尊嚴和生存價值。若要真正的補償還得做得更多，現在依然如此。

終身學習，迎接新經濟挑戰

「贏家與輸家」問題最迫切之處，也許是改正時間快要不夠了。美國領導人輕忽被貿易和其他經濟變化所抛下的人，向來不是好主意，不過直到最近，多數領導人似乎通常都能避開這個問題，而不必付出慘痛的政治代價。但是好日子大概結束了，不只是因為川普挑起民族主義仇恨，更因改變的腳步不斷加速，比什麼都快。隨著自動化、科技及全球供應鏈無縫接軌更加盛行，改變的規模與受影響的人群實在不容忽視。

全球化的代價在近年來變成特別敏感的問題，主因是其影響都集中在某些區域。大部分的倒閉工廠都位於中西部城鎮，因此產生矛盾情況。首先，由於大多數美國人從未在自己家鄉感受到貿易的負面影響，所以對大多數人來說，全球化不太是政治議題。但與此同時，正是因為貿易「輸家」大多集中在俄亥俄州、密西根州、威斯康辛州及賓州等重要搖擺州，所以這些地區民眾的經驗在總統選戰中便被放大得不成比例，這個矛盾現象對美國的貿易討論與貿易政策都產生深遠影響，我甚至敢大膽表示，這就是談論全球化受害者**說得**天花亂墜，卻從未真正解決問題的關係。

重點是下一波重大經濟改變將是前所未見的發展，當人工智慧成為生活與工作的要角，無論你是在紐約州曼哈頓或堪薩斯州曼哈頓都沒有差別。有別於昔日變遷，新世代科技與自動化的影響將不再因為地區或產業別而不同，卻會因為教育程度不同而有所差異。美國人已有所警覺，未來不需大學學歷的工作即將轉眼全部消失，我們都非常熟悉機器人代替工廠勞工、自助結帳機取代櫃檯收銀員等場景，但卻尚未準備好面對的是，將來白領工作、高階工程師及其他高中畢業後還要接受幾年訓練才能勝任的工作，也可能逐一消失。能肯定的是，面對下一波科技發展，教育程度最高的人會較有保障，但是並不代表所有醫生、律師、會計師與程式設計師都能逃過一劫。正因為這樣的焦慮和急迫感，才會使得政治議題變得如此尖銳。

面對挑戰的第一步，是改變大眾思維。我們必須坦承面對未來學習、工作及維持生計將如何改變。二十多年前，柯林頓勇敢告訴美國年輕人，他們一輩子會「換八次工作」。現在我們也要讓年輕人了解，這八個工作現在甚至大多不存在，因為還想像不到會是什麼工作。根據預估，未來職場上有高達八五%的工作現在仍尚未存在[293]。我們能肯定的只有一件事，就是再也不能靠大學文憑提供保障，一輩子享受中產階級的舒適生活，當然有許多人早發現了。我們也知道，面對不確定的未來，無論可能發生什麼事，萬靈丹只有一個，就是永遠不能停止學習。

不久的將來，大學只是起點，這下子我們終於搞懂，為何英文裡稱大學畢業典禮為「commencement」[294]。教育再也不僅限年輕歲月，到十八歲、二十歲或二十二歲就完結的一段經歷。在自我改造速度愈來愈頻繁的世界裡，這樣是行不通的，這是殘酷的事實，也是重大的改變，我們必須接受。「終身學習」的概念或許不是每個人都能興奮擁抱，如果你說我現在需要回學校學習一種新外語之類的，我會覺得非常可怕。但說真的，重點倒不是學習，而是我的朋友，前美國貿易副代表羅伯特·何里曼（Robert Holleyman）大使形容的「終身備戰」。

迎接新經濟時代需要的不是一輩子坐在教室裡，而是要保持靈活，準備好隨時學習新技能。暴風雨來臨前，我們儲備必需品；經濟轉變時，也要儲備技能。適應這種新生存方式並不輕鬆，但絕對不比承受當鴕鳥的後果來得難受。如果無法做好職場持續進修，後果不只是落後經濟改變腳步，或失去全球領導者的地位。低技能工作流失，上百萬美國人陷入困境，失去收入、生活保障或能另謀他就的尊嚴，將導致政治或社會紛亂頻仍。這還不算其他國家的狀況，改變很可能提高新興經濟體的壓力，進而影響移民浪潮與國際社會穩定。

別管全球經濟，一如往常過著規律生活就好了，這種說法一定會一再出現。這是很讓人安心的想法，許多人肯定樂於接受，藉此自我安慰，但問題是這不是真的。**你什麼也不用改變，交給我就對了**，再也沒有比這更輕鬆的。不過自外於世界經濟潮流，就如同面對可能致命的疾病

---

293 https://360.here.com/preparing-for-the-jobs-that-dont-exist-yet.

294 譯注：該字之動詞「commence」有「開始」的意思。

卻不接受治療：沒錯，短期內能帶來舒適，不用承受某些痛苦的副作用，卻無法帶領我們邁向繁榮強盛的未來。更何況全球化並不是絕症！其實美國已比任何國家更有機會度過難關，並蛻變得更加強大，前提是我們願意吃藥、運動、正確飲食，並以開放態度面對有益的轉變。

從礦工轉行寫程式的矽巴佬

為了讓各位了解我的意思，要去一趟肯塔基州派克維爾（Pikeville），這座緊鄰大桑迪河支流，有七千人口的山城。派克維爾距離維吉尼亞州與西維吉尼亞州邊界不遠，位於阿帕拉契山脈中心，這座城市甚至還舉行名為「鄉巴佬節」（Hillbilly Days）的受歡迎節慶，每年吸引十萬旅客到訪，慶祝典型的山區偏鄉音樂、食物、文化及生活方式。派克維爾還有一個人（也不是我亂編的），名叫羅斯帝．傑斯提（Rusty Justice）[295]。他是當地商人，與東肯塔基州同輩的許多人一樣，年輕時就是煤礦工。

傑斯提於二〇一五年在派克維爾建立公司，到公司官網造訪他的介紹頁面，你會看到他形容自己是：「以身為深山鄉巴佬為榮，熱愛上帝、家人、棒球及阿帕拉契山脈的一切」[296]。讓我驚豔的是，從煤礦城鎮的漆黑索線與黃塵砂土中發跡而起的，竟然是提供劃時代網頁科技和軟體服務的新創公司 Bit Source。

正如自動化工廠決定上中西部人世世代代的生活與生計，煤炭也向來是該區域的天賦人權。挖煤不但為許多人帶來收入（還是不錯的收入），更是當地人的尊嚴、身分認同、社區凝聚力的來源，以及與土地的連結。是什麼帶來了破壞？當然是經濟大變動。不過故事的凶手倒不是貿易，美國只是迷上天然氣，除了能自產供給外，更便宜、乾淨且產量豐富，是煤炭不敢想像的程度。傑斯提知道大事不妙，也許煤炭可以被世界潮流拋在後頭，但派克維爾不能一起坐以待斃，於是與另一位在煤炭業界待了四十幾年的夥伴，一同絞盡腦汁成立公司，目標不僅要避免遭到轉變巨浪滅頂，更要乘風破浪而起[297]。

派克維爾的地理位置不利需要仰賴實體貨品搬運的產業，偏遠山區貨物進出任何目的地都不容易且成本高昂。城裡人口教育程度低，失業率高，但是傑斯提很清楚，當地勞工勤奮又勇於解決問題，畢竟這是在礦坑生存的必要技能。參加附近舉辦的職業訓練會議後，傑斯提和生意夥伴接觸到

---

295 譯注：意為鐵鏽正義。

296 http://v2.bitsourceky.com/node/108.html.

297 參見 https://www.theguardian.com/us-news/2017/apr/21/tech-industry-coding-kentucky-hillbillies 與 https://www.reuters.com/article/usa-broadband-coal-idUSL1N0YI24P20150608.

程式編寫，因此靈機一動，這不就是無論你在哪裡，只要受過訓練、勤奮、勇於解決問題的工作嗎？而且市場需求正大，又不用花運費，即使經濟轉變，馬上淪為無用的風險也極低。

傑斯提在城西邊緣一家已廢棄的可口可樂紅磚廠上開張，褪色的飲料招牌依然高掛門上，因為年代久遠而變白。他貼出制式徵才廣告，寫著科技新創公司即將在派克維爾招募員工，結果有近千人應徵[298]。Bit Source 以專門衡量人是否適合寫程式的測驗篩選，最後選出十一名前礦工，在經過一些基本訓練後，他們成為公司第一批員工。一座典型的夕陽產業之城就這樣邁開步伐，準備擁抱新身分：當地人稱「矽巴佬」（Silicon Holler）。

Bit Source 的區域成功故事引起一些注意，因為該公司做到貿易調整協助一直未能做到的事：讓勞工從低技術的老舊夕陽產業，無縫轉入高科技服務業，而且薪水不比從前差，甚至更好，他們就是「贏家與輸家」問題的理想解決方案，有組織、具創意精神，且不需政府插手重新分配貿易所得。但無論傑斯提和手下貧困的程式設計師在派克維爾一角帶來新生機的故事有多麼發人深省，Bit Source 模式能否複製，背後依然充滿許多問號。

有些問題在於鋼鐵煤炭城鎮和其他被新經濟拋下的地區，其勞動人口的適應能力，傑斯提在當地上百位失業或低度就業的礦工裡，成功選出十一位最有潛力寫好程式的人，但是天曉得剩下的那些人中，有多少也能這樣成功跳槽？其他問題則在於，像派克維爾這樣的城鎮究竟有無能力應付高科技產業，這部分就需要一些政府關注與投資。派克維爾沒有穩定可靠的寬頻網路可用，直到二〇一七年底州政府推行偏鄉網路提升計畫，才在城內架設寬頻「站」[299]。這個問題在全美各地偏遠地區不算少見，許多區域難以吸引或留住企業與投資，部分原因就是缺乏必要的數位基礎設施。我們無從得知有多少公司雖然像 Bit Source 這樣有創意、有人力，也有意願適應二十一世紀新經濟，卻因為只有二十世紀科技水準，而無法大展鴻圖。

諷刺的是，癥結又了無新意地回到政治與文化。二〇一六年夏天，當時角逐總統大位的希拉蕊提出史上最遠大的網路近用計畫——「人人有寬頻」計畫，要在二〇二〇年前讓每個美國人都有可靠的網路使用[300]。由於都市裡高達九六％的人早就有網路可用，如果你和報導總統選情的媒體一樣，都住在城裡或周邊地區，這個計畫大概不會引起注意。但是住在像派克維爾這類城鎮的居民，約有四成都沒有寬頻網路可用，也就是他們缺乏基本原料來建立並支撐多數科技與服務業（或者坦白說，是任何有賴網路觸及消費者的產業，也就是所有產業）。

希拉蕊的計畫還包含擴大聯邦政府對電腦科學教育的投資，為科技新創公司釋出資金，允許

298 https://www.theguardian.com/us-news/2017/apr/21/tech-industry-coding-kentucky-hillbillies.

299 https://www.lanereport.com/84126/2017/11/kentuckywired-installs-broadband-hut-in-pikeville/.

300 https://thehill.com/policy/technology/285132-clinton-pledges-broadband-access-for-all-households-by-2020.

轉職進入新產業的勞工繼續享有原工作福利，寬限科技公司創業者延遲償還學貸，並提供誘因鼓勵鄉鎮打造「模範數位社區」[301]。相較之下，川普競選期間並未提出讓偏鄉地區有網路可用的計畫，雖然他確實曾在某次行程中提到：「我們要去找比爾·蓋茲（Bill Gates），以及很多實際了解這到底是怎麼一回事的人……我們必須和他們談談，在某些區域要用什麼方法補足網路[302]。」

輔導失業勞工轉職的勞動力計畫

所以二〇一六年肯塔基州是由誰獲勝？是川普，贏了三十個百分點。他在派克維爾所在的派克郡（Pike County），以八〇%對一七%，大勝希拉蕊。幾乎沒有人注意到二〇一八年白宮送交國會的預算案，打算撤除阿帕拉契區域委員會（Appalachian Regional Commission），該政府機構負責投資上億美元幫助煤礦社區振興經濟[303]。川普的二〇一九年預算案則規劃完全裁撤偏鄉經濟發展貸款計畫（Rural Economic Development Loan & Grant Program）[304]，以及已運作五十五年的經濟發展署（Economic Development Administration），經濟發展署是針對煤礦與製造業社區提振經濟發展的地方計畫，負責提撥相應經費做為鼓勵[305]。

目前在派克維爾這類地區，最強烈的政治訴求依然是身分政治。對大多數人來說，擁抱煤礦業傳統、歷史及其代表的身分，這樣的情緒性訴求依然比協助當地放下過去、邁向未來的承諾更具吸引力。不過在地解決方案，加上州政府與聯邦政府投資，也能打通步向未來之路。東肯塔基勞動力集中計畫（Eastern Kentucky Concentrated Employment Program）協助再訓練二十三個煤礦郡的礦工，這項民間計畫使用美國勞工部的補助款，輔導失業礦工轉職，出錢讓他們返校進修，並提供在職訓練期間的補貼[306]。幫助傑斯提招募篩選出第一批 Bit Source 程式設計人員的正是這個計畫，該計畫目前正協助上千名肯塔基州民眾，設法從煤礦業轉入更可靠的科技業[307]。目前該計畫與區域內社區大學合作，開設程式寫作營，開發資訊科技技能線上課程，並將科技業工作打造為阿帕拉契山脈地區實際而可靠的職業選擇[308]。在抗拒信任聯邦政府的地

301 https://www.telehouse.com/2016/07/hillary-clintons-tech-plan/.
302 https://money.cnn.com/2015/12/08/technology/donald-trump-internet/.
303 https://www.theguardian.com/us-news/2017/apr/21/tech-industry-coding-kentucky-hillbillies.
304 https://www.washingtonpost.com/graphics/2018/politics/trump-budget-2019/?utm_term=.11dd3298071d.
305 https://www.vox.com/2018/2/13/17004590/trump-budget-cuts-manufacturing-michigan-west-virginia.
306 https://www.ekcep.org/about-us.
307 https://www.reuters.com/article/usa-broadband-coal-idUSL1N0YI24P20150608.
308 出處同上。

區，這類計畫要成功不難，別讓大家知道創造新工作機會的資金是從哪裡來的就好。

「矽巴佬」能否成功振興煤炭城一角，目前還不得而知，但是至少終於有藍圖了。肯塔基州當地人安科・戈帕爾（Ankur Gopal）在二〇一一年成立科技新創公司 Interapt，因為深受 Bit Source 故事啟發，他決定仿效精神，成立東肯塔基科技聘僱（TechHire Eastern Kentucky）計畫[309]。二〇一六年，戈帕爾旗下第一批三十五位程式設計「結訓生」裡，有失業礦工、便利超商收銀員及披薩外送員。經過二十四週訓練課程加上八週實習，他們成為應用程式設計人員與軟體工程師，原本僅能勉強餬口的時薪，也變成舒適安心的年薪。最棒的是，多數人不需要為了追求好生活，離鄉背井到大城市，他們把技能、可支配所得及新生的樂觀態度帶回東肯塔基。二〇一八年，九十名新一批當地勞工也開始受訓，戈帕爾預計隨著計畫順利發展，報名人數將會愈來愈多[310]。故事很勵志，不過背後政治一樣頗為複雜。戈帕爾之所以能推動這個計畫，多虧成功說服肯塔基州共和黨州長馬特・貝文（Matt Bevin）與共和黨州議員哈爾・羅傑斯（Hal Rogers），拜託兩人遊說聯邦政府提供資金，最後成功了。阿帕拉契區域委員會通過預算案，挹注兩百七十萬美元供東肯塔基科技聘僱成立與執行，就是川普總統後來計畫撤除的那個委員會[311]。

因為科技、時代進步及貿易而被拋下的勞工，面對什麼樣的未來？老實說，我並不知道。Bit Source 這樣的公司、東肯塔基勞動力集中計畫等方案，以及戈帕爾的東肯塔基科技聘僱等概念，都證明「贏家與輸家」問題可能以正面方法解決，但是長期來說能否成功則很難保證。其中有微妙又千絲萬縷的政治因素，且文化與身分認同影響甚鉅，基礎建設發展遲滯，也不知道上述解決方案能否擴大規模，應付大局變化。不過這些做法確實帶來希望，這是貿易調整協助一直無法達成的。

實習、技職課程、進修模型等早已大幅改變一小群失業員工的生活，但最棒的莫過於，即便這些做法最終仍無法全面解決問題，卻至少已開始改變我們對學習和工作的看法。肯塔基州的故事主軸是**適應力**，隨著人工智慧與自動化科技發展，不久後將變成全美的故事主軸。新的程式設計工作可能會變成目前你我還無法辨識的樣貌，然而無論如何，這些轉行寫程式的前礦工都不會被打回原點，他們習得的技能將為自己打造二十一世紀各行各業的優勢，同時更鍛鍊最重要的那項技能：雖然已經離校多年，卻仍有能力學習新事物。面對經濟局勢不斷演變，保有靈活的身段與思維將是成敗關鍵，對於遭到市場淘汰的礦工、被貿易拋下的工廠勞工如此，對所有人也一樣，因為等到下一波驚天動地的科技革命來襲，你我的職場都將面臨破壞。

---

309 https://www.nytimes.com/2018/09/21/opinion/sunday/silicon-valley-tech.html.
310 出處同上。
311 出處同上。

第十一章

從無現金到基本收入

——對未知將來的補救策略

「『電話』這種東西的缺點多到不值得考慮當作溝通工具。」西聯（Western Union）總裁威廉・歐頓（William Orton）在一八七六年這麼說[312]。「世界上有誰想聽演員講話？」哈利・華納（Harry Warner）曾如此質疑，那年艾爾・喬遜（Al Jolson）的歌舞片《爵士歌王》（*The Jazz Singer*）風靡好萊塢。二十世紀福斯（Twentieth Century-Fox）創辦人達瑞爾・柴納克（Darryl Zanuck）在一九四六年曾預言電視只是一時熱潮，畢竟他推論：「大家很快就會厭倦每晚盯著合板木箱看了。」三年後，《大眾機械》（*Popular Mechanics*）雜誌嘖嘖稱奇地寫道：「未來的電腦只有一千個真空管，且重量可能只有一・五噸。」

快轉到一九九五年，身為網路先驅者的3COM創辦人羅伯特・梅特卡夫（Robert

Metcalfe）評論：「網路即將耀眼如超新星，接著在一九九六年災難性殞落。」眾所周知，在一九九七年一場會議上，他把自己的唱衰文章丟進果汁機裡，真的「把話吞回去」，引起眾人喧譁圍觀。更近一些，大名鼎鼎的麥肯錫公司（McKinsey & Company）在二〇〇七年預測iPhone 銷售潛力可能高達兩千萬支（之後總共售出十億支以上）；二〇〇五年，YouTube 共同創辦人陳士駿對自己的心血結晶前景存疑，遺憾地表示：「上面我想看的影片實在不多。」

借用另一句通常據傳是尤吉・貝拉（Yogi Berra）說的話：「預測不好做，針對未來的尤其困難。」這部分我也不算清白。一九九〇年代，我在莉莉安薇儂工作，首度接觸電視遠距購物的概念時，第一個反應也是：「和電話另一端的真人對話，讓人類幫你下單，不是比較好嗎？」真是大錯特錯！回顧這些錯得離譜的預測，目的不是為了嘲笑預測者，他們其實都很聰明，只是想提醒各位，在這個關鍵的歷史時刻，思考未來時，你我的想像力有多麼不管用。未來能企及的大膽與有趣程度，總是遠多於我們能預期的，這是當今的我們在面對未來時，我唯一願意

---

312 https://books.google.com/books?id=Hg4rDwAAQBAJ&pg=PA78&lpg=PA78&dq=%2B%22william+orton%22+%2B%22has+too+many+shortcomings%22&source=bl&ots=s0xSodbbrW&sig=ACfU3U2lwaQh9Ce5CG0EuL7OhxbNslWd1g&hl=en&sa=X&ved=2ahUKEwiOrZKy5b7hAhVEtlkKHdugBwwQ6AEwDHoECAgQAQ#v=onepage&q=%2B%22william%20orton%22%20%2B%22has%20too%20many%20shortcomings%22&f=false.

又有信心的預測。面對如此的未來，無論可能出現什麼驚喜，為自己做好準備就是這個時代最大的挑戰。也就是說，我們必須盡力擁抱改變，接受何里曼所說的「終身備戰」，培養更強的適應力，面對前方所有看似不可能的可能，都積極擁抱新概念和解決方案。

善用改變，勇敢邁向變動的未來

在這方面什麼策略最有效，就會想到歐巴馬總統針對美國能源前景說過的話。民主黨員雖然決意擁抱乾淨的再生能源，但歐巴馬依然一再擁抱他所說的「以上皆是」（all-of-the-above）能源策略。他解釋，能源挑戰太大也太複雜，不該現在就限制想像力。以能源議題來說，這意謂同時發展風力、太陽能、核能、煤炭及所有能源；就經濟議題而言，則意謂著追求聯邦與州政府計畫、地方實驗、私部門行動，以及教育機構和智庫的各種創意。直到清楚明日的經濟樣貌前，都不該被意識形態或當前預測所限制，而是只要能讓國家勞動力更具韌性、經濟發展更耐久，或有助人民做好準備抓緊任何出現機會的想法，都要欣然擁抱。

坦白說，這種策略正是過去談到全球貿易時**應該**採行的做法，為美國勞工打造終身備戰能力，就能避免近年來出現的許多負面效應，貿易帶來的好處能更廣為散布，促進你我進步，跳脫老舊產業更容易，也能避免社會敵視全球化浪潮。不幸的是，美國實在失職，讓上百萬勞工失望了，沒有協助國民做好準備面對未來不可避免的改變，反而一再告知能阻擋飄洋過海的東西，至於他們則一輩子不用改變。城鎮人去樓空，產業崩潰瓦解，拋下數不盡的勞動人口，從來沒有人警告他們必須為人生其他的可能性做好準備，面對這些問題，政治人物只說我們能重返昔日榮光，說是有色人種與移民剝奪他們的生活，說**下一波**改變浪潮能被擋下。他們必須準備迎戰，自力更生。

改變的腳步無法停下，也不該停下，你我只需準備好善用改變。好消息是，我們並非從零開始，創新解決方案已經有了，也試行改良，就在全國各地具前瞻思考的地區、州及城鎮中。有些計畫目的在於擁抱與善用新科技，有些政策調整則是為了強化勞動力的流動性和靈活性，有些社會策略則想幫助人民面對不再需要我們習慣勞動量的未來社會。上述各類計畫有一個共通點：都試著解答我們尚未面臨的問題，直到迎面撞上前，我們無從得知這些問題會是什麼樣子。要如何做好準備迎接明日經濟？如何綜觀全球規模、各種已知與未知的變數，還有對活在其中並使之繁盛的人類造成的非預期效應？美國花費大把時間與精力，否認或延遲經濟改變的衝擊，我們袖手旁觀，任憑基礎建設和教育系統發展遲滯。我們忽視現實，為此付出代價。對於有助我們**善用**改變不可避免的力道，並試圖從中得利的解決方法，若能加以採用，長期下來就能重建中產階級，將國家導向永續的發展途徑，勇敢邁向未知的未來。

以展望未來的態度尋求解決方法是什麼感覺？以費城的市議會為例，該議會在二〇一九年二月決定面對到處都有店家拒收現金的問題[313]。對許多企業來說，邁向無現金經營模式可望提升效率、減少顧客等待時間，並杜絕竊盜風險；然而從城市的角度來看，卻有害平等。有些低收入戶因為沒有現金卡或信用卡而無法付帳，因此被剝奪享有無現金商店服務的權利。市議會投票後，以十二比四通過決議，強制要求店家和餐廳接受現金。面對顯而易見的科技文化潮流趨勢，他們的解決方式是逼迫商家回到過去。什麼是擁抱未來的解決方案？何不推出地方計畫，讓每位費城民眾都能輕鬆免費開戶？想要解決不平等，與其強迫店家回頭用老方法，何不幫助大家一同走向無現金的未來？你我都知道這是遲早的事。

正如過去探索時代、工業起步、資訊時代的曾經，我們必須再次拋下舊地圖，朝向更廣闊的地方邁進。前面談過幾個幫助人民度過時代變遷的可能辦法——補償失落社區、訓練礦工轉行寫程式，以全新觀點檢視如何終身持續自我進修等，但這張拼圖是美國史上面臨過最龐雜的，需要極多拼圖片與創意，才能成功組合出人人適用的未來圖像。首先，可以先把意識形態放在一旁，左派必須承認光靠政府計畫無法解決問題，右派則得認清市場就是無法以可行又人道的方式照顧到每個人。解決方案也並非「一體適用」，有些在偏鄉效果較好，有些則適合年輕族群，諸如此類。借用美國前國防部長唐納・倫斯斐（Donald Rumsfeld）的話，我們必須面對的不只是已知將出現的挑戰，像是不斷更新的科技與敵對經濟體的成熟，也得處理許多未知，或只知其一不知其二的問題。

在未知問題中，首要就是美國政治，在美國做好準備面臨未來可能性時，政治可能是神助攻，也可能是破壞王，端看接下來幾年如何發展。真相是就算完全知道要怎麼做，想解決贏家與輸家問題，或是隔絕快速變遷影響於美國之外，依然十分困難。原因不複雜，就是因為政治制度向來有陋習，即便是最顯而易見又絕大多數人支持的解決方案，依然可能遭受阻礙。許多事就算有成堆資料支持且社會共識同意該做，卻仍未落實，如投資幼教、建構氣候變遷適應韌性、重建基礎設施等，族繁不及備載。如果美國繼續深陷意識形態之爭與資金充裕卻不良於行的政策中，絕無機會正面迎擊即將到來的經濟變遷巨浪。這種現狀能否改變？當然可以。選民可以堅持政治人物認真考慮對策，並將一大票理念相近的領導人送進政府；政治人物則能認清挑戰規模、促成共識。改變真有可能，也必須能夠，只要我們還有意領先經濟變遷一步，就必須改變現狀。

---

313 參見https://www.phillytrib.com/news/localnews/city-council-bans-cash-free-businesses-sends-bill-to-kenney/articlef42ef41f-2cdf-5ffd-b6a6-b8e77a2329b8.html.

以韌性與適應力迎向未知的挑戰

未知的挑戰還有很多，由於科技突破難以預料，無法預期下一波人工智慧進步，是否將讓全美半數會計師、資訊科技專家或平面設計師失業，或讓驗光師再也無用。麥肯錫全球研究院（The McKinsey Global Institute）調查發現，到了二〇三〇年，全球勞動人力需求將因科技進步而減少三成，迫使三億七千五百萬人「轉行或學習新技能」[314]。也許我們可以擬訂應對策略，但願能先知道是哪三億七千五百萬人需要轉行。不過我們得做好準備，每個人都要各自對未來做好準備。

雖然這已經夠可怕了，但是最好假定未來還會出現更尖銳、目前尚未想像到的問題。這些問題是我們從未想過的事件，即便事後能加以描述，但事前絕對未曾預期或無法預見。也許會以「黑天鵝」事件之姿登場，殺得我們措手不及，瞬間改變一切：想想第一次世界大戰、網路出現、九一一攻擊事件等，如同定義，我們無法得知下一個黑天鵝在哪裡，只能保持開放態度，不排除未來某天可能發生某件足以完全改變我們如何看待世界的事件。可以隨時提供乾淨、廉價再生能源給每個人的新科技？網路資訊安全大災難？地球外新生物的存在？天曉得未來可能帶來什麼改變，或是將如何顛覆世界經濟。思考如何做足準備，並制定貿易政策迎接未來經濟時，必須認清事實，即便是最精密的規劃，也可能因為可預期或不可預期的發展，變得不再可行，甚至可笑。

所幸我們擁有有利的重要資產：人類的韌性與適應力。這並不是空話。一八七〇年代初期，第二次工業革命前夕，全美半數以上的美國勞動人口都務農。一個世紀後，這個數字驟降到五%以下[315]，許多包括汽車維修、總機接線、長途貨運駕駛等熱門工作，都是一八七〇年代的農夫想像不到的行業。我的重點是，我們曾如此大幅調整適應，並創造出更多工作機會與經濟繁榮。唯一的不同是，這一次動作必須快上許多。

在這個關頭，勝負攸關的不只有美國經濟，還有國際與全球穩定，以及國家安全。布魯金斯研究院（Brookings Institution）報告指出，如果人工智慧與自動化帶來的職場破壞懸而未決，且嚴重程度略如預期，則「西方民主將回頭走上威權主義……美國會像敘利亞和伊拉克那樣充滿武裝青年，幾乎沒有就業機會，能做的只剩上戰場、施暴或偷竊[316]」。這份報告來自布魯金斯研究院這家不以戲劇化言論著稱的智庫。無論如此黯淡的前景有無可能，有一件事是肯定的，

314 https://www.mckinsey.com/featured-insights/future-of-work/jobs-lost-jobs-gained-what-the-future-of-work-will-mean-for-jobs-skills-and-wages.

315 https://www.bls.gov/opub/mlr/1981/11/art2full.pdf.

316 https://www.brookings.edu/blog/techtank/2018/04/18/will-robots-and-ai-take-your-job-the-economic-and-political-consequences-of-automation/.

國家必須好好整備勞動力、政策、學校、城市與在地社區，讓大家順應不斷變遷的趨勢，而不是任憑他們撞上變局，如此人民就能繼續快樂生活，保持高勞動產值，國家就能持續領導世界。

我沒有所有問題的解答，事實上也不認為誰有，一體適用的解答並不存在。我相信，直到進一步了解科技、趨勢與社會品味將把未來經濟帶向何方前，現在最應該做的就是發揮創意，嘗試任何有助你我適應趨勢的做法。絕對不能被變化殺個措手不及，雖然我們肯定會錯估發生的速度與出現的形式，但是你我都知道它一定會到來。貿易和科技創新之於美國與全世界雖然極為重要，不過也有壞處。有些過去貿易和科技革新造成的影響較像彗星相撞：僅在當地造成災難，至於遠在災區外的人，生活則從未因此脫離常軌。相信下一波改變無論形式為何，將更像龐大的小行星，會把我們統統撞出軌道外，逼迫大家重新調整看待生活與生計的方式。

所以該做什麼？首先，從自己做起。終身備戰就是為自己的未來負責，一如得知颶風將至時做好準備，儲備可長久使用的技能，以便隨時出手。此外，也別忘了大家都在同一艘船上，要為自己做好準備，但也不應該丟下任何人，孤軍奮戰。必須以迅速又坦承的態度為未來做好準備，必要時在精神和情緒上都要準備好因應時代變化，調整自己的生活模式與國家文化。將上述事項謹記在心，一同探索公私部門與國際貿易場域裡，所有看似能帶領我們走上光明大道的解決方案。

鋪設社會安全網的諸多發想

在世界等待未來工作發明出來時，政府無須枯等，為了善盡責任，可以開始保護人民不失去當前的工作。想準備迎接挑戰，可以為社會安全網執行創新方案。社會安全網一如走鋼索特技員與高空鞦韆手下方那張網，是維持社會完整的關鍵。向來如此，在經濟面臨不可預測的衝擊時，安全網尤為重要。然而解決社會安全網問題的同時，也總會帶來政治挑戰，許多美國人與政治人物雖然是社會的一分子，但一聽到**社會**一詞時總會生氣。

其實人生中遇過的所有社會計畫，包括一九三〇年代的《社會安全法案》（Social Security Act）、一九六〇年代的聯邦醫療保險（Medicare）與醫療救助（Medicaid），到二〇一〇年的《平價醫療法案》等，剛推出時都受到強烈抗拒，反對者好像只要聽到**社會**兩字，就會多聽到後面無聲的「主義」兩字。這已是美國傳統，看到保護受苦人民的計畫，就自動當成凶手。我們基因裡的個人主義與自由市場傾向真頑強，抗拒認同政府能幫助我們不幸老去、生病或被裁員時，出來幫助自己適應。

考量到未來可能掀起大規模經濟動亂，我們必須設法度過回應期，事實上可以合理認為已經在準備了。全民基本收入（Universal Basic Income, UBI），也就是不論有無工作，政府都會給付每位國民基本收入，不過幾年前，這個概念還被當作極左派分子的不入流之說。然而，隨著人工智慧取代勞工的可能性愈來愈真實而急迫，全民基本收入已快速蔚為主流論述。二〇一八年二月，蓋洛普調查發現有四八%的美國人支持提供基本收入給因為科技發展而失業者，女性、大學教育程度及三十五歲以下族群都有明顯多數支持[317]。調查也顯示，各族群裡都有將近半數人願意繳更多稅，確保被人工智慧取代的勞工能領取收入，更有八成受訪者支持蓋茲和其他人提出的概念：向投靠科技取代人力的公司收取「機器人稅」，做為全民基本收入的財源[318]。

機器人稅的主意，其實呼應前面提過的卡爾多與英國穀物法。正如英國食物價格驟降而節省的錢，可用來補償國內受進口穀物所害的農夫，機器人稅則是若公司能靠著以人工智慧取代人類而省下大筆費用，應從中撥出部分經費補貼那些被取代的勞工。無論全民基本收入是否明智，至少值得慶幸美國人似乎已開始有感，知道必須做更多、花更多錢，為自己緩衝科技革命帶來的破壞力。這個社會對於《社會安全法案》的支持，向來高過食物券之類的計畫，部分也許是因為變老比陷入赤貧還容易想像。

或許全民基本收入愈來愈受支持，是因為愈來愈多人能想像自己被科技取代的未來世界，也就是一個自己需要基本收入的世界。說到底，我希望在未來世界裡，無須仰賴全民基本收入這樣的概念，人類天生**想要**有生產力，這是自我定義的一部分。所以我偏好的未來，是人類的進步並不導致職業無用，而是能讓你我從事可帶來自尊與人生意義的工作。這樣的未來會成真嗎？天知道！這就是全民基本收入值得納入整備方案中的原因。

還有許多關於社會安全網的發想，由各級政府機構探索中，例如幾位經濟學家開始呼籲政府改變失業救助金的發放方式。一般來說，失業救助金是以每週或每月為單位發放，就像支票的概念，但是這些經濟學家主張，這樣只會讓人永遠難以脫離政府救助。如果救助金能一次全數給付，失業勞工較能自由為人生做出重大而必要的改變，也能鼓勵他們加快思考下一步出路。與其在他們找工作期間，週復一週地給付只夠付房租和購買日用品的款項，不如一次單筆全數支付，讓他們能馬上投入職業訓練，或是視意願搬到工作機會較多的地方。簡言之，這樣的做法提供失業者能動性、彈性及一些掌控未來的能力。我們知道在做長期準備時，這三項是必要條件。這種做法能轉移誘因結構，讓更多失業工廠勞工與店員可以實際活用救助金，為新工作做好準備，而不是過一天算一天。最棒的是，這種轉變只需要簡單調整一下政策就能馬上達成，值得一試。

317 https://news.gallup.com/poll/228194/public-split-basic-income-workers-replaced-robots.aspx.

318 出處同上，以及https://qz.com/911968/bill-gates-the-robot-that-takes-your-job-should-pay-taxes/.

還有許多類似的想法值得研究與試行，看看能否扭轉破壞，為人民與社區做好改變的準備。針對較可能被貿易或自動化取代的職業，給予薪資津貼和減稅福利，能鼓勵他們在工作真的消失前先學習新技能。薪資保險可以幫助被迫接受薪資水準較低之替代工作的勞工，多少補償薪資落差，讓他們有時間與自由，為下一個更好的工作機會做準備。我們能擴大勞動所得稅扣抵制，經驗證實，在貧窮情況最嚴峻的社區，該政策可減輕貧困。未來當提高基本薪資等傳統做法不管用時，該政策也許能幫助最多的美國人口。不是每個社會政策都有足夠規模或能力解決未來的挑戰，也不是每個創新想法都能發揮預期作用，但是嘗試各種選項，肯定能在改變當前時保護我們，在你我嘗試看清未來職場的樣貌時，帶領我們走上更平坦的道路。而且坦白說，無論有時多麼討厭「社會」政策，依然有道德義務在歷史上的此時此刻，鋪設更強韌寬廣的社會安全大網，因為改變的速度更甚以往，而且你我完全不知道下一個將被擊倒的是哪樣東西或哪些人。

羅德斯島州推行的策略性職訓計畫

還有一項值得重新檢視的社會安全政策，是哈佛經濟學家羅伯特・勞倫斯（Robert

Lawrence）與阿卡許・迪普（Akash Deep），在二〇〇八年嘗試以創意挽救因為經濟改變而被掏空的社區。他們要解決的問題，是突然爆發大規模失業潮（通常是因為工廠倒閉）社區所出現的惡性循環。如果一座兩萬五千人口規模的城鎮裡，汽車工廠倒閉，首先最顯著的效應就是有四分之一人口失業。但是影響會擴大：困苦家庭不再光顧地方商家和餐廳，大街上一片昏暗，當地學校與社區計畫因為稅收減少而經費短少，剝奪下一代的希望，並帶來犯罪、毒品，社會風氣萎靡不振。勞倫斯與迪普的提案無法拯救汽車廠，但是確實終止當地蕭條循環，避免整個城鎮覆沒。該提案稱為「稅基保險」（tax-base insurance，希望哪天會出現更順口的名字），能幫助社區應付突如其來的經濟衝擊，背後原理是美國人都很熟悉的機制[319]。

水災險保護你不受災害影響，汽車險提供意外賠償，稅基保險則針對大規模失業提供同樣的保護措施。當工廠倒閉時，地方政府能買進公共或私人保險機制，以免地方陷入絕望。城鎮支付相應保費，就像你我繳交健保費一樣，之後如果因為貿易、科技或其他發展趨勢導致稅基萎縮，即可收到保險金。保險金能彌補稅收損失一段時間，讓城市有能力穩固預算，為市民投資開拓新的工作機會。工廠是救不回來了，但是至少能免除動盪與當地經濟蕭條等第二層風險。

---

319 參見http://www.hamiltonproject.org/assets/legacy/files/downloads_and_links/Stabilizing_State_and_Local_Budgets-_A_Proposal_for_Tax-Base_Insurance.pdf.

部分基金能用來訓練失業勞工轉往更穩固的產業，部分則能拿來鼓勵創業，消防員和老師也無須因為預算不足而被裁員。這樣的創意在過去十年間本來能拯救無數沒落社區，帶來截然不同的結局，但是不知為何，政府在搜尋解方時卻從未考慮這種做法。

在這樣的時刻，應該慶幸美國採取聯邦制，有五十州能當作實驗室來試行這些創意想法。其中最小的是羅德島州，州長是我的朋友吉娜・雷蒙多（Gina Raimondo），她跨出勇敢的一步，根據企業回報最需要的技能，設計新的職業訓練計畫；也就是羅德島州的教育體制與職訓課程，能精準搭配當今實際存在，或公司預期即將有需要的工作。目前計畫成效極佳，二〇一四年雷蒙多剛當選時，該州失業率高居全美第二[320]，短短四年後，就從第四十九名進步到第二十七名，失業問題規模砍半[321]。當然進步的因素有很多，但最大的成功因素完全不是祕密，雷蒙多上任後就一再強調策略性職訓計畫。

雷蒙多州長任內執行的計畫中，有許多在其他區域，甚至全美都可望成功。二〇一五年推出、需求導向的羅德島州實際工作計畫（Real Jobs Rhode Island），讓私部門一起規劃職業訓練，並負責引導政府投資。在靠海的韋斯特利（Westerly）小鎮，州政府與有百年歷史的潛水艇製造商通用動力電船（General Dynamics Electric Boats）協調資源合作，州政府在附近興建職業訓練中心，與公司協力設計課程，既包含公司實際所需（如管線配件和焊接），也有現代化船艦所需的高階資訊科技技能。不到三年，已有一千八百位當地人到該中心受訓並獲公司僱用[322]。羅德島州實際工作計畫模式複製到全州，建立三十二項雇主導向的訓練合作計畫，目前已有四百三十家在地企業參與，有效確保求職者學習的技能可直接銜接附近的穩固職業。

雷蒙多也很關注下一代，州政府目前已發起多項計畫，特別幫助各年齡層的孩童為明日經濟做準備。她剛上任時，全州公立學校只有一%的學生修習電腦科學。拜羅德島州電腦科學教育（Computer Science for Rhode Island, CS4RI）計畫所賜，到了二〇一八至二〇一九學年度尾聲，全州各所公共學校都開設各年級的電腦科學課程，許多兒童甚至從幼稚園就開始接觸領域基礎知識[323]。另一項計畫為羅德島州做準備（Prepare Rhode Island, PrepareRI）為高中學生尋找各個領域的實習與見習機會，包括科技業在內。該計畫同時允許所有高中生在校時，即可一邊修習大學課程學分，並且不用付費[324]。

---

320 https://www.bls.gov/lau/lastrk14.htm.

321 https://workingnation.com/rhode-island-economic-recovery/.

322 出處同上。

323 出處同上。

324 出處同上。

當然在羅德島州管用的計畫，在蒙大拿州、威斯康辛州或紐約州也許不會有一模一樣的效果，但是目前的推行結果顯示，像這樣跨越世代並由企業一同參與的創新計畫，確實能顯著強化當地勞動力。前眾議院院長萊恩曾對我說，民主黨總想把所有事情擴及整個聯邦，共和黨則老想把所有事情限縮於地方。也許最佳解法，是讓上述兩種方法各自發揮最大的效益。

為地區吸引投資，創造工作機會

中央與地方政府努力提升人民技能和韌性的同時，聯邦政府設法為最有需要的地區吸引投資，以助其一臂之力。其中一項計畫是二〇一七年推出的機會區域（Opportunity Zone）計畫，提案人跨越黨派，包含共和黨參議員提姆·史考特（Tim Scott）、民主黨參議員柯瑞·布克（Cory Booker）、前共和黨眾議員帕特·蒂貝里（Pat Tiberi），以及民主黨眾議員榮恩·坎德（Ron Kind）[325]。該計畫要求各州州長根據貧窮率偏高、家戶所得中位數偏低等衡量標準，選出需要投資的社區。選定名單送交美國財政部，從中核定出全美各地近九千個社區，大約占全美社區數量的一二%，指定為機會區域[326]。

基本概念是只要在任何一個機會區域創業、建造房產或投資現金，就能享有極優惠的減稅優惠，這是挺有說服力的誘因，如果歷史足以佐證的話。我在美國進出口銀行時期認識的朋友史提夫・威爾伯恩（Steve Wilburn）是小型綠能公司 FirmGreen 執行長，就有意利用這個計畫，他說：「如果沒有稅務減免投資鼓勵措施，我們通常無法支撐低收入區域的案子，這真的能為我們和服務社區創造雙贏。」

機會區域計畫背後的邏輯很清楚，雖然經濟自二〇〇八年金融危機後已強力反彈，復甦期間頭五年內新出現的工作機會，有一半全集中在七十三個郡（全美總共有約三千個郡）[327]。現在提到「經濟的強韌」時，說得多只是大城市的經濟強韌，這些地方因為勞動人口教育程度高、基礎建設發達、投資流動自由，因此得以獨攬所有經濟果實。然而偏鄉社區卻完全是另一幅光景：當地趨勢完全背離全國失業率與國內生產毛額變化、新創企業成長，以及所有通常檢視國家發展時觀察的項目。

---

325 https://www.the74million.org/article/the-investing-in-opportunity-act-hidden-in-the-tax-bill-a-new-program-that-could-help-charter-schools-secur-the-funds-they-need-to-expand-in-high-needs-areas/.

326 https://fundrise.com/education/blog-posts/what-are-opportunity-zones-and-how-do-they-work.

327 https://www.the74million.org/article/the-investing-in-opportunity-act-hidden-in-the-tax-bill-a-new-program-that-could-help-charter-schools-secur-the-funds-they-need-to-expand-in-high-needs-areas/.

對這裡的上千萬美國人而言，二〇一〇年代的就業潮不過是遙遠的傳說，教育率遲滯、沒人有興趣花錢購置房地產或投資生意[328]。眼看機會遙不可及，鴉片成癮率急速上升，墜入更悲慘的深淵。這就是機會區域想幫忙的地方，雖然目前還看不出來政府的稅務優惠是否足以鼓勵有意義的投資計畫，把這些社區重新拉回正軌。當然投資人都愛減稅，但是實際上也需要教育程度良好的員工、優質地方學校、可靠寬頻網路等各種前提都到位，他們才可能考慮將資金投入這些地方。

至少我們已認知到美國機會不均等的問題有多嚴重，對國內經濟與政治發展又是多麼大的弱點。光是收入不均就已經夠糟了，別忘了還有學校經費不足、實體及數位基礎建設衰敗、人民生活惡化、吸毒率飆高等各項因素引發的加乘效應。各項問題相加，後果慘不忍睹：多數企業家避開校園拮据的地區，因而減少就業機會，降低收入，無力改善校園。愈是缺錢開辦小聯盟與社區中心，就有愈多年輕人對教育與就業失去希望，轉頭投入危險行為的懷抱，自毀人生，勞動力因此更加孱弱，無法資助在地的重要服務。這類社區的生活愈不穩定，人民愈傾向投入極端政治，有礙實際政府方案施行。機會區域和其他計畫能否打破這個循環？只能觀望了。

公司助攻，跳脫對員工學歷的限制

要先聲明我是資本主義派，不相信聯邦或地方政府能完全自行解決上述問題。這方面，公司也握有極大的決策能力，節省勞力的新科技畢竟是它們開發的，何時與如何以這些科技裁員或取代勞工也由他們決定，當然他們也做出許多進出口決定。不過這些抉擇都不是在真空狀態下做的，通常都有利潤極大化、保持市場競爭力，偶爾還有避免大量裁員伴隨的毀損商譽風險等目的。政府負責制定貿易政策，對勞動市場當然有關鍵影響力，但說到經濟影響是來得快或慢，大多時候依然是私部門的決策者說了算。

對民選領導者，我們擁有投票權，如果不喜歡他們的決策，可以用選票下架他們；至於對私部門，我們實際擁有的是**消費**能力，透過購買決定鼓勵或拒絕它們來影響公司行為。消費能力其實頗為強大。消費者的價值與影響力經過整合後，足以逼迫麥當勞、肯德基（Kentucky Fried Chicken, KFC）等餐廳停止販售施打抗生素的雞肉和牛肉、足以引發「公平貿易」咖啡革命，還足以讓媒體公司蒙羞，不得不撤換比爾．歐萊利（Bill O'Reilly）這樣當紅卻問題很大的主持人。

328 參見https://eig.org/dci.

我相信，只要導向正確方向，消費能力足以說服企業領導者在邁向人工智慧時代時，勿忘真實人類的利益。此外，也需要以法條、稅務優惠等其他能引發商業界反應的策略輔助。我對這部分抱持樂觀態度，企業領導者已逐漸展現，他們了解有必要在股東利益與其他利害關係人間取得平衡。事實上，二〇一九年八月的商業圓桌會議（Business Roundtable）上，領導者已明確承認，企業應該看得更廣，在定義商業之於社會扮演的角色時，不應只著眼於創造股東價值。這非同小可，畢竟這群人是蘋果、沃爾瑪、摩根大通（JP Morgan Chase）等近兩百家大企業的執行長。只要有適當誘因與問責機制，相信企業有能力在為自己追求利潤的同時，也為世界做好事。

過去每當經濟經歷轉型，都有可能拋下一批人。農業進步導致美國經濟不再以農業為主軸，但是也發展出新產業，讓失業農夫及其下一代有較不費力的新工作可做；電腦時代本來可能奪走上千萬個就業機會，但是最後反倒創造數位服務產業，帶來新就業市場。經濟市場轉變總會伴隨著某個經濟篇章的終結，同時開啟更新、更好的一頁，推動勞動力向前邁進。從歷史經驗看來，與先前相比，轉變後都帶來更多就業機會與更好的生活品質。但是在人工智慧和自動化時代下，挑戰更艱鉅，也比過去幾波轉變更快，正因為來勢洶洶，你我調整與試驗的時間就更少了。

重點是改變大多不為人類著想，而是企業領袖在設計科技時，必須**選擇**是否為勞動人口開啟新機會，即便可能因此淘汰某些舊產業。Uber 和 Airbnb 也許分別危害計程車業及旅宿業，但是同時也為上萬名崛起中的業餘駕駛與旅店老闆帶來更有彈性和適應力的工作機會。無人駕駛車設計公司及其他明日創新產業能否締造相同結果?它們的產品能否為人類找到更合適的新角色,就是唯有這些人才能勝任、需要人類互動、溝通與關懷技巧的工作?或是它們會直接忽略對人類社會的影響?美國偉大作家愛德華・艾比(Edward Abbey)曾寫道:「為成長而成長,是癌細胞的邏輯。」私部門未來不能以此邏輯自立,公司應自我調整,為**人類**而成長。

我們能透過法律指引與傳統的大眾施壓招式,幫助企業達成這個決定。最好的起點,就是追隨商業圓桌會議的腳步,減少「股東至上」的多年傳統,過去企業認為只需要顧及股東感受,只為他們負責。我們需要平衡一點,目光不該限縮在下一份季度營業報告上。不久前多數企業都是國內企業,因此和所在地休戚與共。這樣的關係在汽車、鉛筆、塔可沙拉及軟體都形成全球供應鏈的時代中,已然畫下休止符。與社區關聯萎縮,再加上股東至上的企業文化,無怪乎當今企業這麼常被美國左右兩派看不起。

最近社會目睹多件大眾嘗試發揮影響力左右企業決策的案例:二〇一九年二月,紐約州政治人物抨擊亞馬遜打算在皇后區興建總部的計畫,最後成功逼退這家科技龍頭;路易斯安那州東巴頓魯治郡(East Baton Rouge Parish)裡學校董事放棄多年傳統,拒絕給予艾克森美孚(ExxonMobil)兩百九十萬美元的地產稅減免優惠,對於該區最大製造商與稅務單位來說,這是極大膽的一步[329]。在社群媒體時代，你我都擁有喇叭向任何公司傳話，許多企業也因為可怕的客服遭遇和其他廣為傳播的消費者回饋方式，開始改變做法。如果企業對個人真的愈來愈有反應（或至少更敏感），也許消費者就應該把握機會，堅持企業在推動科技時勿忘以人為本。

私部門能推動的另一項改變，與目前阻擋勞動人口流動和取得機會的障礙有關。美國勞動市場非常不透明，職缺常空出許久未補，只因全國迷信學歷證明與派系，導致合適人選難以獲選。事實上，二〇一七年開出六百六十萬個職缺，同時全美求職人數為六百四十萬人[330]。部分職缺閒置是因為地理障礙，雖然科技已讓多個領域的公司能提供愈來愈多的遠距職缺。不過最重要的原因，還是因為社會偏重學歷多過技能。

其實全美有近七成的成人沒有大學學歷[331]，雖然大學學歷重要，但是並非反映個人技能或可否快速習得新技能的必要證明。前白宮幕僚長丹尼斯·麥唐諾（Denis McDonough）目前在馬可基金會（Markle Foundation）擔任重整美國勞動力（Rework America Task Force）計畫的未來職場顧問。他曾告訴我，全美工程經理職缺中有四分之三要求大學學歷，但目前只有四分之一的業界人士符合資格。公司希望招募到一般傳統認為學歷優秀的員工，卻因此錯過一大群有潛力的人才，包括那些在教室外習得技術的人。

這種思維限制公司成長，至於全國那些只要有機會，也很可能貢獻多樣技能的勞動人口中，也有七成就業因而受阻。不只美國有這樣的問題，像是墨西哥就要求銀行出納員具備大學學歷。追求高等教育一向不是壞事，但是如果美國公司少關注學歷一點，多著重技巧一些，國家情況就能好上許多。羅德島州潛艇製造商通用動力電船的例子證明，聰明的企業還能與當地政府合作，為在地勞動人口設計符合企業所需的技能培訓課程。

技能導向策略正是前兩章探討的「終身備戰」概念核心要義，雖然學歷永遠有價值，但年復一年坐在教室內不是（也無須是）領先快速經濟變遷一步的唯一辦法。我和川普總統的前首席經濟顧問蓋瑞・柯恩（Gary Cohn）談過，他預估全美有三分之二到四分之三的職缺並不需要高等學歷。他表示：「我們的問題是送了太多學生進入大學。」就未來幾年成長前景最看好的領域——健康照護、營造，以及呼聲最高的資訊科技產業而言，六週職訓課程或實習在很多時候可能不輸（甚至好過）四年學歷，費用則不到後者的幾成。私部門為利己、利國，應該帶頭論技招才，讓勞動人口不管學歷高低，都能為自己做好更充足的準備邁向未來。

---

329 https://www.nytimes.com/2019/02/05/us/louisiana-itep-exxon-mobil.html.
330 美國勞工統計局：https://www.markle.org/rework-america/.
331 出處同上。

貿易何去何從？

談過能如何一起面對未來職場後，再次回到本趟旅程的起點：貿易。未來幾年的貿易政策將在全國性解決方案裡扮演重要的一環，做對了，就能在很可能以高科技全球性服務業為主的經濟中繁榮發展。明日經濟裡，與創造就業機會相比，貿易將更攸關打造你我競爭力，以在變動中保持領先。實際舉例來說，貿易不再是撤銷關稅讓美國產品賣到印度，賺得的錢再拿來僱用更多工廠勞工，而是制定有利國家的國際資安標準，為美國科技加值。

我們別無選擇，只能擁抱這場變革，因為有愈來愈多的產品是在生產地被消費使用，如中國製造飛機與醫療設備的技術愈好，就愈不需要向美國購買。如果將貿易做為工具使用，確保科技、資訊及服務的自由流動，更重要的是若能堅持由美國制定負責任的制度，讓全球一同遵守，就能在工作本質不斷演變的潮流中，保持機會一路領先。

該從何著手？雖然聽起來不可置信，但其實美國歷史上從未針對貿易制定任何有意義的策略。當然過去有些政府追求自由貿易協定有些迴避，也曾有總統利用貿易影響太平洋地區，或視其為反制歐洲的手段。而現在我們一下子為了酪農擁抱保護主義，下一秒又為了能源產業欣然迎接出口，卻從未把各方整合為統一一致的策略，或是明確說明其意涵，包括國家目標、美國貿易政策中的各項元素，又能如何協助達成目標。

部分問題可能在於美國的貿易政策業務繁複地散落在各政府機構、部門與分支之間。國際貿易署（International Trade Administration）是美國商務部（Department of Commerce）的下屬單位，負責協助海外的美國企業與當地企業競爭，但六個街區之外的國務院雙邊貿易處（State Department Office of Bilateral Trade Affairs）也在做一樣的業務。貿易對勞工的影響，則屬勞工部業務，但是環境保護署、能源部、國土安全部、財政部及農業部也各自有負責貿易業務的單位。當然貿易談判業務是由美國貿易代表署負責，該單位則不歸上述任何一個部門管轄。別忘了，還有美國國際貿易委員會（U.S. International Trade Commission）、美國貿易發展署（U.S. Trade and Development Agency）、美國進出口銀行，還有小型企業管理局（Small Business Administration）的國際貿易處（Office of International Trade）。複雜吧？

世代以來，美國貿易政策就由一堆縮寫繁複、互不相干的部門機構你一言、我一句地論辯，各方又有各自的業務職掌，更慘的是有時候還業務重疊。我曾參加一九九二年成立的貿易促進協調委員會（Trade Promotion Coordinating Committee, TPCC 縮寫挺好記）群組會議，開會人數常多達六十幾人，總共代表二十多個機構。如果想制定更具戰略且一致的貿易政策，就必須更靈活、精準，也許首先把貿易內閣訂在十人左右就好。聯邦政府林林總總共有**四十七**個職訓課程，從教育部到退伍軍人事務部都有開設，受貿易影響的勞工如果要先搞清楚到底哪一個適合自己，實在於事無補。管理進出口銀行的期間，我常遇到有意積極參與貿易的企業主，但他們搞不清楚到底是該和我、小型企業管理局，還是其他十幾個執掌業務可能和協助他們有關或無關的人談談，才能順利被引介入門。

解決問題不見得要把所有貿易業務全部整合到單一局處，但是目前現有體制無疑非常令人混淆又無效率。無論貿易業務最終是由一個或五個機構執行最妥當，大方向是所有業務應在同一願景下彼此協調合作。如果美國想（也應該）成為出口強國，就得大聲說出口，並制定相應計畫。談判代表處理區域事務或貿易協議條款時，也要把這個目標放在心上。企業要知道該向何處尋求協助，勞工則必須了解到哪裡找到適合自己的資源與福利。制訂計畫的過程中，席間也應有勞動、消費及環境事務代表參與。資源應策略性地導入職業訓練和社會安全計畫中，讓大家做好準備，迎接將伴隨新貿易協議而至的變化。

重視服務出口，讓貿易政策更一致

上述所有事項必須協調一致進行。聽起來或許很理所當然，但是其實過去從未真的這麼做！最接近的是歐巴馬總統推出的國家出口倡議（National Export Initiative），目標在五年內出口倍增。另一項則是商務部長潘妮．普利茨克（Penny Pritzker）主導的選擇美國（SelectUSA），目的在於鼓勵企業落腳美國。可惜以上兩項計畫都經費不足，我們必須做得更多，並確保所有努力都朝向同一策略目標邁進。出口確實能撐起高薪工作，必須鼓勵美國企業為出口做好準備，生產製造商、娛樂公司、高等教育機構等都包含在內。我們往往忽略服務業出口的重要性，但是美國明明握有足夠資源成為全球服務業出口大國。在高等教育等重要領域裡，還有閒置產能可用，如小型人文教育機構、社區學院或州立大學等，更能受益於更多元、更國際化的學生組成。

貿易政策更一致，有助全國學習以更直接且坦承的態度來談論貿易。長久以來，國家在貿易過程裡完全把勞動階層排除在外，制定貿易政策時特別嚴重。所以當勞工受害，無論是因貿易協議衝擊或其他完全無關貿易的因素，都會自然而然地認為決策者心中沒有勞工。當他們確實受益於貿易時，自然也毫不知情。人類的認知都來自於所見所感，當你看不到過程與背後思維時，就會感覺自己之於國家無足輕重，在經濟裡也沒有身分認同可言。難怪這麼多人認為貿易害美國背離中產階級夢想、中產協議等美國之所以為美國的根本價值。

重新譜寫美國故事十分不易，也沒有時間可以浪費。當然首要試練就是中國：美國和世界各國極應關注的國家。論其國家規模、成長幅度、經濟及地緣政治影響力等，中國帶來的威脅可比擬為一九七〇年代的日本與巔峰時期的蘇聯。當然上述都是經濟強國，但是還有嚴重的國安疑慮，這兩個因素往往密不可分。當中國出口人臉辨識科技到中東國家，讓該地政府能像中國那樣監控人民時，真正出口的是中國版的極權主義。與單純的銷售競爭或擔心貿易失衡相比，這才是真正的威脅所在。

美國從未和像中國這樣的對象交手過，至少退一萬步來說，自從一八一二年大英帝國後就再也沒有了。正如美國曾偷走英格蘭技術建造鋼鐵廠，中國現在老是不把國際貿易規範當成一回事，他們也許不是全球貿易體制中的大反派，但確實在許多方面素行不良，包括盜竊智慧財產、逼迫外商公司交出機密技術、巧妙迴避美國《海外反貪腐法案》（Foreign Corrupt Practices Act）規範，或極盡能事地操縱國際競爭平台以利自己。各國會繼續與中國做生意，純粹因為不得不做，中國太大、太重要，忽略不得。但是眼見中國一再挑戰規範極限，在國家主席習近平領導下力道加倍，我們必須找到方法面對與壓制中國，在未來的世界與對方共存和競爭。

這並不容易，國際貿易組織等國際機構建立之初，並不是在處理中國這種結合低廉成本、龐大規模，以及政府高度介入經濟的國家。諷刺的是，面對中國最聰明的做法是繼續推行TPP，建立涵蓋全球經濟四成、全員遵守美國主導規範體制執行貿易的區域經濟體，這樣的聯盟才夠強大，足以說服中國若想繼續與太平洋地區做生意，必須先做出有意義的改變。可惜川普總統剛上任，便馬上扼殺這個解決方案，這下子日後想處理中國問題，手邊的有效方案就所剩不多了。前面已經談過，TPP並非完美，勞工、環境及消費者組織提出的疑慮不無道理，但是面對中國，我們實在不能為了追求完美而放棄良好，也就是如果替代方案是什麼都不做，或更慘的是延長導向錯誤的貿易戰，對手還恰好是美國最大的消費國之一，有瑕疵的區域貿易協議看起來其實也挺有吸引力的。

當今現實是，川普以關稅主攻中國的手段已傷害美國農夫、製造商及消費者，卻尚未換來中國的妥協，或是展現任何長期負責的態度。誰知道再這樣的話，還要花多少時間才能挽回局勢，大家都記得小時候，這種情勢緊張、以牙還牙的爭端總是難以化解，但是總得找出辦法。

妥善了解當今局勢，打造更好的貿易未來

至於中國之外的世界，你大概很難想像我這麼重視增加貿易的人會如此提議，就是在取得國內更一致的共識前，暫時先別想簽訂新貿易協議了。自從《北美自由貿易協定》後，貿易協定就不斷惹來攻擊，但是實在不該如此。只要貿易協定像現在一樣被高度政治化，TPP這類好

主意就永遠沒有機會實現，未來美國只會節節敗退。就算沒有簽訂任何新協議，現在依然可以持續進行貿易（我們能比以前做更多貿易）。

但重點是要讓美國人民也能參與對話，相信未來的貿易協定會讓生活更美好、國家更強盛，否則政治分歧是一把雙面刃，繼續依賴政治領導貿易談判，只會帶來更多苦楚，並且讓外交政策像無頭蒼蠅般亂竄。想要解決這個僵局，有賴白宮與美國國會認真領導，最終更需要和貿易利益攸關的每一方各自讓步妥協，更重要的是還要誠實。考量目前兩邊的狀況，想達成這個目標並不容易，但我相信只要大眾妥善了解當今局勢背後的威脅與機會，就一定能做到。

同時美國也必須和中國合作，設法建立一套負責任又可行的規則，要全球共同遵守——一套能反映美國價值觀、提升各地人權水準，並容許所有國家平等競爭的規則。這套規則對美國勞工有效，也要對各地盟友有效，必須嚇阻智慧財產盜竊與技術轉移，並防止中國給予國有企業低利貸款以創造不公平競爭優勢，還有其他的不公平競爭手段。無論最佳出路是要與中國簽訂雙邊貿易協定，或是改變世界貿易組織的規範，仍有待討論。但是顯然需要某種貿易合作機制，施壓中國進行改革——合作的好處必須夠誘人，背離國際規範的代價也要夠慘痛。無論如何，美國必須動作快，並取得全民支持。

現在就能承諾公民參與，動手打造更好的貿易未來。只要領導人揭開簾幕、公開說明交易取捨如何、在哪裡、為什麼發生，就能提升人民對貿易議題的信任，並感覺自己和貿易休戚與共。美國人不應單憑信仰或意識形態，決定是否相信我們說貿易是好是壞，或介於兩者之間。他們應該看清楚並理解貿易協定如何、為什麼發生、目的為何，又會帶來那些後果。只要民眾能接觸上述資訊，就較能理解貿易的全貌，包含貿易能用來影響國際各地的人權、勞工、平權及環境議題等，能反制壞蛋，促進動盪地區邁向和平，建立強大廣泛的國際經濟網絡能如何強化國家安全，以及鄰國經濟蓬勃時，我們也能從中獲益的原因。

這些挑戰確實都在等著我們，但是想到貿易的未來，想到貿易能為你我的生活帶來什麼，能為國內與世界各地社區帶來多少財富，我對此非常樂觀。容我再次重述：貿易**不是**髒字。貿易能連結你我，幫助我們彼此學習，讓你我嘗試新口味、新趨勢及新科技，並增進你我了解二十一世紀生活的樣貌。美國至今仍獨享推動世界依據美國價值與標準，朝著這個方向前進的能力，但是如今必要的領導力正在逐漸衰弱。這時候就需要你，沒錯，就是你！美國與世界極需社會對貿易抱持坦率進步（而非被政黨綁架）的態度，並有更全面的了解，而你能帶來改變。

如果能一起邁向那樣的未來，坦率發言、真誠行動，並看清得失輸贏，就能一起打造有利全民的經濟，讓人活得更有意義。有賴人類判斷、同理心、智慧、創意、關懷等特質才得以完成的工作，永遠都會存在，成就你我存在的獨特價值。前進吧！邁向未知之境，超越任何人類所知或想像的邊界，進入刺激的未來世界。同樣的刺激感，我在幾十年前第一次到中國旅遊，搖搖晃晃的機場跑道燈光亮起，短暫照亮夜空時也曾感受過。我能想像母親和家人也曾感受，當時他們初次抵達愛麗絲島，目光落在比任何美夢還棒的美國大地。

結語　扭轉對貿易的誤解

對或錯？

與外國自由貿易有利美國，因為可開拓新市場，而且我們不可避免地活在全球經濟時代。

二〇一九年夏天，國家廣播公司新聞（NBC News）與《華爾街日報》聯合民調發現，全美近三分之二的美國人同意上述說法，同樣的調查題目，不到四年就增加兩位數，更創下該調查歷史紀錄新高[332]。同意者中，支持共和黨與支持民主黨者都有。一方面來說，這個結果也不算太

332 參見https://www.documentcloud.org/documents/6297116-NBCWSJ-August-2019-Poll.html.

意外，絕大多數的美國人現正經歷人生首場貿易戰，而結果實在不好看。川普總統對中國貨品祭出的關稅額，大概要讓全美家戶平均一年多付出兩千美元的代價[333]，要是川普真的實現自己的推特文，如屢次威脅地要美國消費者承受更多關稅[334]，金額勢必更高。美國農業事務聯合會（American Farm Bureau Federation）主席茲琵．杜瓦（Zippy Duvall）曾稱，貿易戰對美國農夫而言是「沉重的打擊」，因為沒有中國這位首要大戶，美國玉米和大豆貿易利潤蒸發大半，導致大批農民破產，甚至自殺[335]。靠中國貨賺錢的美國企業也早已感受到衝擊，舊金山聯邦儲備銀行調查發現，標註「中國製」產品每賺入一美元，其中有五十五美分流向美國企業[336]；換句話說，許多中國公司供應零組件給美製產品，反之亦然。

另一方面來說，二〇二〇年總統大選根本讓人渾然不覺貿易戰正在開打。在另一個年代，賭注高昂的對中貿易邊緣主義，以及短視近利著迷關稅戰帶來的自殘，也許能成為主流政治話題。但是目前各種強調民調數據的賽馬式新聞、總統辦公室的每日一推，以及（撰寫本書時的）彈劾風暴輪番上陣，實在沒剩下多少空間讓貿易發揮。不過即便在新聞充斥的環境裡，時機也已成熟，美國人該好好重新思考這個急迫更勝以往的議題。

有空管貿易時，民主黨總統候選人大多能正確評析川普總統的政策哪裡出錯。他們在初選辯論台上指出，川普「推」波助瀾地對中貿易戰過於魯莽，祭出的關稅懲罰已犧牲全美三十萬個工作，心臟地帶那些本來應該出口的美國作物現在全部堆在儲存桶裡腐爛[337]。他們似乎也都同意上述分析，但卻沒有什麼人向川普提出替代解決方案。更重要的是，他們沒有提出理論證明貿易為什麼是**好事**，正因如此，上百萬選民才難以區分川普與潛在繼承者之間，在貿易議題上到底有何差別。聽民主黨候選人說話，頂多只覺得不管貿易也沒差，最差則感覺貿易為美國勞工帶來威脅，這正是川普的那套故事，只是黑臉換人當。

推動貿易，不自絕於世界之外

你知道放棄拓展貿易能帶來的大好前景是致命錯誤，畢竟都讀過本書了！而且坦白說，無論

333 參見 https://www.forbes.com/sites/stuartanderson/2019/09/09/trump-tariffs-will-soon-cost-us-families-thousands-of-dollars-a-year/#5cc2ae515b4b.

334 參見 https://www.cnbc.com/2019/08/23/trump-will-raise-tariff-rates-on-chinese-goods-in-response-to-trade-war-retaliation.html.

335 參見 https://www.forbes.com/sites/chuckjones/2019/08/30/amid-trump-tariffs-farm-bankruptcies-and-suicides-rise/#15d7d43c2bc.

336 https://www.frbsf.org/economic-research/publications/economic-letter/2011/august/us-made-in-china/.

337 參見 https://finance.yahoo.com/news/trumps-trade-war-has-killed-300000-jobs-194717808.html.

你是基於何立場輕忽貿易都沒關係，左派的川普式民族情懷，或是右派如歐巴馬的「好不夠好，還要完美」，都一樣。

我並不天真，總統初選期間在這方面的政治角力向來難纏。初選選民與角逐兩黨候選人資格的地方社運人士，大多比大選選民極端。表現在貿易議題上，就會更反對《北美自由貿易協定》、質疑所有貿易協定等。多數候選人大概覺得，挺身疾呼貿易的顯見優點對自己並沒有太多好處，好像也沒錯。但是如果美國真的想要奪回未來幾年全球領頭羊的角色，並享受貿易帶來的就業榮景、經濟繁盛、關鍵影響力及文化利益，總有人要為大家坦承，並描繪出樂觀願景。

你我不會從川普總統那裡獲得這樣的坦承，他剛上任就立刻透過就職演說，讓大家看到他極有問題的世界觀，血淚控訴的「美國大屠殺」令人難忘。川普看待、談論美國人的方式，彷彿我們都是採取自衛蹲姿的受害者，等著他來保護，而他的關稅手段進一步強化這樣的對抗觀，築起經濟防衛高牆，要阻絕外來威脅。問題是美國人並不這麼看待自己，綜觀美國歷史、細究人民特質，在面對競爭時從不怯戰，轉身自保；反而向來擅長把握機會、樂於接收挑戰，是勇敢**超越極限**的子民。

將近三分之二的美國人已準備好探索未來，亟欲了解能如何做好準備，好在充滿驚奇創新、永遠有不確定性，且變遷來得又急又快的明日世界中保持競爭力。他們知道世界將更密不可分，美國產品與財富也是。下一波經濟改革到來時，相信多數美國人已準備好停止責怪移民和有色人種，懂得聰明思考該如何從中得益。美國人願意學習面對自動化挑戰並轉為己用，如果未來的世界更美好，已準備好放下過去。

誰能鼓起勇氣擔任領導角色，說出貿易的真相，事實就站在他那邊，現在看來社會大眾也是。誠如我撰寫本書的初衷，承認貿易中有輸家也有贏家，是打造有利貿易政策的關鍵第一步。第二步則是要確保在貿易時能產生更多贏家，借用川普總統的話，只要我們能廣布貿易帶來的好處，並為生活因貿易變遷而受到破壞的人民討回公道，美國人**不會**厭倦勝利，準備好以坦承、宏觀又進步的思維看待貿易，如此才能將你我的價值觀推行到國際各地，不讓任何人落單在後。我們已經知道屆時的狀況，也知道哪裡可能會有陷阱。但是放眼二〇二〇年，我不期待任何人會挺身出面領導貿易議題，這就是需要你的原因。

本書的目的在告訴你、你的家人、鄰居及所有人，如何因貿易受惠，以及只要讓一切回到正軌，還能再次得利。但是如果社會領導人不挺身而出，就該由我們來做，現在你的手上有工具可用了。你喜歡香蕉嗎？藍莓呢？豐田、雪佛蘭、福特汽車呢？你的iPhone？最愛看的電視劇？更重要的是，你是否在乎留給後代什麼機會與價值觀，造就他們的經濟環境？如果在乎，請在思考、說話及投票時，把貿易放在心上。世界各國早已全力擁抱貿易，我們需要更多人一起大聲呼籲，才能在國際舞台跟上夥伴與競爭對手的步伐，希望你能加入行列。

天曉得近日各種「取消」貿易優秀創意的呼聲，已讓美國損失多少，不只在TPP失去一席之地，更直接磨滅「貿易」在美國文化中的概念。我們必須在接下來幾年間扭轉這股力量。去煩隔壁鄰居、選區參議員及任何會聽你說的人。因為如果不開始關注貿易，就會在不知不覺間錯過貿易的成果，接著落後全世界。所以出門行動，把消息傳出去，一起推動國家前進吧！

新商業周刊叢書　BW0736

從iPhone、汽車到香蕉的貿易之旅
一本破解關於貿易逆差、經貿協定與全球化迷思

原文書名／Trade Is Not a Four-Letter Word: How Six Everyday Products Explain Global Trade - And Destroy the America First Myth
作　　者／佛瑞德・霍赫伯格（Fred P. Hochberg）
譯　　者／曹嬿恆、簡萱靚
企劃選書／黃鈺雯
責任編輯／黃鈺雯
編輯協力／蘇淑君
版　　權／黃淑敏、翁靜如、吳亭儀
行銷業務／莊英傑、周佑潔、黃崇華、王瑜

總 編 輯／陳美靜
總 經 理／彭之琬
事業群總經理／黃淑貞
發 行 人／何飛鵬
法律顧問／台英國際商務法律事務所
出　　版／商周出版　臺北市中山區民生東路二段141號9樓
電話：(02)2500-7008　傳真：(02)2500-7759
E-mail：bwp.service@cite.com.tw
發　　行／英屬蓋曼群島商家庭傳媒股份有限公司　城邦分公司
台北市104民生東路二段141號2樓
電話：(02)2500-0888　傳真：(02)2500-1938
讀者服務專線：0800-020-299　24小時傳真服務：(02)2517-0999
讀者服務信箱：service@readingclub.com.tw
劃撥帳號：19833503
戶名：英屬蓋曼群島商家庭傳媒股份有限公司城邦分公司
香港發行所／城邦(香港)出版集團有限公司
香港灣仔駱克道193號東超商業中心1樓
電話：(825)2508-6231　傳真：(852)2578-9337
E-mail：hkcite@biznetvigator.com
馬新發行所／城邦(馬新)出版集團
Cite (M) Sdn Bhd
41, Jalan Radin Anum, Bandar Baru Sri Petaling,
57000 Kuala Lumpur, Malaysia.
電話：(603)9057-8822　傳真：(603)9057-6622　email: cite@cite.com.my

國家圖書館出版品預行編目(CIP)數據

從iphone、汽車到香蕉的貿易之旅：一本破解關於貿易逆差、經貿協定與全球化迷思／佛瑞德.霍赫伯格(Fred P. Hochberg)著；曹嬿恆，簡萱靚譯. -- 初版. -- 臺北市：商周出版：家庭傳媒城邦分公司發行，民109.03
面；　公分. --（新商業周刊叢書；BW0736）
譯自：Trade is not a four-letter world : how six everyday products explain global trade - and destroy the America first myth
ISBN 978-986-477-799-0（平裝）

1.國際貿易 2.經貿政策 3.全球化

558　　109001571

封面設計／廖勁智　內文設計暨排版／無私設計・洪偉傑　印　刷／鴻霖印刷傳媒股份有限公司
經 銷 商／聯合發行股份有限公司　電話：(02)2917-8022　傳真：(02) 2911-0053
地址：新北市231新店區寶橋路235巷6弄6號2樓

ISBN／978-986-477-799-0

定價／420元

2020年（民109年）3月初版